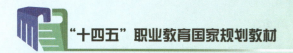

"十四五"职业教育国家规划教材

# 汽车构造（上册）

## ——发动机构造

主　编　李春明　焦传君

副主编　孙雪梅　王翼飞

全书配套电子资源

北京理工大学出版社
BEIJING INSTITUTE OF TECHNOLOGY PRESS

## 内容简介

本书按照教育部高等职业教育汽车类专业标准要求编写，坚持"教师教学以学生为中心，学生学习以服务客户为中心"的理念，打破传统教材的知识主线，按照职业能力主线重构教学内容，能够很好地满足项目引领、任务驱动的教学方式、方法改革。本书内容突出汽车新技术、新结构，包括汽车基本知识、发动机曲柄连杆机构工作过程分析、发动机配气机构工作过程分析、汽油机燃料供给系工作过程分析、柴油机燃料供给系工作过程分析、发动机冷却系与润滑系工作过程分析、发动机点火系与起动系工作过程分析等内容。

本书适合高等院校、高职院校汽车检测与维修技术、汽车制造与试验技术、汽车技术服务与营销等相关专业使用，也可以作为成人高等教育、汽车技术培训等相关课程的教材使用。

**版权专有　侵权必究**

### 图书在版编目(CIP)数据

汽车构造. 上册,发动机构造 / 李春明,焦传君主编. -- 北京：北京理工大学出版社,2021.11(2024.1 重印)
ISBN 978-7-5763-0636-1

Ⅰ.①汽… Ⅱ.①李…②焦… Ⅲ.①汽车-构造-高等职业教育-教材②汽车-发动机-高等职业教育-教材　Ⅳ.①U463

中国版本图书馆 CIP 数据核字(2021)第 222385 号

---

**责任编辑**：王玲玲　　**文案编辑**：王玲玲
**责任校对**：刘亚男　　**责任印制**：李志强

---

**出版发行** / 北京理工大学出版社有限责任公司
**社　　址** / 北京市丰台区四合庄路 6 号
**邮　　编** / 100070
**电　　话** / (010) 68914026（教材售后服务热线）
　　　　　　(010) 68944437（课件资源服务热线）
**网　　址** / http://www.bitpress.com.cn

**版 印 次** / 2024 年 1 月第 1 版第 3 次印刷
**印　　刷** / 唐山富达印务有限公司
**开　　本** / 787 mm×1092 mm　1/16
**印　　张** / 15
**字　　数** / 352 千字
**定　　价** / 59.00 元

图书出现印装质量问题，请拨打售后服务热线，负责调换

# 前 言
## Preface

  汽车构造是汽车检测与维修技术、汽车制造与试验技术、汽车技术服务与营销等专业的专业核心课，该课程在汽车类相关专业中的地位不言而喻，在推进"三教改革"中发挥着不可替代的作用。我们通过长期探索与实践，对该课程进行了大胆的改革，建立起"教师教学以服务学生为中心，学生学习以服务客户为中心"的服务理念，引入绿色环保意识和永续发展理念，多种方式弘扬工匠精神，宣传民族汽车品牌文化，取得了显著成效。

  本书贯彻落实党的二十大精神，按照教育部高等职业教育汽车类专业标准要求编写，打破了传统教材的学科知识主线，按照职业能力培养主线，结合"1+X"职业技能等级标准，搭建起由整车到主要总成系统的知识应用架构。本书内容突出汽车新技术、新结构，教学方式、方法开放灵活，具有鲜明的职业教育特征。全书（上、下册）共包括介绍汽车基本知识、发动机曲柄连杆机构工作过程分析、发动机配气机构工作过程分析、汽油机燃料供给系工作过程分析、柴油机燃料供给系工作过程分析、发动机冷却系与润滑系工作过程分析、发动机点火系与起动系工作过程分析、传动系工作过程分析、行驶系工作过程分析、转向系工作过程分析、制动系工作过程分析、介绍新能源汽车12个项目。

  本书特点可以概括为：

  （1）项目引领任务驱动。以典型工作任务为载体组织教学，结合"1+X"职业技能等级标准，将各系统的结构、工作原理等内容融为一体，理论与实践紧密结合，为培养"手脑"结合型的高等职业教育人才培养目标服务。

  （2）内容先进。本书包括汽油机缸内直喷技术、新能源汽车等内容，并将汽车市场的主导车型，如奥迪、丰田等轿车的新技术适度地融入进来。

  （3）融入职业素养。注重安全意识、绿色环保意识、法规意识，强化学生养成。并依托任务将服务理念、精益求精的职业精神融入教材内容。

  （4）挖掘思政元素。以视频、思考题等方式宣传时代楷模事迹和民族汽车品牌文化，弘扬工匠精神，增强民族自信与文化自信。

（5）本书配套资源丰富。实现了"互联网+新形态教材"，配有电子课件、自测试题、微课视频等。

本书适合高等院校、高职院校汽车检测与维修技术、汽车制造与试验技术、汽车技术服务与营销等相关专业使用，也可以作为成人高等教育、汽车技术培训等相关课程的教材使用。

本书由长期从事汽车专业教学的教师与具有丰富实践经验的企业技术人员共同编写。编写组成员有李春明、焦传君、孙雪梅、王翼飞、赵宇、郭其涛、何英俊、佟得利、王椿龙。全书由李春明、焦传君主编，孙雪梅、王翼飞副主编。

由于编者水平有限，加之编写时间仓促，书中不妥之处难免，恳请读者提出宝贵意见。

编　者

# 目 录
## Contents

**项目一 ▸ 介绍汽车基本知识** …… 1
 任务 1-1　获取汽车相关信息 …… 1
 任务 1-2　介绍汽车发动机基本知识 …… 14
 任务 1-3　介绍汽车底盘基本知识 …… 26
 任务 1-4　介绍汽车车身基本知识 …… 36
 任务 1-5　介绍汽车电气基本知识 …… 44

**项目二 ▸ 发动机曲柄连杆机构工作过程分析** …… 56
 任务 2-1　拆装机体组 …… 56
 任务 2-2　拆装活塞连杆组 …… 68
 任务 2-3　分析多缸发动机的工作循环 …… 79
 知识拓展：可变压缩比技术 …… 90

**项目三 ▸ 发动机配气机构工作过程分析** …… 92
 任务 3-1　绘制配气相位图 …… 92
 任务 3-2　拆装配气机构 …… 97
 任务 3-3　展示可变配气相位的优点 …… 118

**项目四 ▸ 汽油机燃料供给系工作过程分析** …… 125
 任务 4-1　分析电控燃油喷射系统工作过程 …… 125
 任务 4-2　展示缸内直喷技术的优点 …… 150
 任务 4-3　介绍降低汽油机排放污染措施 …… 158

## 项目五 ▶ 柴油机燃料供给系工作过程分析 ·········· 165

- 任务 5-1 介绍电控柴油喷射系统 ·········· 165
- 任务 5-2 分析电控柴油共轨喷射系统工作过程 ·········· 176
- 任务 5-3 介绍降低柴油机排放污染措施 ·········· 185

## 项目六 ▶ 发动机冷却系与润滑系工作过程分析 ·········· 193

- 任务 6-1 分析发动机冷却系工作过程 ·········· 193
- 任务 6-2 分析发动机润滑系工作过程 ·········· 206

## 项目七 ▶ 发动机点火系与起动系工作过程分析 ·········· 221

- 任务 7-1 分析汽油机点火系工作过程 ·········· 221
- 任务 7-2 分析发动机起动系工作过程 ·········· 227

# 项目一 1

## 介绍汽车基本知识

在从事汽车营销、维修服务等相关工作中，经常需要向客户解释说明一些汽车基本知识，这不仅能体现出专业化水平，还能为实现有效沟通，建立良好客户关系创造条件。根据情境需要，能够恰到好处地向客户介绍汽车基本知识是对从业者的一项基本职业能力的要求。本项目包括获取汽车相关信息、介绍汽车发动机基本知识、介绍汽车底盘基本知识、介绍汽车车身基本知识、介绍汽车电气基本知识等任务。

### 任务1-1　获取汽车相关信息

**学习内容**

1. 汽车的分类与国产汽车的编号规则；
2. 车辆识别代号的含义与应用；
3. 汽车的总体构造；
4. 汽车主要技术参数的含义。

**能力要求**

1. 能够帮助客户在实际车辆和车辆相关文件上获取车辆信息；
2. 树立以客户为中心的理念，增强服务意识；

3. 具有与客户沟通交流的能力；
4. 具备信息搜集和处理的能力。

 任务引入

客户购买汽车后，需要到公安机关的车辆管理所办理机动车行驶证，行驶证是准予机动车在我国境内道路上行驶的法定证件。机动车行驶证上详细地记载了许多重要的信息，包括车牌号码、车主姓名、型号类别、发动机号和车架号码、载质量或者乘坐人数、初次登记日期及年度检验记录等。你能够向客户解释行驶证上的车辆型号类别、车架号码的含义吗？通过下面的学习我相信你能够做到。

 任务描述

在购买汽车时，客户非常关注车辆的相关参数和配置。请你就某一型号类别的车辆制作一个主要参数表，并解释说明各参数的含义，在学习小组或班级里进行交流汇报。

 相关知识

汽车是指由动力驱动，具有4个或4个以上车轮的非轨道承载的车辆，主要用于载运人员和（或）货物、牵引载运人员和（或）货物的车辆、特殊用途。

## 一、汽车分类

### 1. 按用途分类

汽车按用途，分为乘用车和商用车辆，如图1-1所示。

（1）乘用车

在其设计和技术特性上主要用于载运乘客及其随身行李和（或）临时物品的汽车，包括驾驶员座位在内最多不超过9个座位。它也可以牵引一辆挂车。

（2）商用车辆

在设计和技术特性上用于运送人员和货物的汽车，并且可以牵引挂车。乘用车不包括在内。

（原）中国汽车分类标准将汽车按用途分为8类：

（1）轿车

具有2~9个座位（包括驾驶员座位）、用于载人及其随身物品的汽车。轿车可按发动机排量分级，详情见表1-1。

表1-1 轿车的分级

| 类型 | 微型 | 普通型 | 中级 | 中高级 | 高级 |
| --- | --- | --- | --- | --- | --- |
| 发动机排量/L | <1.0 | 1.0~1.6 | 1.6~2.5 | 2.5~4.0 | >4.0 |

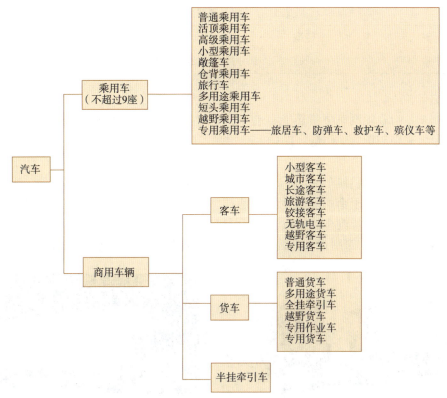

图 1-1　GB/T 3730.1—2001 对汽车类型的划分

（2）客车

具有 9 个以上座位（包括驾驶员座位）、用于载人及其随身物品的汽车。客车可分为单车和铰接式、单层和双层式客车等。客车可按车身长度分级，详情见表 1-2。

表 1-2　客车的分级

| 类型 | 微型 | 轻型 | 中型 | 大型 | 特大型 |
|---|---|---|---|---|---|
| 车身长度/m | <3.5 | 3.5~7 | 7~10 | 10~12 | >12（铰接式）<br>10~12（双层） |

（3）载货汽车

载货汽车是用于运载各种货物、驾驶室内可容纳 2~6 个乘员的汽车。载货汽车可按其总质量分级，详情见表 1-3。

表 1-3　载货汽车的分级

| 类型 | 微型 | 轻型 | 中型 | 重型 |
|---|---|---|---|---|
| 总质量/t | <1.8 | 1.8~6 | 6~14 | >14 |

（4）越野汽车

越野汽车是可用于非公路或无路地区行驶的、属于高通过性的汽车。越野汽车可以是轿车、客车、载货汽车或其他用途的汽车。常见的轮式越野汽车都装备越野轮胎并采用全轮驱动。越野汽车可按其总质量分级，详情见表 1-4。

表 1-4　越野汽车的分级

| 类型 | 轻型 | 中型 | 重型 |
|---|---|---|---|
| 总质量/t | <5.0 | 5.0~13 | >13 |

（5）自卸汽车

自卸汽车是指载货汽车中货箱能自动举升、货箱栏板能自动打开并倾卸散装货物的汽车。它可大大减轻卸货的工作量，提高生产效率。主要用于工矿企业。

（6）牵引汽车

专门或主要用于牵引挂车的汽车，分为半挂牵引汽车和全挂牵引汽车两种。半挂牵引汽车后部设有牵引座，用于牵引和支承挂车前端，如图 1-2 所示。全挂牵引汽车本身独立，带有货厢，其外形与载货汽车的相似，但其长度和轴距较短。在其尾部设有拖钩，用来拖带挂车，如图 1-3 所示。牵引汽车都装有挂车的制动装置及挂车的电气接线板等。

图 1-2　半挂牵引汽车及挂车

图 1-3　全挂牵引汽车及挂车

（7）专用汽车

专用汽车是用于完成特定作业任务、根据特殊的使用要求设计或改装而成的汽车，其种类很多，如冷藏车、集装箱车、售货车、检阅车、起重车、混凝土搅拌车、公安消防车、救护车等。

（8）半挂车

半挂车是指由半挂牵引车牵引、其部分质量由其牵引车承受的挂车。按厂定最大总质量的分级见表 1-5。

表 1-5　半挂车的分级

| 类型 | 轻型 | 中型 | 重型 | 超重型 |
|---|---|---|---|---|
| 总质量/t | <7.1 | 7.1~19.5 | 19.5~34 | >34 |

**2. 按动力装置分类**

汽车按动力装置可分为汽油发动机汽车、柴油发动机汽车、混合动力汽车、电动汽车、燃料电池复合动力汽车，如图 1-4 所示。

（1）汽油发动机汽车

汽油发动机功率高，外形紧凑，广泛用于轿车。

（2）柴油发动机汽车

柴油发动机力矩大，燃油经济性能好，广泛用于商用车和多功能运动（SUV）车。

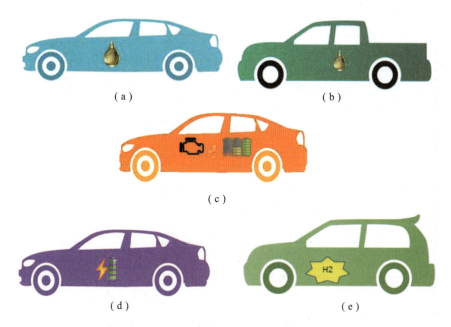

图1-4 按汽车动力装置分类
(a) 汽油发动机汽车;(b) 柴油发动机汽车;(c) 混合动力汽车;
(d) 电动汽车;(e) 燃料电池复合动力汽车

(3) 混合动力汽车

这种类型的汽车装备不同类型的驱动动力,如汽油发动机和电动机。工作时,根据工况需要通过油驱(发动机供能)与电驱(电池供能)两种方式的转换或组合,实现两种动力的最佳利用,提高效能,减少废气排放和节约燃料。

(4) 电动汽车

电动汽车(EV)使用电池电源运行电动机,而不是使用燃油,但电池需要充电。它的优点是工作时无废气排放和低噪声。

(5) 燃料电池复合动力汽车

燃料电池复合动力汽车(FCHV)使用的电能来自氢燃料与空气中氧气的反应,此反应生成水。它被认为是低污染车辆的最终形式,预计燃料电池复合动力将成为下一代汽车的驱动动力。

### 3. 按发动机和驱动桥在汽车上的位置分类

发动机和驱动桥在汽车上的位置如图1-5所示。

(1) FF(发动机前置前轮驱动车辆)

FF车辆没有传动轴,结构简单,常见于小轿车。

(2) FR(发动机前置后轮驱动车辆)

FR车辆有很好的重平衡,其控制性和稳定性很好,常见于货车和一些高档轿车。

(3) 4WD(四轮驱动)

四轮驱动车可以以稳定的方式在很差的路况下行驶,越野性能好。

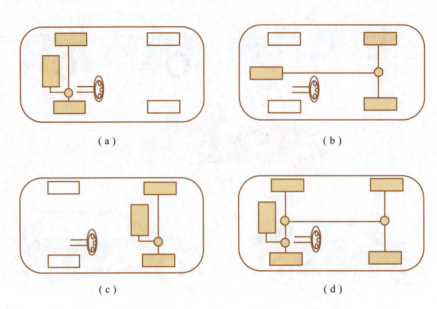

图1-5　按发动机和驱动桥在汽车上的位置分类

(a) FF（发动机前置前轮驱动）；(b) FR（发动机前置后轮驱动）；
(c) RR（发动机后置后轮驱动）；(d) 4WD（全轮驱动）

## 二、国产汽车编号规则

1988年我国颁布了国家标准GB 9417—88汽车产品型号编制规则，该标准规定国产汽车型号由汉语拼音字母和阿拉伯数字组成，包括首部、中部、尾部3部分内容，如图1-6所示。

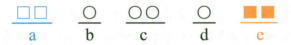

a—企业名称代号；b—车辆类别代号；c—主参数代号；d—产品序号；e—企业自定代号。

图1-6　汽车编号组成

首部由2个汉语拼音字母组成，是企业名称代号。例如，CA代表中国第一汽车集团公司、BJ代表北京汽车公司等。

中部由4位阿拉伯数字组成。左起首位数字表示汽车类型；中间2位数字是汽车的主要特征参数；最末位是产品的生产序号，详见表1-6。

表1-6  汽车编号中部的4位阿拉伯数字代号的含义

| 首位数字表示汽车类型 | | 中间2位数字表示各类汽车的主要特征参数 | 末位数字表示企业自定的产品生产序号 |
|---|---|---|---|
| 载货汽车 | 1 | 表示汽车总质量（t）的数值；<br>当汽车总质量小于10 t时，前面以"0"占位；<br>当汽车总质量大于100 t时，允许用3位数字 | 以0, 1, 2, …依次排列 |
| 越野汽车 | 2 | | |
| 自卸汽车 | 3 | | |
| 牵引汽车 | 4 | | |
| 专用汽车 | 5 | | |
| 客车 | 6 | 表示汽车的总长度以0.1 m为计算单位的数值；<br>当汽车总长度大于10 m时，计算单位为m | |
| 轿车 | 7 | 表示发动机的工作容积以0.1 L为计算单位的数值 | |
| | 8 | （空） | |
| 半挂车及专用半挂车 | 9 | 表示汽车的总质量（t）的数值；<br>当汽车总质量小于10 t时，前面以"0"占位；<br>当汽车总质量大于100 t时，允许用3位数字 | |

尾部分为两部分：前部分由汉语拼音字母组成，表示专用汽车分类代号，例如，X代表厢式汽车、G代表罐式汽车、C代表仓栅式汽车等；后部分为企业自定代号。当同一种汽车结构略有变化，需加以区别时，可用汉语拼音字母或数字表示，位数由企业自定。基本型汽车一般没有尾部。

## 三、车辆识别代号

车辆识别代号VIN（Vehicle Identification Number），也称为17位编码，是国际上通用的标识机动车辆的代码，是制造厂家给每一辆车指定的一组字码，一车一码，就如人的身份证一样，具有在世界范围内对一辆车的唯一识别性。当一辆新出厂的车被刻上VIN代号时，此代号将伴随着该车辆的注册、保险、年检、维修与保养、回收或报废而被载入该车的服役档案。利用VIN代号可方便地查找车辆的制造者、销售者及使用者。

车辆识别代号VIN位于易于看到并且能够防止磨损或替换的部位，选择的部位一般在仪表盘与前挡风玻璃左下角的交界处、发动机前横梁上、左前门边或立柱上、驾驶员左腿前方或前排左座椅下方等部位。

国家标准GB 16735—2019《道路车辆 车辆识别代号（VIN）》是我国汽车生产的强制性标准，它规定在每一辆出厂的汽车上必须标有VIN代号。通常VIN代号也是车架号码。

车辆识别代号VIN由三部分组成，如图1-7所示。

（1）第一部分

世界车辆制造厂识别代码（WMI），它具有世界车辆制造厂的唯一性。WMI共有3位字码，由车辆制造厂所在国家或地区的授权机构预先分配，用来代表生产国家、制造厂家、车辆类别。例如，LFV—中国一汽大众、LFW—中国第一汽车集团公司、WDB—德国奔驰、WBA—德国宝马、KMH—韩国现代等。其中，第一位字码代表生产国家，为国际汽车厂通

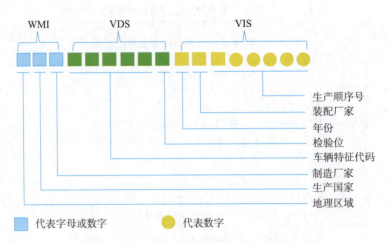

图1-7 车辆识别代号VIN的组成

用。如：1—美国、2—加拿大、3—墨西哥、J—日本、L—中国、Z—意大利等。

ISO组织授权美国汽车工程师学会SAE作为其国际代理，负责为世界各国指定地区代码及国别代码，还负责WMI的保存与核对。

（2）第二部分

车辆说明部分（VDS），包括6位字码，如果制造厂家所用字码不足6位，应在剩余的位置填入制造厂家选定的字母或数字，以表现车辆的一般特征，其代码及顺序由制造厂家决定。

（3）第三部分

车辆指示部分（VIS），是VIN的最后部分，由8位字码组成。VIS部分的第1位字码代表年份（年份代码30年循环一次）。第2位字码代表装配厂家，后6位表示生产顺序号。如果车辆制造厂家年产量小于1 000辆，则VIS的第3、4、5位字码应与第一部分的3位字码表示同一个车辆制造厂家，第6、7、8位字码用来表示生产顺序号。

例如，某辆凌志（LEXUS）轿车的VIN识别代号为JT8BDl0UBY0015678。其含义如下：

第1位：生产国家代码（J——日本）；

第2位：制造厂家代码（T——丰田汽车公司）；

第3位：车辆类别代码（8——乘用车）；

第4位：车身类型代码（B——四门乘用车）；

第5位：发动机型号代码（D——2JZGE 3.0L V6）；

第6位：汽车系列类型代码（l——RX300）；

第7位：安全防护系统代码（0——双前部和侧向安全气囊）；

第8位：汽车型号代码（U——RX300）；

第9位：检验代码（制造厂家内部编码）；

第10位：生产年份代码（Y——2000）；

第11位：总装工厂代码（0——日本）；

第12～17位：出厂顺序代码。

随着车型年款和汽车发往国家的不同（各国政府对VIN有不同规定），VIN规定会有所不同。有的按公司各车分部进行规定（美国 GM），有的直接按系列车型或车名进行规定（如日本凌志汽车）。在实际中，一般要有两种 VIN 规定才可验证出一辆车的型号和车型参数，因此，大量积累这方面的资料具有重要的意义。随着年款的变化，今后还会陆续出现各种 VIN 规定。

## 四、汽车总体构造

汽车通常由发动机、底盘（传动系、行驶和控制装置）、车身和电气设备等部分组成。图 1-8 所示为典型的轿车总体构造。

### 1. 发动机

发动机是汽车的动力装置，其作用是使加入其中的燃料燃烧而产生动力。一般汽车都采用往复活塞式内燃机，它由曲柄连杆机构、配气机构、燃料供给系、冷却系、润滑系、点火系（汽油发动机用）和起动系组成，如图 1-9 所示。

图 1-8 轿车总体构造

### 2. 底盘

（1）传动系

传动系是将发动机输出的动力传给驱动车轮的装置，它包括离合器、变速器、传动轴、驱动桥、主减速器、差速器等部件，如图 1-10 所示。

图 1-9 汽车发动机及其附件

图 1-10 汽车传动系

（2）行驶和控制装置

行驶和控制装置是将汽车各总成及部件连接成一个整体，起到支撑全车并保证汽车正常行驶的装置，它包括悬架、转向器、制动器、车轮等部件，如图 1-11～图 1-13 所示。

图1-11 汽车行驶装置

图1-12 汽车转向装置

图1-13 汽车制动装置

### 3. 车身

车身是形成驾驶员和乘客乘坐空间的装置,也是存放行李等物品的装置,因此它既要为驾驶员提供方便的操作条件,又要为乘客提供舒适的环境;既要保护全体乘员的安全,又要保证货物的完好无损。也就是说,车身既是安全部件,又是承载部件。在现代汽车中,它是技术与艺术有机结合的艺术品。轿车车身由本体、内外装饰和车身附件等组成,如图1-14所示。

### 4. 电气设备

电气设备是汽车的重要组成部分,它由电源、起动系、照明和信号装置、空调、仪表和报警系统以及辅助电器等组成。对于高级轿车来说,它更多地采用了现代新技术,尤其是电子技术,如微处理机、中央计算机系统及各种人工智能装置等,从而显著地提高了汽车的性能,如图1-15所示。

图1-14 汽车车身

图1-15 汽车电气设备

## 五、汽车主要技术参数

为了说明汽车的主要性能与结构，经常使用一些参数进行表示，汽车常用的主要结构参数如图 1-16 所示。

图 1-16 汽车常用的主要结构参数

①整车装载质量：汽车完全装备好的质量（kg，以下各质量参数相同），是指完整的发动机、底盘、车身、全部电气设备和车辆正常行驶所需要的辅助设备（包括足量的燃料、润滑油及冷却液，随车工具等）的质量之和。

②最大总质量：汽车满载时的质量。

③最大装载质量：最大总质量和整车装载质量之差。

④最大轴载质量：汽车单轴所承载的最大总质量。

⑤车长：垂直于车辆纵向对称平面并分别抵靠在汽车前、后最外端固定突出部位的两个垂直面间的距离（mm，以下各尺寸参数同）。

⑥车宽：平行于车辆纵向对称平面并分别抵靠车辆两侧最外端固定突出部位（除后视镜、侧面标志灯、方位灯、转向指示灯等之外）的两个平面之间的距离。

⑦车高：车辆最高点与车辆支撑平面之间的距离。

⑧轴距：汽车前后轴中心线的水平距离。

⑨轮距：在支撑平面上，同轴左右车轮两轨迹中心间的距离（轴两端为双轮时，为左右两条双轨迹的中间的距离）。

⑩前悬：在直线行驶位置时，汽车前端刚性固定件的最前点到通过两个前轮轴线的垂面间的距离。

⑪后悬：汽车后端刚性固定件的最后点到通过最后车轮轴线的垂面间的距离。

⑫最小离地间隙：满载时，车辆支撑平面与车辆最低点之间的距离。

⑬接近角：汽车的前端突出点向前轮引的切线与地面的夹角（°）。

⑭离去角：汽车的后端突出点向后轮引的切线与地面的夹角（°）。

⑮转弯直径：转向盘转到极限位置，外侧转向轮的中心平面在车辆支撑面上的轨迹圆的直径（mm）。

⑯最高车速：汽车在平坦公路上行驶时能达到的最大速度（km/h）。

⑰最大爬坡度：汽车满载时的最大爬坡能力（%）。

⑱平均燃料消耗量：汽车在公路上行驶时的平均燃料消耗量［L/(100 km)］。

## 随堂测试

1. 汽车按用途，分为_____和_____。
2. FF 汽车是指发动机_____，_____驱动。
3. 车辆识别代号 VIN，也称_____位编码，是国际上通用的标识机动车辆的代码。
4. 汽车由_____、_____、_____和_____ 4 部分组成。
5. 评价汽车动力性指标主要包括最大加速能力、_____、_____。

项目一　介绍汽车基本知识

## 任务实施

任 务 工 单

| 任务名称：获取汽车相关信息 ||||
|---|---|---|---|
| 姓名： || 班级： | 学号： |
| 任务描述 | 用户在购买汽车时非常关注车辆的相关参数和配置。请你就某一型号类别车辆制作一个主要参数表，并解释说明各参数的含义，在学习小组或班级里进行交流汇报 |||
| 能力目标 | 1. 能够帮助客户在实际车辆和车辆相关文件上获取车辆信息；<br>2. 树立以客户为中心的理念，增强服务意识；<br>3. 具有与客户沟通交流能力；<br>4. 具备信息搜集和处理能力 |||
| 实施准备 | 1. 教学用车辆；<br>2. 车辆相关文件；<br>3. 汇报用纸、笔等 |||
| 实施步骤 | 自主学习 | 学习相关知识；<br>获取相关信息；<br>个人制作车辆主要参数表 ||
|  | 小组讨论 | 以学习小组形式进行讨论，形成小组汇报成果 ||
|  | 小组汇报 | 汇报小组成果；<br>通过角色扮演的方式在实际车辆和车辆相关文件上帮助客户获取车辆信息 ||
| 自我反思 | 在专业能力、关键能力等方面的收获或体会： |||

汽车构造（上册）——发动机构造

## 任务1-2　介绍汽车发动机基本知识

 学习内容

1. 汽车发动机的分类；
2. 发动机结构基本术语；
3. 四行程发动机的工作原理；
4. 发动机产品名称和型号编制规则；
5. 发动机的总体构造；
6. 发动机的主要性能指标与特性。

 能力要求

1. 能够向客户介绍或解答发动机相关知识；
2. 树立以客户为中心的理念，增强服务意识；
3. 具有与客户沟通交流的能力；
4. 具备通过查询资料完成任务的信息搜集和处理能力。

 任务引入

发动机是汽车的动力源，称为汽车的"心脏"，其直接影响汽车的性能。人们在购车或使用中对发动机都很重视，你能够根据客户需要向其介绍发动机相关知识吗？通过下面的学习，相信你一定能够做到。

 任务描述

客户在购买或使用汽车时非常关注发动机的性能。请你就某一型号类别车辆的发动机制作一个发动机的主要参数和性能表，并解释说明各参数的含义，在学习小组或班级里进行交流汇报。

 相关知识

 一、汽车发动机的分类

发动机是将某一种形式的能量转换为机械能的机器。汽车的动力来自发动机。将燃料燃烧所产生的热能转变为机械能的发动机，称为热力发动机（简称热机）。热力发动机一般又分为内燃机与外燃机。内燃机是将液体燃料或气体燃料和空气混合后直接输入机器内部燃烧产生热能，热能再转变为机械能的装置。外燃机是指燃料在机器外部的锅炉内燃烧，加热锅炉的水，使之变为高温高压的水蒸气，再送往机器内部，将其热能转变为机械能的装置。

内燃机与外燃机相比，具有热效率高、体积小、起动性能好、便于移动和维修方便等优点，因而广泛地被应用于现代汽车及其他交通工具中。

根据发动机将热能转变为机械能的主要构件形式，车用发动机可分为活塞式内燃机与燃气轮机两大类。活塞式内燃机按活塞运动方式，分为往复活塞式和旋转活塞式两种。往复活塞式内燃机在汽车上应用最为广泛。

汽车发动机，专门指往复活塞式内燃机，其分类方法有很多，按照不同的分类方法，可以把发动机分成不同类型。发动机的分类如图 1-17 所示。

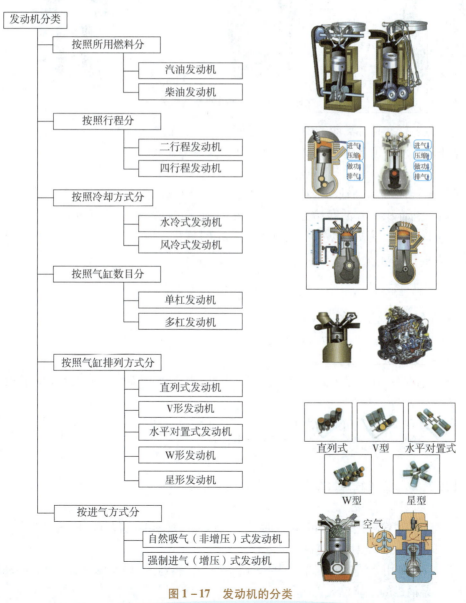

图 1-17 发动机的分类

## 二、发动机结构基本术语

发动机的基本术语如图 1-18 所示。

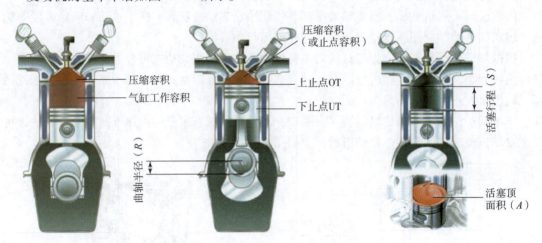

图 1-18 发动机的基本术语

①上止点：活塞顶部离曲轴中心的最远处，即活塞最高的位置。

②下止点：活塞顶部离曲轴中心的最近处，即活塞最低的位置。

③活塞行程（$S$）：上、下止点间的距离。

④曲轴半径（$R$）：曲轴与连杆下端的连接中心至曲轴中心的距离。

⑤气缸工作容积 $V_c$：活塞从上止点到下止点所扫过的容积称为气缸工作容积或气缸排量，用符号 $V_h$ 表示。多缸发动机各气缸工作容积的总和，称为发动机工作容积或发动机排量，用符号 $V_L$（单位为 L）表示。

$$V_L = \frac{\pi D^2}{4 \times 10^3} Si$$

式中　$D$——气缸直径，单位为 cm；

　　　$S$——活塞行程；单位为 cm；

　　　$i$——气缸数。

⑥燃烧室容积：活塞在上止点时，活塞顶上面的空间为燃烧室，它的容积叫作燃烧室容积（单位为 L）。

⑦气缸总容积：活塞在下止点时，活塞顶上面整个空间的容积（单位为 L）。它等于气缸工作容积与燃烧室容积的和，气缸总容积用符号 $V_a$ 表示。

$$V_a = V_h + V_c$$

⑧压缩比（$\varepsilon$）：气缸总容积与燃烧室容积的比值，即

$$\varepsilon = V_a / V_c = 1 + V_h / V_c$$

它表示活塞由下止点运动到上止点时，气缸内气体被压缩的程度。压缩比越大，则压缩终止时气缸内的压力和温度就越高。

目前，一般车用汽油机的压缩比为 8~12。如一汽奥迪 A6 轿车的六缸 2.4 L 发动机压缩比为 10.5。柴油机的压缩比为 15~22。

## 三、四行程发动机的工作原理

汽油机是将汽油和空气混合的可燃混合气吸入发动机气缸内,用电火花强制点燃使其燃烧,并产生热能而膨胀做功的发动机。柴油机是利用喷油泵使柴油在高压下由喷油器直接喷入发动机气缸内,并与气缸内已经被压缩的高温空气混合形成混合气,自燃后产生热能而膨胀做功的发动机。

**1. 四行程汽油机的工作原理**

四行程汽油机每完成一个工作循环,需要经过进气、压缩、膨胀(做功)和排气 4 个行程,见表 1–7。对应活塞上下 4 个行程,相应的曲轴旋转 720°(两圈)。

表 1–7　四行程汽油机的工作原理

| 行程 | 说明 | 图示 |
|---|---|---|
| 进气行程 | 由于曲轴的旋转,活塞从上止点向下止点运动,这时排气门关闭,进气门打开。随着活塞下移,气缸内容积增大,压力减小,在气缸内产生真空吸力,空气经滤清器后与喷油器供给的汽油混合成可燃混合气,通过进气门被吸入气缸,直至活塞向下运动到下止点 | |
| 压缩行程 | 曲轴继续旋转,活塞从下止点向上止点运动,这时进气门和排气门都关闭,气缸内成为封闭空间,可燃混合气受到压缩,压力和温度不断升高,当活塞到达上止点时,压缩行程结束。汽油机的压缩比一般为 8~12 | |
| 做功行程 | 在这个行程中,进气门和排气门仍然保持关闭。当活塞位于压缩行程接近上止点的位置时,火花塞产生电火花,点燃可燃混合气,可燃混合气燃烧后放出大量的热,使气缸内气体温度和压力急剧升高,高温高压导致气体膨胀,推动活塞从上止点向下止点运动,通过连杆使曲轴旋转并输出机械功。当活塞运动到下止点时,做功行程结束 | |

| 行程 | 说明 | 图示 |
| --- | --- | --- |
| 排气行程 | 当做功接近终止时,排气门开启,进气门仍然关闭,靠废气的压力先自由排气,活塞到达下止点再向上止点运动时,强制把废气排出到大气中去,活塞越过上止点后,排气门关闭,排气行程结束 | |

### 2. 四行程柴油机工作原理

四行程柴油机（压燃式发动机）和四行程汽油机一样,每个工作循环也经历进气、压缩、做功、排气4个行程。由于柴油机用的柴油的黏度比汽油的大,不易蒸发,并且自燃温度又比汽油的低,因此,可燃混合气的形成及着火方式便不同于汽油机。

图1-19所示为四行程柴油机工作示意图。柴油机在进气行程中吸入的是纯空气。在压缩行程接近终止时,柴油经喷油器将油压提高到10 MPa以上,通过喷油器的高压喷射,柴油分散成数以百万计的细小油雾喷入气缸,在很短时间内与压缩后的高温空气混合,形成可燃混合气。因此,柴油机混合气的形成不同于汽油机,它是在气缸内形成的。

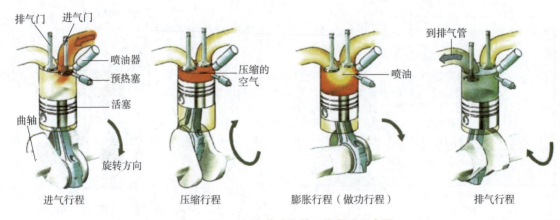

图1-19 四行程柴油机的工作原理示意图

由于柴油机压缩终止时气缸内空气压力可达3.5~4.5 MPa,同时温度高达750~1 000 K,大大超过了柴油的自燃温度,故柴油喷入气缸后,在很短时间内与高温高压空气混合后便立即自行发火燃烧。气缸内气压急剧上升到6~9 MPa,温度也升到2 000~2 500 K。在高压气体推动下,活塞向下运动并带动曲轴旋转而做功,废气同样经排气管排入大气中。

柴油机与汽油机相比,各有特点。柴油机因压缩比高,燃油消耗率比汽油机的平均低30%左右,故燃油经济性较好,并且柴油机没有电气和点火系统的故障。一般载质量在7 t以上的载货汽车多用柴油机。但柴油机转速比汽油机的低（一般最高转速为2 500~

3 000 r/min）、质量大、制造和维修费用高（因为喷油泵和喷油器的加工精度要求较高）。柴油机的这些弱点被逐渐克服，它的应用范围普中、轻型载货汽车。目前部分轿车也采用柴油机，其最高转速可达 5 000 r/min 以上。

  汽油机具有转速高（目前轿车用汽油机最高转速达 5 000 ~ 6 000 r/min）、质量小、工作噪声小、起动容易、工作稳定、操作省力、适应性好、制造和维修费用低等特点，故在轿车、中小型载货汽车及军用越野车上得到广泛的应用。但汽油机燃油消耗率较高，因而其燃料经济性差。

  从四行程发动机的工作循环可知，四个行程中只有一个行程是做功的，其他三个行程是消耗动力的做功准备行程。因此，对于单缸发动机，使曲轴旋转的动力仅来自做功行程，其余三个行程是靠储存能量的飞轮惯性维持转动的。显然，做功行程时，曲轴的转速比其他三个行程转速高，所以它的转速是不均匀的，因而发动机工作就不平稳、振动大。为了解决这个问题，飞轮将做得具有更大的转动惯量，但这样会使整个发动机的质量和尺寸增加。采用多缸发动机便可以弥补上述不足。现代汽车用得较多的是四缸、六缸和八缸发动机。

  对于多缸四行程发动机的每个气缸，所有的工作过程完全相同，并按上述工作循环中同样的次序进行，但所有气缸的做功行程并不同时发生。例如，在四缸发动机内，曲轴每转半圈便有一个气缸在做功；在八缸发动机内，曲轴每转 1/4 圈便有一个做功行程。多缸机做功行程的曲轴间隔角为 720°/$i$（$i$ 为气缸数），气缸数越多，发动机的工作越平稳。但发动机缸数增加时，一般会使发动机变得结构复杂、尺寸及质量增加。

## 四、发动机产品名称和型号编制规则

  为了便于发动机的生产管理和使用，我国于 2008 年对发动机的名称、型号和编制方法重新审定，颁布了国家标准《内燃机产品名称和型号编制规则》（GB/T 725—2008）。

  发动机型号的排列顺序及符号所代表的意义规定如图 1-20 所示。发动机型号应能反映发动机的主要结构特征及性能，由下列四部分内容组成：

①第一部分：由制造商代号或系列代号组成。本部分代号由制造商根据需要选择相应的 1~3 位字母表示。

②第二部分：由缸数、气缸布置形式符号、行程符号、缸径符号组成。

③第三部分：由结构特征、用途特征和燃料符号组成，以字母表示。

④第四部分：区分符号。同一系列产品需要区分时，由制造商选用适当符号表示。

下面举例说明发动机型号 1E65F/P、492Q/P-A、YZ6102Q 的含义。

1E65F/P——单缸、二行程、缸径 65 mm、风冷、通用型汽油机。

492Q/P-A——四缸、直列、四行程、缸径 92 mm、冷却液冷却、汽车用汽油机（A 为区分符号）。

YZ6102Q——六缸、直列、四行程、缸径 102 mm、冷却液冷却、车用柴油机（YZ 为扬州柴油机厂代号）。

## 发动机型号编制规则

**第一部分**：制造商代号或系统代号

**第二部分**：
- 缸数
- 行程符号 E表示二行程，四行程无符号
- 缸径或缸径/行程（也可用发动机排量或功率）

**气缸布置形式符号**

| 符号 | 含义 |
|---|---|
| 无符号 | 多缸直列或单缸 |
| V | V形 |
| P | 卧式 |
| H | H形 |
| X | X形 |

**第三部分**：

**结构特征符号**

| 符号 | 结构特征 |
|---|---|
| 无符号 | 水冷 |
| F | 风冷 |
| N | 凝气冷却 |
| S | 十字头式 |
| Z | 增压 |
| ZL | 增压中冷 |
| DZ | 可倒转 |

**用途特征符号**

| 符号 | 用途 |
|---|---|
| 无符号 | 通用型及固定动力 |
| T | 拖拉机 |
| M | 摩托车 |
| G | 工程机械 |
| Q | 汽车 |
| J | 铁路机车 |
| D | 发电机组 |
| C | 船用主机、右机基本型 |
| CZ | 船用主机、左机基本型 |
| Y | 农用车 |
| L | 林业机械 |

**第四部分**：区分符号（制造商自定）

**燃料符号**

| 符号 | 燃料名称 |
|---|---|
| 无符号 | 柴油 |
| P | 汽油 |
| T | 天然气 |
| CNG | 压缩天然气 |
| LNG | 液化天然气 |
| LPG | 液化石油气 |
| Z | 沼气 |
| W | 煤矿瓦斯 |
| M | 煤气 |
| S、SCZ | 双燃料 |
| E | 乙醇 |
| DME | 二甲醇 |
| FME | 生物柴油 |

图1-20　发动机型号的排列顺序及符号所代表的意义

## 五、发动机的总体构造

发动机是一部复杂的机器，不同类型的发动机，其具体结构也各不相同，但基本构造相似。通常，汽油机由两大机构五大系统组成，柴油机由两大机构四大系统组成（没有点火系）。常见轿车四缸发动机结构如图1-21所示。

图1-21　轿车四缸发动机

汽油机的两大机构五大系统的组成见表1-8。

表1-8 汽油机的两大机构五大系统的组成

| 机构/系统 | 组成及作用 | 构造图 |
| --- | --- | --- |
| 曲柄连杆机构 | 组成：由机体组、活塞连杆组和曲轴飞轮组等组成。<br>作用：将燃气作用在活塞顶部的力转变成曲轴的转矩，以向工作机械输出机械能 | |
| 配气机构 | 组成：由气门组、气门传动组和气门驱动组组成。<br>作用：根据发动机的工作顺序和工作过程，定时开启和关闭进气门和排气门，使可燃混合气或空气进入气缸，并使废气从气缸内排出，实现换气过程 | |
| 燃料供给系 | 作用：汽油机燃料供给系的作用是根据发动机的要求，配制出一定数量和浓度的混合气，供入气缸，并将燃烧后的废气从气缸内排出到大气中去。<br>柴油机燃料供给系的作用是把柴油和空气分别供入气缸，在燃烧室内形成混合气并燃烧，最后将燃烧后的废气排出 | |
| 润滑系 | 组成：润滑系通常由润滑油道、机油泵、机油滤清器和一些阀门等组成。<br>作用：润滑系的作用是向做相对运动的零件表面输送定量的清洁润滑油，以实现液体摩擦，减小摩擦阻力，减轻机件的磨损，并对零件表面进行清洗和冷却 | |
| 冷却系 | 组成：水冷发动机的冷却系通常由冷却水套、水泵、风扇、水箱、节温器等组成。<br>作用：冷却系的作用是将受热零件吸收的部分热量及时散发出去，保证发动机在最适宜的温度状态下工作 | |
| 点火系 | 组成：点火系通常由蓄电池、发电机、点火线圈和火花塞等组成。<br>作用：在汽油机中，气缸内的可燃混合气是靠电火花点燃的，因此在汽油机的气缸盖上装有火花塞，火花塞头部伸入燃烧室内。能够按时在火花塞电极间产生电火花的全部设备称为点火系 | |

续表

| 机构/系统 | 组成及作用 | 构造图 |
| --- | --- | --- |
| 起动系 | 要使发动机由静止状态过渡到工作状态，必须先用外力转动发动机的曲轴，使活塞做往复运动，气缸内的可燃混合气燃烧膨胀做功，推动活塞向下运动使曲轴旋转。这样发动机才能自行运转，工作循环才能自动进行。因此，曲轴在外力作用下开始转动到发动机开始自动地怠速运转的全过程，称为发动机的起动。<br>完成起动过程所需的装置，称为发动机的起动系 |  |

## 六、发动机的主要性能指标与特性

### 1. 动力性指标

发动机的动力性指标包括有效转矩、有效功率等。

（1）有效转矩

发动机通过飞轮对外输出的转矩称为发动机的有效转矩，用 $M_e$ 表示，单位为 N·m。发动机的转矩是由气体作用在活塞上的力通过连杆推动曲轴而产生的。

（2）有效功率

发动机通过飞轮对外输出的功率称为发动机的有效功率，用 $P_e$ 表示，单位为 kW。它等于有效转矩与曲轴角速度的乘积。发动机的有效功率可以用台架试验方法测定。在测功器上测定有效转矩和曲轴转速，然后运用以下公式算出发动机的有效功率（单位为 kW）：

$$P_e = M_e \frac{2\pi n}{60} \times 10^{-3} = \frac{M_e n}{9\,550}$$

式中　$M_e$——有效转矩，单位为 N·m；

　　　$n$——曲轴转速，单位为 r/min。

发动机产品铭牌上标明的功率及相应的转速称为标定功率和标定转速。按内燃机台架试验国家标准规定，发动机的标定功率分为 15 min 功率、1 h 功率、12 h 功率和持续功率四种。鉴于汽车发动机经常在部分负荷，即较小的功率下，仅克服上坡阻力和加速等情况下工作才短时间地使用最大功率，为了保证发动机有较小的结构尺寸和质量，汽车发动机经常用 15 min 功率作为标定功率。

### 2. 经济性指标

一般用燃油消耗率表示发动机的经济性指标。燃油消耗率指发动机每发出 1 kW 的有效功率时，在 1 h 内消耗的燃油质量（以 g 为单位），用 $g_e$ 表示。很明显，燃油消耗率越低，发动机的燃油经济性指标越好。

燃油消耗率［单位为 g/(kW·h)］按下式计算：

$$g_e = \frac{G_f}{P_e} \times 10^3$$

式中　$G_f$——发动机每单位时间的耗油量，单位为 kg/h，可由试验测定；

　　　$P_e$——发动机的有效功率，单位为 kW。

## 3. 速度特性

发动机的速度特性指发动机的功率、转矩和燃油消耗率三者随曲轴转速变化的规律。该特性可在发动机试验台上（例如测功器试验台）通过试验测得。试验时，当节气门开度达到最大时，所得到的速度特性称为发动机外特性。图1-22所示为汽油发动机外特性曲线。相应地，把在节气门其他开度情况下得到的速度特性称为部分特性。

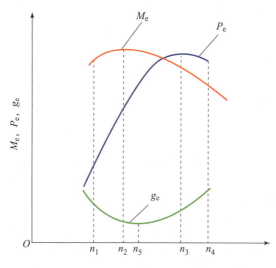

图1-22　汽油发动机外特性曲线

发动机外特性代表了发动机所具有的最高动力性能。

外特性曲线上标出的发动机最大功率和最大转矩及其相应的转速是表示发动机特性的重要指标。当分析发动机外特性是否符合使用要求时，要关联汽车的使用条件，例如道路情况、要求克服的阻力数值、最高车速等。

## 4. 发动机的工况与负荷

发动机工作状况（简称发动机工况）一般用它的功率与曲轴转速来表征，有时也用负荷与曲轴转速来表征。

发动机在某一转速下的负荷就是发动机当时发出的功率与同一转速下可能发出的最大功率之比，以百分数表示。

图1-23表示某汽油发动机的一组特性曲线。Ⅰ表示相应于节气门全开时的外特性曲线，Ⅱ、Ⅲ分别表示节气门开度依次减小得到的部分特性曲线。

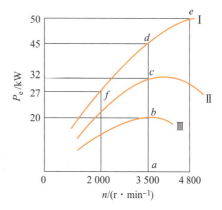

图1-23　发动机的负荷

由图可知，当 $n = 3\,500$ r/min 时，由于节气门开度不同，则在该转速下该汽油发动机可能发出的最大功率为45 kW。该转速下Ⅱ、Ⅲ位置所对应的功率分别为32 kW、20 kW。根据对负荷的定义，可求出 $a$、$b$、$c$、$d$ 4个位置的工况下的负荷值。

工况 $a$：负荷为0（称为发动机空转工况）；

工况 $b$：负荷 $= 20/45 \times 100\% = 44.4\%$；

工况 $c$：负荷 $=32/45 \times 100\% = 71.7\%$；

工况 $d$：负荷 $=45/45 \times 100\% = 100\%$（发动机全负荷）。

因此，外特性曲线上各点表示在各转速下的全负荷工况，但在同一条部分特性曲线上各点的负荷值却不相同。在同一转速下，节气门开度越大，表示负荷越大，但是二者并不成正比。

注意：负荷和功率的概念不要混淆。如某一转速时全负荷（如 $d$ 点），并不意味着是发动机的最大功率。发动机的最大功率应当是工况 $e$ 的功率。又如工况 $f$，虽然功率比工况 $c$ 小，但却是全负荷。这就是说，功率大小并不代表负荷的大小。

## 随堂测试

1. 活塞从_____到_____所扫过的容积称为气缸工作容积或气缸排量，用符号 $V_h$ 表示。多缸发动机各气缸工作容积的总和，称为发动机工作容积或发动机排量。

2. 四行程发动机的工作过程可分为_____、_____、_____和_____四个行程。

3. 柴油机与汽油机相比，主要是_____和_____不同。

4. 汽油机由两大机构五大系统组成，柴油机由_____机构_____系统组成。

5. 发动机的动力性指标主要有_____、_____等。

项目一　介绍汽车基本知识

## 任务实施

任 务 工 单

| 任务名称：介绍汽车发动机基本知识 ||||
|---|---|---|---|
| 姓名： || 班级：　　　　　　　学号： ||
| 任务描述 | 用户在购买或使用汽车时，非常关注发动机的性能，请你就某一型号类别车辆的发动机制作一个发动机的主要参数和性能表，并解释说明各参数的含义，在学习小组或班级里进行交流汇报 |||
| 能力目标 | 1. 能够向客户介绍或解答发动机相关知识；<br>2. 树立以客户为中心的理念，增强服务意识；<br>3. 具有与客户沟通交流的能力；<br>4. 具备通过查询资料完成任务的信息搜集和处理能力 |||
| 实施准备 | 1. 教学用车辆和发动机实验台架；<br>2. 车辆和发动机相关文件；<br>3. 汇报用纸、笔等 |||
| 实施步骤 | 自主学习 | 学习相关知识；<br>获取相关信息；<br>个人制作车辆发动机的配置及主要参数表 ||
| | 小组讨论 | 以学习小组形式进行讨论，形成小组汇报成果 ||
| | 小组汇报 | 汇报小组成果；<br>汇报小组成果并通过角色扮演的方式在实际车辆和发动机台架上向客户介绍发动机相关知识 ||
| 自我反思 | 在专业能力、关键能力等方面的收获或体会： |||

汽车构造（上册）——发动机构造

## 任务1-3　　介绍汽车底盘基本知识

 学习内容

1. 传动系基本知识；
2. 行驶系基本知识；
3. 转向系基本知识；
4. 制动系基本知识。

 能力要求

1. 能够向客户介绍或解答汽车底盘相关知识；
2. 树立以客户为中心的理念，增强服务意识；
3. 具有与客户沟通交流的能力；
4. 具备通过查询资料完成任务的信息搜集和处理能力。

 任务引入

底盘是汽车的重要组成部分，直接影响汽车的性能。人们在购车时经常会问到该车是前轮驱动还是后轮驱动、转向是否轻便等问题，你能够根据客户需要向其介绍汽车底盘相关知识吗？

 任务描述

用户在购买或使用汽车时，非常关注汽车底盘的性能，请你就某一型号类别车辆制作一个底盘的主要配置表，并解释说明各配置（或参数）的含义，在学习小组或班级里进行交流汇报。

 相关知识

底盘的作用是支承、安装汽车发动机及其各部件、总成，形成汽车的整体造型，并接受发动机的动力，使汽车产生运动，保证正常行驶。汽车底盘由传动系、行驶系、转向系、制动系组成。

## 一、汽车传动系

**1. 传动系的功用**

汽车传动系是从发动机到驱动轮之间的所有动力传递装置的总称。基本功用是将发动机发出的动力传递到驱动车轮，使汽车以一定速度行驶。其具有减速与变速、实现倒车、中断动力传动、实现驱动车轮差速等功能。

**2. 传动系的布置形式**

传动系在汽车上的布置形式有发动机前置后轮驱动（FR）、发动机后置后轮驱动（RR）、发动机前置前轮驱动（FF）、全轮驱动（4WD）、发动机中置后轮驱动（MR）等，如图1-24所示。

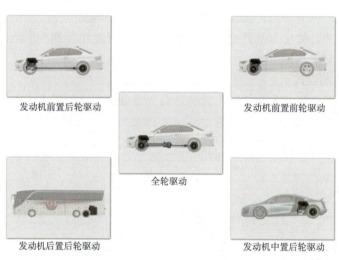

图1-24 汽车传动系布置形式

（1）发动机前置后轮驱动

发动机前置后轮驱动简称前置后驱动，英文简称为FR。发动机前置后轮驱动，其发动机布置在汽车前部，动力经过离合器、变速器、万向传动装置、后驱动桥，最后传到后驱动车轮，使汽车行驶，如图1-5（b）所示。

发动机前置后轮驱动应用广泛，大多数的货车、部分轿车和部分客车采用这种形式。

（2）发动机后置后轮驱动

发动机后置后轮驱动简称后置后驱动，英文简称为RR。发动机布置在汽车的后部，动力经过离合器、变速器、角传动装置、万向传动装置、后驱动桥，最后传到后驱动车轮，使汽车行驶，如图1-5（c）所示。这种布置形式便于车身内部的布置，减小室内能听到的发动机的噪声，一般用于大型客车。

（3）发动机前置前轮驱动

发动机前置前轮驱动简称前置前驱动，英文简称为FF。发动机布置在汽车前部，动力经过离合器、变速器、前驱动桥，最后传到前驱动车轮，使汽车行驶。这种布置形式在变速器与驱动桥之间省去了万向传动装置，使结构简单紧凑，整车质量小，高速行驶时操纵稳定性好，如图1-5（a）所示。大多数轿车采用这种布置形式，但这种布置形式的爬坡性能相对差些。

（4）发动机前置全轮驱动

发动机前置全轮驱动简称全轮驱动，英文简称为 XWD。发动机布置在汽车前部，动力经过离合器、变速器、分动器、万向传动装置分别到达前后驱动桥，最后传到前后驱动车轮，使汽车行驶，如图 1-5（d）所示。由于所有的车轮都是驱动车轮，因而提高了汽车的越野通过性能，这是越野汽车采取的布置形式。

## 二、汽车行驶系

### 1. 汽车行驶系的功用

汽车行驶系的主要功用是：①接受由发动机经传动系传来的转矩，并通过驱动轮与地面之间的附着作用，产生驱动力，以保证整车正常行驶；②承受汽车的总质量；③传递并承受路面作用于车轮上的各种反力及其所形成的力矩；④尽可能地缓和不平路面对车身造成的冲击和振动，保证汽车平顺地行驶。

### 2. 汽车行驶系的组成

汽车行驶系一般由车架、车桥、车轮和悬架等部分组成，如图 1-25 所示。主从动车轮分别支承着驱动桥和从动桥，车桥又通过前、后悬架与车架连接。车架是整个汽车的基体，它将汽车的相关总成连接成一个整体，构成汽车的装配基础。

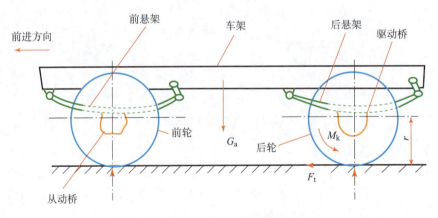

图 1-25 汽车行驶系的组成及受力情况

汽车车架俗称"大梁"，通过悬架装置坐落在车桥上，其上面装有发动机、变速器、传动轴、前后悬架、车身等总成及部件。车架的功用是支承、连接汽车的各总成，使各总成在汽车复杂多变的行驶过程中有正确的相对位置，并承受来自车内外的各种载荷。因此，要求车架具有足够的强度和适当的刚度，同时，降低车架高度，使汽车重心位置降低，保证汽车的行驶稳定性，此外，车架要尽可能轻，以减小整车质量，提高汽车动力性。

汽车车架的结构形式主要有边梁式车架、中梁式车架和综合式车架。其中边梁式车架在载货车上应用最广，轿车普遍采用的是无梁式车架的承载式车身。

边梁式车架如图 1-26 所示，它是由两根位于两边的纵梁和若干根横梁用铆接或焊接的方法连接而成的坚固的刚性构架。纵梁通常用低合金钢板冲压而成，断面形状一般为槽形，也有的做成Z形或箱形断面。根据汽车形式不同和结构布置的要求，纵梁可以在水平面内或纵向平面内做成弯曲的，以及等断面或非等断面结构。

X形车架如图1-27所示，是边梁式车架的一种特殊形式。对于轿车短而宽的车架，为了降低重心和提高车架的扭转刚度，通常制成前窄后宽且后部向上弯曲的X形车架结构。

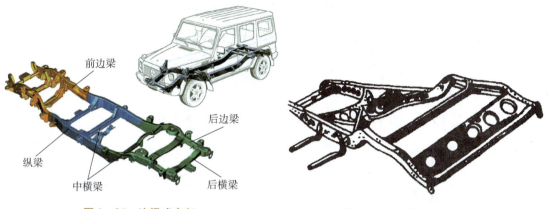

图1-26 边梁式车架　　　　　图1-27 轿车（X形）车架

轿车边梁式车架结构如图1-28所示。为了保证高速行驶轿车的稳定性，汽车的重心应尽量低；为了改善乘员的舒适性，车身的底板也应尽量低。但底板的降低不应妨碍转向轮的偏转和悬架变形时车桥的跳动，因此，轿车车架通常前部做得较窄，前后桥处向上弯曲，中间是对应车身地板处比较平低的形状。

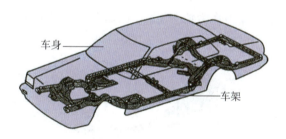

1—车身；2—车架（阴影线部分）。

图1-28 丰田皇冠（Crown）轿车的车架和车身

有些轿车为了减小车架质量，尽量做到轻量化，采用了半车架结构，发动机和前悬架安装在车架上，这样使车身局部得到加强，如图1-29所示。

大部分轿车和大型客车采用承载式车身。承载式车身如图1-30所示，由于无车架，这种车身可以减小整车质量；可以使地板高度降低，使上、下车方便。但是传动系和悬架的振动与噪声会直接传入车内，为此，应采取隔声和防振措施。

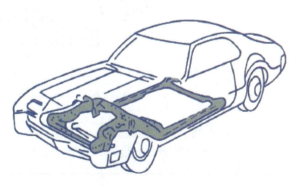

图1-29 半车架

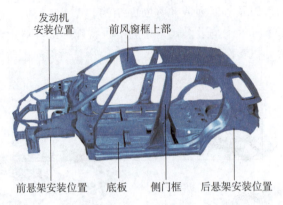

图1-30 承载式车身

## 三、汽车转向系

**1. 转向系的功用**

转向系的功用是保证汽车按照驾驶员的需要来改变行驶方向,而且还可以克服路面侧向干扰力使车轮自行产生的转向,恢复汽车原来的行驶方向。

**2. 转向系的分类**

转向系可按转向能源的不同,分为机械转向系和动力转向系两大类。

(1) 机械转向系

机械转向系以驾驶员的体力作为转向能源,又称为人力转向系。机械转向系的布置如图1-31和图1-32所示。

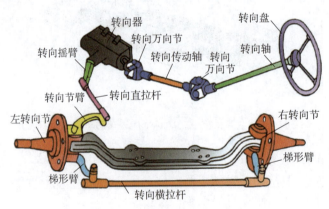

图1-31 货车机械转向系示意图

(2) 动力转向系

为了减轻驾驶员的疲劳程度,增加驾驶的舒适性,保证行车安全,在一些车型中加装了转向加力装置。转向加力装置以发动机输出的动力为能源,在转向时,只有一小部分是驾驶员的体能,大部分是发动机提供的液压能或气压能及转向电动机提供的电能。因此,动力转向系是在机械转向系的基础上加设一套转向加力装置而形成的。液压动力转向系如图1-33所示。

图1-32 轿车机械转向系示意图

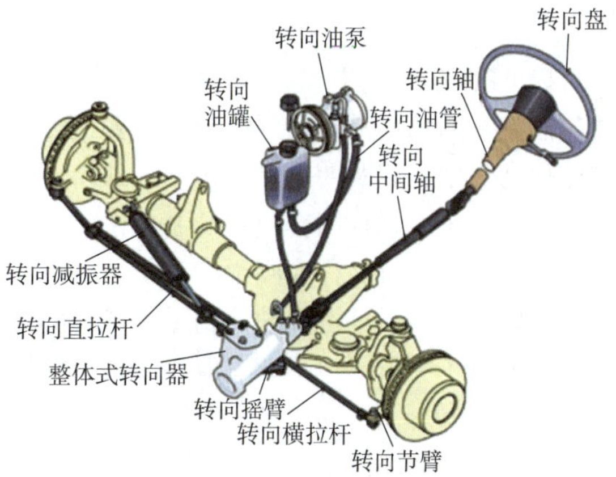

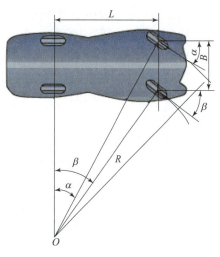

图1-33 液压动力转向系示意图

**3. 转向系有关术语**

（1）转向中心

为了避免在汽车转向时产生路面对汽车行驶的附加阻力和轮胎过快磨损，要求转向时所有车轮的轴线都相交于一点，此交点 $O$ 称为转向中心，即保证所有车轮均做滚动，使阻力和轮胎磨损最小，如图1-34所示。

汽车转向时，内转向轮偏转角 $\beta$ 应当大于外转向轮偏转角 $\alpha$。在车轮为绝对刚体的假设条件下，角 $\alpha$ 与 $\beta$ 的理想关系式应为：

$$\cot\alpha = \cot\beta + B/L$$

式中　$B$——两侧主销轴线与地面交点之间的距离，称为轮距；

　　　$L$——汽车轴距。

图1-34 汽车转向示意图

（2）转弯半径

由转向中心 $O$ 到外转向轮与地面接触点的距离 $R$ 称为汽车转弯半径。转弯半径越小，则汽车转向所需场地就越小，机动性能就越好。由图1-34可知，当外转向轮偏转角达到最大值 $\alpha_{max}$ 时，转弯半径最小。最小转弯半径 $R_{min}$ 与 $\alpha_{max}$ 的关系为：

$$R_{min} = L/\sin\alpha_{max}$$

（3）转向盘自由行程

转向盘在空转阶段中的角行程称为转向盘自由行程。转向盘自由行程对于缓和路面冲击及避免驾驶员过度紧张是有利的，但不宜过大，以免影响转向灵敏性。一般来说，转向盘从汽车直线行驶的中间位置向任一方向的自由行程最好不超过10°~15°。当零件磨损严重到使转向盘自由行程超过25°~30°时，则必须进行调整。

## 四、汽车制动系

### 1. 制动系的功用

制动系的功用是根据驾驶员的需要使行驶中的汽车减速甚至停车，使下坡行驶的汽车的速度保持稳定，以及使已停驶的汽车保持不动。

一般汽车应包括两套独立的制动系：行车制动系和驻车制动系。行车制动系是由驾驶员用脚来操纵的，故又称为脚制动系。它的作用是使正在行驶中的汽车减速或在最短的距离内停车。驻车制动系是由驾驶员用手来操纵的，故又称手制动系。它的作用是使已经停在各种路面上的汽车驻留原地不动。但是，在紧急情况下，两套制动系统可同时使用，以增加汽车的制动效果。

### 2. 制动系的种类

按照制动能源不同，制动系还可分为人力制动系、动力制动系和伺服制动系三种。以驾驶员的力量作为唯一制动能源的制动系称为人力制动系。完全靠发动机的动力转化成的气压或液压作为制动能源的制动系则是动力制动系。兼用人力和发动机的动力作为制动能源的制动系称为伺服制动系。

按照制动回路形式不同，可分为单路、双回路、多回路制动系。目前在汽车上普遍使用的是双回路液压制动系和双回路气压制动系。即所有行车制动系的气压或液压管路分别属于两个或多个彼此独立的回路。这样，即使其中一个回路失效，还能利用其他回路获得部分制动。

### 3. 对制动系的要求

为保证汽车能在安全的条件下发挥高速行驶的能力，制动系必须满足下列要求：

①应具有足够的制动力，工作可靠。一般情况下，在水平干燥的混凝土路面上以 30 km/h 的初速度从完全制动到停车，制动距离应保证：轻型货车及轿车不大于 7 m；中型货车不大于 8 m；重型货车不大于 12 m。停车制动的坡度：轻型汽车不小于 25%；中型汽车不小于 20%。

②操纵轻便。一般要求施于踏板上的力不大于 200～300 N；紧急制动时，不超过 700 N。施于手制动杆上的力不大于 250～350 N。

③前后桥上的制动力分配应合理，左右车轮上的制动力应相等。

④制动应平稳。制动时，制动力应逐渐迅速增加；解除制动时，制动力应迅速消失。

⑤避免自行制动。在车轮跳动或汽车转向时，不应引起自行制动。

⑥散热性好。摩擦片的抗热衰退性能要提高，磨损后的间隙应能调整，并且能防水、防油、防尘。

⑦对挂车的制动系，要求挂车的制动力略早于主车，挂车自行脱挂时，能自动进行应急制动。

### 4. 制动系的组成

汽车制动系主要由四部分组成：

①制动器：产生制动力矩，阻止车轮转动的装置。

②制动操纵机构：控制制动器工作的机构，如操纵手柄和制动踏板等。

③制动传动机构：将操纵力传到制动器上的装置。

④制动力的调节机构：用来调节前后车轮制动力的分配。

此外，经常在山区行驶以及某些特殊用途的汽车，为了提高行车的安全性和减轻行车制动系性能的衰退及制动器的磨损，还应装备辅助制动系，在下坡时稳定车速。

### 5. 制动系的工作原理

图1-35所示是一种简单的液压制动系的工作原理示意图。它由制动器、操纵机构和液压传动机构组成。

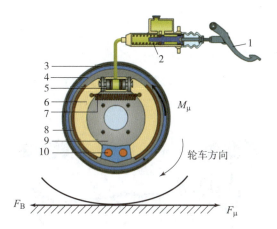

1—制动踏板；2—制动主缸；3—车轮；4—制动鼓；5—制动轮缸；6—制动蹄；
7—回位弹簧；8—摩擦片；9—制动底板；10—支承销。

图1-35 液压制动系的工作原理示意图

车轮制动器主要由旋转部分、固定部分和张开机构组成。旋转部分是制动鼓4，它固定在车轮轮毂上，跟随车轮一起旋转，它的工作面是内圆柱面。固定部分包括制动蹄6和制动底板9等。制动底板用螺栓与转向节凸缘（前轮）或桥壳凸缘（后轮）固定在一起。在固定不动的制动底板上，有两个支承销10，支承着两个弧形制动蹄的下端。制动蹄6的外圆柱面上装有摩擦片8，上端用制动蹄回位弹簧7拉紧压靠在制动轮缸5的活塞上。制动蹄6可用液压轮缸（或凸轮）等张开机构使其张开。液压轮缸安装在制动底板9上。

操纵机构主要是制动踏板1。

传动机构主要是由推杆、制动主缸2、制动轮缸5和油管等组成。装在车架上的制动主缸2用油管与制动轮缸是相连通。主缸活塞由驾驶员通过制动踏板1来操纵。

制动系不工作时，制动鼓的内圆柱面与制动蹄6摩擦片的外圆柱面之间保留有一定的间隙，使制动鼓可以随车轮自由旋转。

制动时，踩下制动踏板1，推杆便推动主缸活塞，使主缸中的油液以一定压力流入制动轮缸5，通过轮缸活塞使两制动蹄的上端向外张开，从而使摩擦片压紧在制动鼓4的内圆柱面上。这样，不旋转的制动蹄6就对旋转着的制动鼓4产生一个摩擦力矩$M_\mu$，其作用方向与车轮旋转方向相反，摩擦力矩的大小取决于轮缸的张力、摩擦因数和制动鼓4及制动蹄6的尺寸等。制动鼓4将力矩$M_\mu$传到车轮后，由于车轮与路面间的附着作用，车轮即对路面作用一个向前的制动力$F_\mu$，与此同时，路面给车轮作用一个向后的反作用力$F_B$，即制动力。制动力$F_B$由车轮经车桥和悬架传递给车架和车身，迫使整个汽车产生一定的减速度。制动力越大，减速度也越大。当松开制动踏板1时，制动蹄6的回位弹簧7即将制动蹄6拉回原位，摩擦力矩 $M_μ$ 和制动力 $F_B$ 消失，制动作用即行解除。

制动时车轮上的制动力 $F_B$ 不仅取决于制动力矩 $M_μ$，还取决于轮胎与路面间的附着条件。如果完全失去附着，就不会产生制动效果，即车轮停止转动而被抱死，汽车仍然向前滑动。不过，在讨论制动系的结构问题时，一般都假设具备良好的附着条件。

## 随堂测试

1. 汽车底盘由_____、_____、_____、_____组成。
2. 图1-36所示是发动机前置四轮驱动示意图，请标注出各序号所指总成或部件名称。
 1—_____、2—_____、3—_____、4—_____、5—_____、6—_____、7—_____、8—_____、9—_____、10—_____。

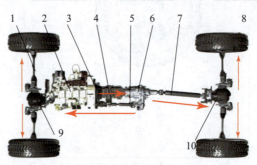

图1-36　四轮驱动示意图

3. 汽车行驶系一般由_____、_____、_____和_____等部分组成。
4. 汽车的转弯半径越小，则汽车转向所需场地就越_____，机动性能越_____。
5. 一般汽车应包括两套独立的制动系：_____和_____。

## 任务实施

### 任 务 工 单

| 任务名称：介绍汽车底盘基本知识 |||
|---|---|---|
| 姓名： | 班级： | 学号： |
| 任务描述 | 用户在购买或使用汽车时，非常关注汽车底盘的性能，请你就某一型号类别的车辆制作一个底盘的主要配置表，并解释说明各配置（或参数）的含义，在学习小组或班级里进行交流汇报 ||
| 能力目标 | 1. 能够向客户介绍或解答汽车底盘相关知识；<br>2. 树立以客户为中心的理念，增强服务意识；<br>3. 具有与客户沟通交流的能力；<br>4. 具备通过查询资料完成任务的信息搜集和处理能力 ||
| 实施准备 | 1. 教学用车辆和汽车底盘实验台架；<br>2. 车辆相关文件；<br>3. 汇报用纸、笔等 ||
| 实施步骤 | 自主学习 | 学习相关知识；<br>获取相关信息；<br>个人制作车辆底盘的配置及主要参数表 |
| | 小组讨论 | 以学习小组形式进行讨论，形成小组汇报成果 |
| | 小组汇报 | 汇报小组成果并通过角色扮演方式在实际车辆和底盘台架上向客户介绍相关知识 |
| 自我反思 | 在专业能力、关键能力等方面的收获或体会： ||

汽车构造（上册）——发动机构造

## 任务1-4　　介绍汽车车身基本知识

 学习内容

1. 车身的分类；
2. 轿车车身的结构特点；
3. 车门的种类；
4. 座椅的结构。

 能力要求

1. 能够向客户介绍或解答车身相关知识；
2. 树立以客户为中心的理念，增强服务意识；
3. 具有与客户沟通交流的能力；
4. 具备通过查询资料完成任务的信息搜集和处理能力。

 任务引入

车身是汽车很重要的组成部分，它不仅要满足舒适、安全的要求，还要体现造型的美观。人们在购车时首先是对车辆的外形的感觉，有时甚至是超过了对性能的要求。你能够根据客户需要向其介绍车身相关知识吗？

 任务描述

用户在购买汽车时非常关注车身美观和功能，请你就某一型号类别的车辆向客户介绍车身相关知识。

 相关知识

车身是汽车很重要的组成部分，它不仅要满足舒适安全的要求，还要体现造型的美观。

 **一、车身的功用与组成**

**1. 车身的功用**

车身具有如下作用：

①为驾驶员及乘员提供舒适的乘坐环境。车身既是运送乘员及行李的工具，也是驾驶员

的工作场所。车身应为驾驶员提供良好的驾驶操作条件，保护驾驶员及乘员免受恶劣气候的影响，提供舒适的乘坐空间和室内环境。

②为驾驶员及乘员提供安全保护。通过车身结构的安全设计和在车身内安装安全防护装置，为驾驶员及乘员提供安全保护，保证行车安全和减轻事故。

③减小空气阻力，实现整车功能。车辆在行驶中，不仅要克服道路阻力，还要克服空气阻力。因此，车身应具有合理的外部形状，以减小风阻系数，降低阻力损失，提高整车的动力性、经济性、平顺性、操纵稳定性、乘坐舒适性、行驶安全性等。

④增强整车的美观性。随着人们对物质生活的需求逐步增加，作为交通和运输工具的汽车越来越受到重视，人们对整车多样化的要求也越来越强烈。在注重实用的同时，整车车身设计突出个性，这样开发出来的产品更是一件精美的、制造考究的、体现使用者个性的工艺美术产品。

**2. 车身的组成**

车身包括车身壳体、车门、车窗、前后钣制件、车身内外部装饰件、座椅、通风、暖气、空调装置等。在货车和专用汽车上还包括货箱和其他装备。

## 二、车身的种类

车身壳体是一切车身零部件的安装基础，通常指纵梁、横梁和立柱等主要承力元件及与它们相连接的钣件共同组成的刚性空间结构，还包括在其上敷设的隔声、隔热、防振、防腐、密封等材料及涂层。其分类如下：

**1. 按结构形式分类**

（1）骨架式

有完整的骨架，车身蒙皮固定在骨架上。

（2）半骨架式

有部分骨架，各骨架彼此相连或靠蒙皮相连。

（3）无骨架式

没有骨架，代替骨架的是蒙皮相互连接时形成的加强肋或板壳。

**2. 按受力情况分类**

（1）非承载式

非承载式车身如图1-37所示。这种车身通过橡胶软垫或弹簧与车架柔性连接。车架是支承全车的基体，承受着在其上所安装的各个总成的各种载荷。这种车身仍要承受装载的人员和货物的质量及其惯性力，但在设计车架时不考虑车身对车架承载所起的辅助作用。

（2）半承载式

半承载式车身的结构与非承载式车身的结构基本相同，都属有车架式结构。它们

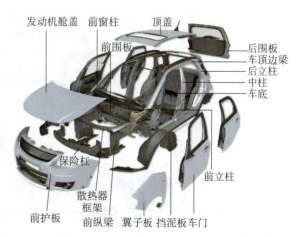

图1-37 非承载式车身

之间的区别在于：半承载式车身与车架的连接不是柔性的连接，而是刚性连接，即车架与车身焊接或用螺栓固定。由于是刚性连接，所以车身只是部分地参与承载，车架是主承载体。

（3）承载式（或称全承载式）

承载式车身如图1-38所示。这种车身的汽车没有车架，车身就作为发动机和底盘各总成的安装基体，车身兼有车架的作用并承受全部载荷。

图1-38 承载式车身

### 3. 按车身外形分类

按外形分类，车身可分为单厢车、两厢车和三厢车等多种，如图1-39所示。

图1-39 车身外形分类

（1）三厢车

三厢车的车身结构由三个相互封闭、用途各异的厢组成。三厢车的前部是发动机舱，车身中部是驾乘室，后部是行李箱。三厢车中间高两头低，从侧面看前后对称，车身修长，线条优美，造型美观大方。同时，由于行李箱和驾乘室之间存在一个隔断区，使得三厢车的静音性比较好。三厢车的缺点是车身尺寸长，在交通拥堵的大城市里行驶及停车不方便。

（2）两厢车

两厢车的前部与三厢车没有区别，作用也一样。不同之处在于这种汽车将驾乘室近似等高度向后延伸，把行李箱和驾乘室合为一体，使其减少为发动机舱和驾乘室两厢。由于两厢车少了行李箱，车辆重心前移，轴荷分布相对均匀。与三厢车相比，两厢车拥有更好的稳定性与操控性。平放后排座位，就可以获得比三厢车大得多的载物空间，可用来运送许多大型家电和家庭用品。

（3）单厢车

单厢车是在两厢车的基础上发展而来的，它的发动机舱进一步缩短，变得很不明显，其发动机舱盖与前挡风玻璃几乎成一个斜面，整个车身与小客车较相似。

## 三、轿车车身

为了省去笨重的车架，使汽车轻量化，绝大多数轿车车身都采用承载式结构。

轿车车身一般是由车身本体、车身外装饰件、车身内装饰件和车身附属电气设备等部分组成。

### 1. 车身本体

车身本体如图 1-40 所示。它是车身乃至整车的基体，目前主要由钢板冲压的零件焊接而成，也有用轻金属和非金属材料制造的。车身本体主要包括前端骨架总成、地板总成、侧围总成、顶盖总成等，将它们焊接成车身骨架，使车身形成一整体式壳体结构，具有一定的强度和合适的刚度，起主体承载作用。再配上前翼子板、车门、发动机盖、行李箱盖等车身覆盖件，使车身形成完整封闭体，满足室内乘员乘坐的要求。同时，通过它来体现轿车的外形并增强轿车车身的强度和刚度。

图 1-40 轿车车身本体

### 2. 车身外装饰件

车身外装饰件是指车身外部起保护或装饰作用的一些部件，以及具有某种功能的车外饰件。主要外装件有前、后保险杠,各种车身外部装饰条,密封条,车外后视镜,散热器罩,车门机构及附件等。

#### 3. 车身内装饰件

车身内装饰件是指车内对人体起保护或内部装饰作用的部件,以及具有某种功能的车内装饰件。主要车内装饰件有仪表板、座椅、安全带、安全垫、安全气囊、遮阳板、车内后视镜、车门、地板及轿车内饰等。

#### 4. 车身附属电气设备

车身附属电气设备有照明信号装置、仪表报警装置、风窗刮水器、风窗洗涤器、玻璃升降器、除霜装置及车用空调系统等。

## 四、车门与座椅

### 1. 车门

车门是车身上重要的部件之一,按其开启方法,可分为顺开式、逆开式、水平移动式、上掀式、折叠式、外摆式等,如图1-41所示。

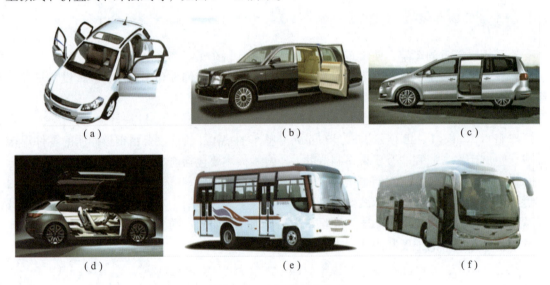

图1-41 车门的开启方式

(a) 顺开式;(b) 逆开式;(c) 水平移动式;(d) 上掀式;(e) 折叠式;(f) 外摆式

逆开式车门在汽车行驶时若关闭不严,可能被迎面气流冲开,故很少采用。顺开式车门即使在汽车行驶时,仍可借助气流的压力关上,比较安全,故被广泛采用。水平移动式车门在车身侧壁与障碍物距离很小时仍能全部开启。上掀式车门被广泛用于轿车及轻型客车的背门,有时也用于低矮的汽车。折叠式车门、外摆式车门广泛应用于大、中型客车。

车门用铰链安装在车身壳体上。汽车在行驶时,车身壳体会产生反复扭转至变形,所以车门与门框之间应留有较大的间隙,以防相互摩擦产生噪声,此间隙由橡胶密封条密封。车门总成如图1-42所示,主要由门外板、门内板、窗框、窗玻璃、电动机总成、拉索、导轨、托架等组成。

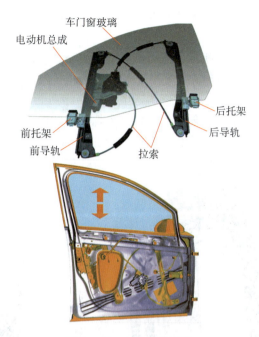

图1-42 车门及其附件

### 2. 汽车座椅

座椅是车身内部的重要装置。座椅的作用是支承人体,使驾驶员操作方便和乘坐舒适。座椅由骨架、坐垫、靠背和调节器等部分组成,如图1-43所示。

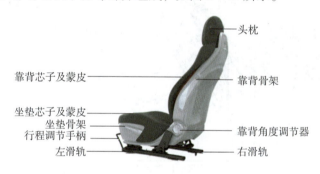

图1-43 驾驶员座椅

座椅骨架一般用轧制型材(钢管、型钢)或冲压成型的钢板焊接而成。坐垫和靠背的尺寸和形状应按人体工程学进行设计,与人体结构的特点相适应,使人体与座椅接触的压力合理分布,保证乘坐舒适。为避免人体在汽车行驶时左右摇晃而引起疲劳,坐垫和靠背中部略微凹陷(有些座椅设计成簸箕形),并在其表面制成凹入的格线,以提高人体的附着性能且改善透气性。

座椅调节器的作用是改变座椅与驾驶操纵机构的相对位置,以适应不同身材的驾驶员的需要。最基本的两种调节方式是座椅行程调节和靠背角度调节。行程调节装置可使座椅在左右两根滑轨上前后移动(图1-42)。行程调节手柄可使移动的卡爪与固定的齿条脱开。手柄放松时,卡爪在复位弹簧作用下重新与齿条上的某个齿扣紧。靠背角度调节器的内部有发条状弹簧、齿轮、卡爪等。发条状弹簧两端分别与坐垫及靠背相连,使靠背有向前倾斜的趋势，装在靠背上的齿轮随之转过相同的角度。旋转靠背角度调节器就可操纵装在坐垫上的卡爪，卡爪扣住齿轮某个齿而使靠背定位。

现代中高级轿车的座椅调节机构使用微型电动机驱动，如图1-44所示。电动机的数量取决于电动座椅的类型，奥迪A6轿车驾驶员座椅有8种可调方式：前端上、下调节，后端上、下调节，前、后调节，向前、向后倾斜调节。带存储功能的电动座椅采用了微机控制，它能将选定的座椅调节位置进行存储，可记忆多个驾驶员的调节方式，使用时只要按指定的按键开关，座椅就会自动地调节到预先选定的位置上。

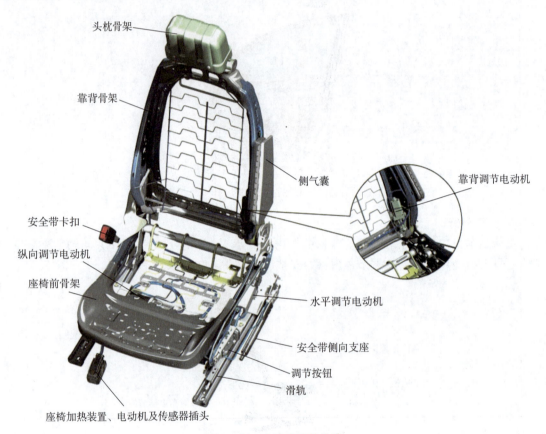

图1-44 电动座椅的构造

## 随堂测试

1. 汽车车身是汽车很重要的组成部分，它不仅要满足_____的要求，还要体现_____。

2. 汽车车身按受力情况，分为_____、_____、_____。

3. 承载式车身没有_____，车身就作为发动机和底盘各总成的安装基体，车身兼有车架的作用并承受全部载荷。

4. 座椅的作用是支承人体，使驾驶员操作方便和_____。座椅由骨架、坐垫、靠背和_____等部分组成。

项目一 介绍汽车基本知识

## 任务实施

### 任 务 工 单

| 任务名称：介绍汽车车身基本知识 | | |
|---|---|---|
| 姓名： | 班级： | 学号： |
| 任务描述 | 用户在购买汽车时非常关注车身美观和功能，请你就某一型号类别车辆向客户介绍车身相关知识 | |
| 能力目标 | 1. 能够向客户介绍或解答车身相关知识；<br>2. 树立以客户为中心的理念，增强服务意识；<br>3. 具有与客户沟通交流的能力；<br>4. 具备通过查询资料完成任务的信息搜集和处理能力 | |
| 实施准备 | 1. 教学用车辆或车身实验台；<br>2. 车辆相关文件 | |
| 实施步骤 | 自主学习 | 学习相关知识；<br>获取相关信息；<br>个人编写车辆车身结构与配置的简要汇报材料 |
| | 小组讨论 | 以学习小组形式进行讨论，形成小组汇报成果 |
| | 小组汇报 | 汇报小组成果并通过角色扮演方式在实际车辆或实验台架上向客户介绍相关知识 |
| 自我反思 | 在专业能力、关键能力等方面的收获或体会： | |

· 43 ·

汽车构造（上册）——发动机构造

## 任务 1-5　介绍汽车电气基本知识

### 学习内容

1. 汽车电路基本知识；
2. 汽车电源系统构造；
3. 照明与信号系统构造；
4. 仪表与报警系统构造；
5. 空调系统结构与工作原理。

### 能力要求

1. 能够向客户介绍或解答汽车电气相关知识；
2. 树立以客户为中心的理念，增强服务意识；
3. 具有与客户沟通交流的能力；
4. 具备通过查询资料完成任务的信息搜集和处理能力。

### 任务引入

汽车电气是汽车的重要组成部分，是汽车的"神经系统"，直接影响汽车的性能。掌握汽车电气相关知识对正确使用汽车、提高行车安全性和舒适性至关重要，你能够根据客户需要向其介绍汽车电气相关知识吗？

### 任务描述

汽车的组合仪表能够反映出车辆工作状态的大量信息，如蓄电池的充电状态、前照灯的远近光工作状态、冷却液温度状态等，所以让客户掌握汽车电气相关知识对正确使用车辆意义重大。请你就某一型号车辆的组合仪表显示信息，制作一个该车辆的信息提示表，并解释说明各信息的含义，在学习小组或班级里进行交流汇报。

### 相关知识

## 一、汽车电路

### 1. 线路与电路的基本概念

汽车电气电路是用选定的导线将全车所有的电气设备相互连接成直流电路，构成一个完整的供、用电系统。任何电源向外供电、任何用电设备使用电能，都必须用导线将电源与用电设备两者合理地连接起来，让电流形成回路，并在用电设备中做功。电工学中将这种电流通过的路径称为电路。而一般的电路都是导线，故又称为线路。

电路的概念可通过图 1-45 来理解。如图 1-45（a）所示，把蓄电池的正、负极与灯泡用熔断丝、导线连接起来形成电路。如果用符号表示图中的电器，就会得到图 1-45（b）所示的电路图，图中 R 表示灯泡的电阻，箭头表示电流的方向。如果在图 1-45（b）电路中增设开关，就会形成图 1-45（c）所示电路，该电路可通过开关控制电路的通与断。开关断开时，电路中没有电流通过，灯不亮，这种状态称为开路或断路。开关闭合时，电路中有电流通过，灯亮，这种状态称为通路。一般在电路中还会加入熔断丝以防止电路短路，这就形成了图 1-45（d）所示的电路。

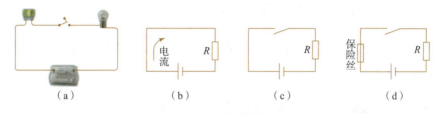

图 1-45 电路的概念

(a) 实际电路；(b) 电路的图示；(c) 电路处于开路状态；(d) 加入熔断丝的电路

### 2. 汽车电路的特点

汽车电路可归纳为以下特点：

（1）低压

汽车电路的额定电压主要有 12 V 和 24 V 两种。汽油机普遍采用 12 V 电源，柴油机多采用 24 V 电源（由两个 12 V 蓄电池串联而成）。汽车在运行中，一般 12 V 会变为 14 V，24 V 会变为 28 V。

（2）直流

现代汽车发动机是靠电力起动机起动的，起动机由蓄电池供电，而向蓄电池充电必须用直流电源，所以汽车电路为直流电路。

（3）单线制

单线连接是汽车电路的特殊性，它是指汽车上所有电气设备的正极均采用导线相互连接；而所有的负极则直接或间接通过导线与车架或车身的金属部分相连，即搭铁。任何一个电路中的电流都是从电源的正极出发经导线流入用电设备，再由用电设备自身或负极导线搭铁，通过车架或车身流回电源负极而形成回路的，如图 1-46 所示。

单线制导线由于用量少、线路清晰、接线方便而被广泛用于现代汽车。

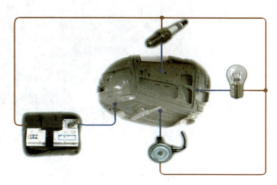

图 1-46 单线制电路

(4) 并联连接

各用电设备均采用并联。汽车上的两个电源（蓄电池与发电机）之间以及所有用电设备之间，都是正极接正极，负极接负极，并联连接。

由于采用并联连接，所以汽车在使用中，当某一支路用电设备损坏时，并不影响其他支路用电设备的正常工作。

(5) 负极搭铁

蓄电池的负极连接车架或车身，称为负极搭铁；蓄电池的正极连接车架或车身，称为正极搭铁。负极搭铁对车架或车身金属的化学腐蚀较轻，对无线电干扰小。我国标准规定，汽车电路统一使用负极搭铁。

(6) 熔断装置

为了防止因短路或搭铁而烧坏线束，电路中一般设有保护装置，如熔断器、易熔线等。

(7) 颜色和编号

为了便于区别各条路，不同导线必须选用不同颜色的单色或双色线，并且有编号。编号由制造厂家统一编定。

## 二、电源系统

汽油车一般采用 12 V 直流电源系统，柴油车采用 24 V 直流电源系统。汽车电源系统主要由蓄电池、交流发电机（一般内置电压调节器）、熔断丝盒等元件组成，如图 1-47 所示。蓄电池与发电机并联对用电设备供电。交流发电机与电压调节器互相配合工作，其主要任务是对除了起动机以外的所有用电设备供电，并对蓄电池充电。

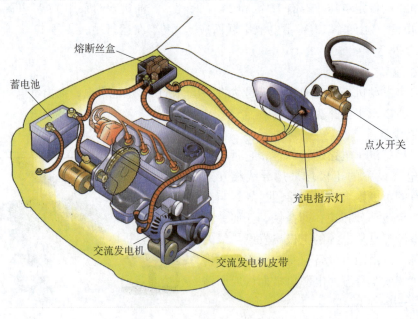

图 1-47 汽车电源系统的组成

(一) 蓄电池

蓄电池是一种将化学能转变为电能的装置，属于可逆的直流电源。用于汽车上的蓄电池，必须满足起动发动机的需要，即在 5~10 s 的短时间内，提供汽车起动机所需足够大的电流。汽油机起动电流为 200~600 A，有的柴油机起动电流达 1 000 A。在发动机工作时，汽车用电设备所需电能主要由发电机供给。

### 1. 蓄电池的功用

蓄电池在汽车上的功用是：

①起动发动机时，蓄电池向起动系和点火系供电。

②当发动机低速运转，发电机电压低于蓄电池充电电压时，由蓄电池向用电设备供电。

③当发动机中、高速运转，发电机电压高于蓄电池充电电压时，蓄电池将发电机的剩余电能储存起来。

④当发电机过载时，蓄电池协助发电机向用电设备供电。

⑤蓄电池还可以吸收电路中的瞬时过电压，保持汽车电气系统电压的稳定，保护电子元件。

### 2. 蓄电池的种类

目前汽车上使用的蓄电池主要有两大类：铅酸蓄电池（以下简称铅蓄电池）和镍碱蓄电池。同时，由于人们对燃油汽车排放要求的提高和能源危机的冲击，世界各国正在不断探索和研制电动汽车，其主要的动力源为新型高能蓄电池。

铅酸蓄电池由于结构简单、价格低廉、易于满足大量生产的汽车的需要，同时，其内阻小、起动性能好、能在短时间内供给起动机需要的大电流，因此在汽车上得到广泛应用。铅蓄电池可以分为普通铅蓄电池、干荷电铅蓄电池、湿荷电铅蓄电池和免维护铅蓄电池。

### 3. 蓄电池的结构与工作原理

铅蓄电池一般由 3 个或 6 个单格电池串联而成，其结构如图 1-48 所示。它主要由极板、隔板、电解液和外壳等组成。

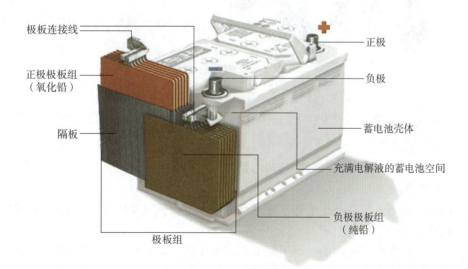

图 1-48　铅蓄电池的结构

极板是蓄电池的核心部分，蓄电池充、放电的化学反应主要是依靠极板上的活性物质与电解液进行的。极板分为正极板和负极板，均由栅架和活性物质组成。正极板上的活性物质是二氧化铅（$PbO_2$），呈深棕色；负极板上的活性物质是海绵状的纯铅（$Pb$），呈青灰色。

电解液由纯硫酸($H_2SO_4$)与蒸馏水按一定比例配制而成,其密度一般为 1.24 ~ 1.30 $g/cm^3$。

铅蓄电池的充、放电化学反应方程式为:

$$PbO_2 + 2H_2SO_4 + Pb \underset{放电}{\overset{充电}{\rightleftharpoons}} 2PbSO_4 + 2H_2O$$

### (二) 发电机

#### 1. 功用

交流发电机是汽车电源系统的重要组成部分。它与电压调节器互相配合工作,其主要任务是对除了起动机以外的所有用电设备供电,并向蓄电池充电。汽车用交流发电机是随着半导体整流技术的出现而发展起来的,目前主要有硅整流交流发电机、感应子式交流发电机等几种,其中以硅整流交流发电机应用最为普遍。

#### 2. 交流发电机构造

JF132 型交流发电机的组件如图 1-49 所示。汽车用交流发电机,多采用三相同步交流发电机,由 6 只二极管构成三相桥式全波整流器。各国生产的交流发电机大同小异,主要由定子、转子、轴承、电刷、整流器、前后端盖、风扇及皮带轮等组成。有的还将电压调节器与发电机装在一起。

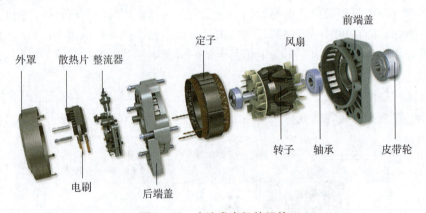

图 1-49 交流发电机的组件

转子用来建立磁场,定子中产生的交变电动势经过二极管整流器整流后输出直流电。

### (三) 电压调节器

电压调节器集成在发电机内部,其功用是当发电机转速变化时,自动调节发电机的输出电压,使之保持恒定。

电压调节器调节发电机电压的基本原理是:当发电机转速变化时,自动改变发电机的励磁电流,使其输出电压保持恒定。

目前交流发电机广泛使用的是电子调节器。电子调节器有晶体管调节器和集成电路调节器两种。

电子调节器的优点是:电压调节精度高,且不产生火花,还具有质量小、体积小、寿命长、可靠性高、电波干扰小等优点。

## 三、照明系统与信号系统

### （一）照明系统

汽车照明系统主要用于夜间行车照明、车内照明、仪表照明及检修照明。汽车照明系统主要由照明设备、电源、线路、控制开关组成。其主要照明设备有：

**1. 前照灯**

前照灯（前大灯，包括远光灯和近光灯）装于汽车头部两侧，用于夜间行车道路的照明，有两灯制和四灯制之分，功率一般为 40~60 W。

**2. 雾灯**

雾灯有前雾灯和后雾灯两种。前雾灯装于汽车前部比前照灯稍低的位置，用于在雨雾天气行车时照明道路。为保证雾天高速行驶的汽车向后方车辆或行人提供本车位置信息，交通管理部门规定，运行车辆要在车辆后部加装功率较大的后雾灯，用于降低交通事故发生率。雾灯的光色规定为光波较长的黄色、橙色或红色。

**3. 牌照灯**

牌照灯装于汽车尾部的牌照上方，用于夜间照亮汽车牌照。

**4. 仪表灯**

仪表灯装于汽车仪表板上，用于仪表照明，便于驾驶员获取行车信息和进行正确操作，其数量根据仪表设计布置而定。

**5. 顶灯**

顶灯装于驾驶室或车厢顶部，用于车内照明。

**6. 工作灯**

工作灯用于排除汽车故障或检修时的照明。汽车上一般只装工作灯插座，使用时需配带导线及移动式灯具。

**7. 倒车灯**

倒车灯安装在汽车的尾部，用于在倒车时照亮车后的路面，并起到警示车后的车辆和行人的作用。

目前，制造厂家多将前照灯、雾灯、前位灯等组合起来，称为组合前灯；将后位灯、后转向信号灯、制动信号灯、倒车灯组合起来，称为组合后灯。各灯光设备的安装位置如图 1-50 所示。

### （二）信号系统

信号系统主要用于向他人或其他车辆发出警告和示意的信号，其主要信号设备有：

**1. 转向信号灯**

转向信号灯一般有 4 只或 6 只，装在汽车前后或侧面，功率一般为 20 W，用于在汽车转弯时发出明暗交替的闪光信号，使前后车辆、行人、交警知道其行驶方向。

**2. 危险报警灯**

危险报警灯与转向信号灯共用。当车辆出现故障停在路面上时，按下危险报警开关，全部转向灯同时闪亮，提醒后方车辆避让。

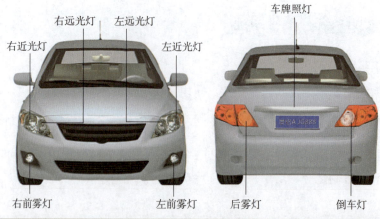

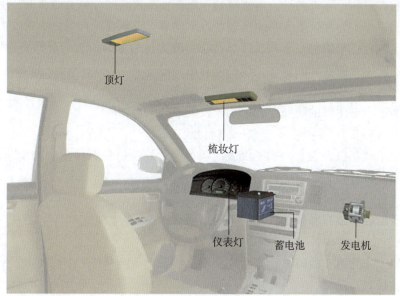

图1-50 灯光设备的安装位置

### 3. 位灯

位灯也称小灯，装于汽车前后两侧边缘，用于标识汽车夜间行驶或停车时的宽度轮廓。前位灯又称示宽灯，一般为白色或黄色；后位灯又称尾灯，为红色。

### 4. 示廓灯

主要用于空载车高3.0 m以上的客车和厢式货车，前、后各两只，前面为白色，后面为红色，装于尽可能高的靠边缘的部位。

### 5. 挂车标志灯

在全挂车前部的左、右侧各安装一个红色的标志灯，其高度要求高出全挂车的前栏板300～400 mm，距外侧车厢小于150 mm，以引起其他驾驶员的注意。

国家标准规定，汽车的位灯、示廓灯、牌照灯、仪表灯及挂车标志灯应能同时启灭，当前照灯点亮时，这些灯必须点亮，当前照灯关闭和发动机熄火时，仍能点亮。

### 6. 制动灯

制动灯装于汽车后部，用于当汽车制动或减速停车时，向车后部发出灯光信号，以警示随后车辆及行人。多采用组合式灯具，一般与尾灯共用灯泡（双丝灯），但制动灯功率较大，在 20 W 左右。

### 7. 倒车灯

倒车灯装于汽车尾部，左、右侧各一只，白色。用于照亮车后路面，并告诉车后的车辆和行人该车正在倒车。

### 8. 驻车灯

驻车灯装于车头和车尾两侧，用于夜间停车时标志车辆形位。当接通驻车灯开关时，仪表灯、牌照灯并不亮。驻车灯耗电量比位灯少。

以上装置主要用于汽车向外界传递信息，它们与照明系统一起组成了汽车灯系。现代汽车中还有阅读灯、踏步灯、后照灯、行李灯等装置，警车、消防车、救护车和出租车等特殊类型车辆，在车顶部装有警示灯（或标志灯）。

### 9. 喇叭

喇叭为声响信号装置，按下喇叭按钮，发出声响，警告行人车辆，以确保行车安全。

## 四、仪表与报警系统

为了使驾驶员能够随时观察与掌握汽车各系统的工作状态，人们在驾驶室仪表板上装有各种指示仪表和指示灯。

图 1-51 所示是通用赛欧轿车的组合仪表，仪表板上有冷却液温度表、燃油表、车速里程表、发动机转速表，以及发动机冷却液温度过高、机油压力不足、燃油量不足、制动系统等报警灯和转向、远光、充电等指示灯。

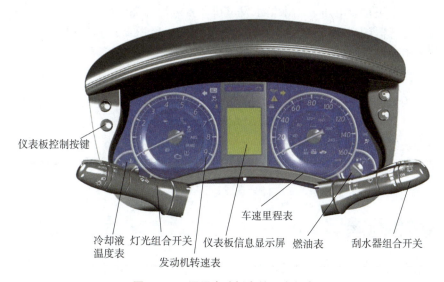

图 1-51 通用赛欧轿车的组合仪表

（一）常用标识符号

现代汽车的电气设备较多，为了便于识别、控制它们，在汽车驾驶室的仪表、操纵杆、开关、按钮等处标有各种醒目的形象化的符号，常用的标识符号如图 1-52 所示。

图1-52 常用的标识符号

## （二）仪表

汽车仪表主要有机油压力表、水温表、燃油表（油量表）、车速里程表、发动机转速表、电流表、电压表和仪表稳压器等。

机油压力表用来指示发动机机油压力的大小，以便了解发动机润滑系工作是否正常。水温表用来指示发动机内部冷却水温度。燃油表用来指示燃油箱内燃油的储存量。车速里程表用来指示汽车行驶速度和累计行驶里程数。发动机转速表用来指示发动机运转速度。电流表串联在蓄电池充电电路中，主要用来指示蓄电池充、放电电流值，同时还可以通过它检视电源系统的工作是否正常。电压表用来指示发电机和蓄电池的端电压。双金属片式水温表和配用可变电阻式传感器的燃油表中，应在电路中串入仪表稳压器，其作用是当电源电压变化时，稳定仪表平均电压，避免仪表的指示误差。

## （三）报警灯

现代汽车为保证行车安全和提高车辆的可靠性，安装了许多报警装置。报警装置一般由传感器、报警灯（或蜂鸣器）等组成。

汽车报警装置主要有制动系低压报警装置、机油压力报警装置、燃油量报警装置、制动信号灯断线报警装置、冷却液温度报警装置、制动液面报警装置、空气滤清器滤芯报警装置等。

# 五、空调系统

为了给车内提供适宜的温度和及时补充新鲜空气，提高乘坐舒适性，现代汽车大都装备有空调系统。

汽车空调主要由制冷、加热、通风、操纵控制及空气净化系统组成。

## （一）制冷系统

蒸气压缩式的制冷系统组成如图1-53所示。作为冷源的蒸发器，除了具有对空气进行冷却的功能外，由于其温度低于空气的露点温度，还具有除湿和净化空气的作用。

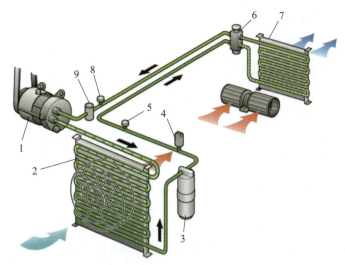

1—压缩机；2—冷凝器/液化器；3—储液干燥器；4—压力开关；5—高压抽吸和充注阀；
6—膨胀阀；7—蒸发器；8—低压抽吸和充注阀；9—压力和扭振减震器。

图 1-53　蒸气压缩式的制冷系统组成

制冷循环的工作原理如下：在空调压缩机 1 的作用下，制冷剂由储液干燥器 3 流出，经由高压管路流至膨胀阀 6，在膨胀阀弹簧力的作用下，制冷剂的流动受到节流作用，压力下降，体积增大而变为气态，在蒸发器 7 内蒸发，并同时吸收周围空气的热量，使流过的新鲜空气降温，进而降低车内温度。流出蒸发器 7 的气态制冷剂由管路进入压缩机 1，使其压力增加，体积缩小，再经由冷凝器 2 降温，被还原为液态，回到储液干燥器 3。

## （二）加热系统

一般轿车空调不单独设置热源，把发动机的冷却水引入暖风加热器，再利用鼓风机对空气进行加热。加热系统还可以对前挡风玻璃进行除霜。

常用的加热系统如图 1-54 所示。发动机高温冷却液被部分引入暖风散热器，鼓风机将外部空气吸入并流经暖风散热器并被加热，热空气被送入车内取暖并可对前挡风玻璃除霜。

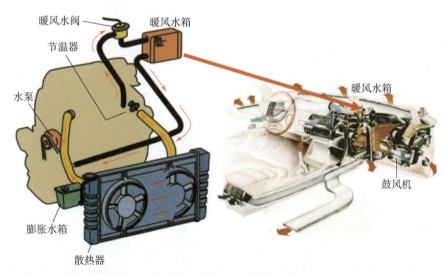

图 1-54　加热系统

通过调节暖风散热器内的冷却液循环量及鼓风机转速来增减外部空气的吸入量,就可以控制暖风装置的加热量,调节车内温度。

### (三)通风系统

通风系统包括鼓风机、风道、风门和出风口等,把车外的新鲜空气引入车内,通过排风口把车内的污浊空气排出车外。

### (四)操纵控制系统

操纵控制系统一般由电气系统、真空系统和操纵装置组成,对制冷系统和加热系统的工作进行控制,同时对车内的空气温度、风量、流向进行调节,保证空调系统正常工作。

### (五)空气净化系统

一般由空气过滤器(滤清器)、排风口、电气除尘器和阴离子发生器等组成。空气净化系统对引入的车外空气进行过滤,不断排出车内的污浊气体,保证车内空气清洁。

 **随堂测试**

1. 汽油车一般采用_____V直流电源系统,柴油车采用_____V直流电源系统。
2. 极板分为正极板和负极板,正极板上的活性物质是_____,呈深棕色;负极板上的活性物质是海绵状的_____,呈青灰色。
3. 交流发电机主要任务是对除_____以外的所有用电设备供电,并向_____充电。
4. 列举4个以上汽车照明灯:_____、_____、_____、_____。
5. 汽车空调主要由_____、_____、_____、_____及空气净化系统组成。

## 任务实施

### 任 务 工 单

| 任务名称：介绍汽车电气基本知识 | | | |
|---|---|---|---|
| 姓名： | 班级： | | 学号： |
| 任务描述 | 汽车的组合仪表能够反映出车辆工作状态的大量信息，如蓄电池的充电状态、前照灯的远近光工作、冷却液温度等，让客户掌握汽车电气相关知识对正确使用车辆意义重大。请你就某一型号车辆的组合仪表显示制作一个该车辆的信息提示表，并解释说明各信息的含义，在学习小组或班级里进行交流汇报 | | |
| 能力目标 | 1. 能够向客户介绍或解答汽车电气相关知识；<br>2. 树立以客户为中心的理念，增强服务意识；<br>3. 具有与客户沟通交流的能力；<br>4. 具备通过查询资料完成任务的信息搜集和处理能力 | | |
| 实施准备 | 1. 教学用车辆和汽车电气试验台架；<br>2. 车辆说明书等相关文件；<br>3. 汇报用纸、笔等 | | |
| 实施步骤 | 自主学习 | 学习相关知识；<br>获取相关信息；<br>个人制作车辆信息提示表，说明各信息的含义 | |
| | 小组讨论 | 以学习小组形式进行讨论，形成小组汇报成果 | |
| | 小组汇报 | 通过角色扮演方式在实际车辆上向客户介绍相关知识 | |
| 自我反思 | 在专业能力、关键能力等方面的收获或体会： | | |

# 项目二

## 发动机曲柄连杆机构工作过程分析

曲柄连杆机构是往复活塞式发动机的两大机构之一,其功用是把燃气作用在活塞顶面上的压力转变为曲轴的转矩,向工作机械输出机械能,同时将活塞的往复运动转变为曲轴的旋转运动。曲柄连杆机构由机体组、活塞连杆组和曲轴飞轮组三部分组成。在汽车销售、维修服务等相关工作中,工作人员经常会遇到客户关于曲柄连杆机构相关知识的咨询,需要向客户解释说明。拆装曲柄连杆机构、分析其工作过程,是汽车营销与汽车维修人员应掌握的基本技能,也是从事汽车性能检测、故障诊断与维修工作的基础。本项目包括拆装机体组、拆装活塞连杆组、分析多缸发动机工作循环等任务。

### 任务 2-1　拆装机体组

**学习内容**

1. 机体组的功用与组成;
2. 机体组主要部件的结构特点;
3. 机体组的拆装与测量。

**能力要求**

1. 能够解答客户关于发动机机体组方面的咨询;

2. 能够对发动机机体组主要部件的结构进行分析；
3. 能够正确选用工、量具；
4. 能够对机体组进行解体与组装，并进行相关的检查与测量；
5. 树立以客户为中心的理念，增强服务意识；
6. 具有与客户沟通交流的能力；
7. 具备基本识图的能力；
8. 具备信息搜集和处理的能力。

## 任务引入

我们通常看到的发动机是一个比较复杂的机器，外围有很多的附件，这些附件都是装配在机体组上的。那么机体组的功用有哪些呢？如何解体和组装？应进行哪些检查？这些都是客户和汽车维修服务人员比较关注的问题，相信通过下面的学习，你会找到答案。

## 任务描述

请你针对某一型号车辆的参数配置表，向客户解释有关发动机机体组的相关参数的含义及对发动机性能的影响；针对某一具体车辆发动机的实物或图片，向客户说明该发动机机体组的结构及特点；规范解体并组装机体组；测量气缸体、气缸盖的平面度及气缸直径。

## 相关知识

机体组是发动机的支架，是曲柄连杆机构、配气机构和发动机各系统主要零部件的装配基体。气缸盖用来封闭气缸顶部，并与活塞顶及气缸壁一起形成燃烧室。另外，气缸盖和机体内的水套、油道及油底壳分别是冷却系统和润滑系统的组成部分。

发动机机体组主要由气缸体、气缸盖、气缸盖罩盖、气缸垫及油底壳等组成。装气缸套的发动机还包括干式或湿式气缸套。

## 一、机体组主要部件

### （一）气缸体

#### 1. 气缸体的结构特点

绝大多数水冷发动机的气缸体与曲轴箱连铸在一起，而且多缸发动机的各个气缸也合铸成一个整体（图 2-1 (a)），风冷发动机通常将气缸体和曲轴箱分开制造，再用螺栓连接起来（图 2-1 (b)）。在发动机工作时，气缸体承受拉、压、弯、扭等不同形式的机械负荷，同时还承受很大的热负荷。因此，气缸体应具有足够的强度和刚度，并且耐磨损和耐腐蚀。为减小整机的质量，应力求结构紧凑、质量小，以减小整机的尺寸和质量。气缸体内部引导活塞做往复运动的圆柱形空腔称为气缸。其工作表面除承受燃气的高温高压外，还有活塞在其中做高速往复运动，故必须耐高温、高压、磨损和化学腐蚀。通常从气缸的材料、加工精

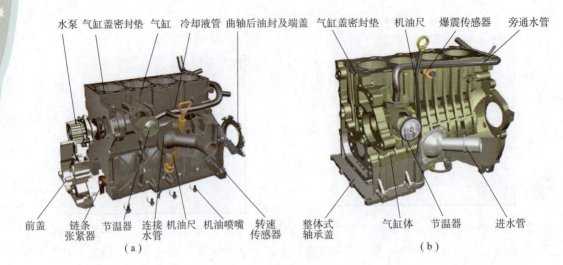

图 2-1 发动机气缸体
(a) 水冷发动机气缸体；(b) 风冷发动机气缸体

度和结构形式等方面予以保障。

**2. 气缸体材料**

气缸体一般用高强度灰铸铁或铝合金铸造。最近，在轿车发动机上采用铝合金气缸体的现象越来越普遍，如奥迪 A8 发动机。

**3. 气缸体结构**

气缸体是结构极为复杂的箱形零件，其大部分壁厚均为铸造工艺所允许用的最小壁厚。在气缸体侧壁和前后壁的内外表面及缸间的横隔板上均有加强肋，旨在减小气缸体质量的同时，保证气缸体有足够的强度和刚度。在气缸体的前后壁和缸间横隔板上铸有支承曲轴的主轴承座或主轴承座孔及满足润滑需要的纵、横油道。在水冷发动机气缸的外壁铸有冷却水套和布水室，以此增强散热。

**4. 气缸体种类**

缸体的构造与曲轴箱结构形式、气缸排列形式和气缸结构形式有关。

①根据气缸体的曲轴箱结构形式的不同，可将其分为三种：一般式（平底式）气缸体、龙门式气缸体和隧道式气缸体，如图 2-2 所示。

发动机的主轴承座孔中心线位于曲轴箱分开面上的为一般式气缸体（图 2-2 (a)），其特点是机体高度小、质量小、便于机械加工，但刚度较差，并且前后端与油底壳接合处的密封性较差，多用于中小型发动机。

发动机的主轴承座孔中心线高于气缸体下表面的机体称为龙门式气缸体（图 2-2 (b)），为目前大多数发动机所采用。其特点是结构刚度较好，密封简单可靠，维修方便，但工艺性差。广州丰田凯美瑞、上汽大众帕萨特、一汽奥迪 A4L/A6L、一汽-大众高尔夫/迈腾等轿车及解放 J6、J7 系列发动机均为此形式。

隧道式气缸体的主轴承座孔不分开（图 2-2 (c)），其特点是结构刚度大，主轴承的同轴度易保证，但拆装不便，多用于主轴承采用滚动轴承的负荷较大的柴油机，如黄河 JN1181C13 型汽车装用的 6135Q 型发动机。

②根据气缸体的排列形式的不同，有直列式、V 形、对置式、W 形等，如图 2-3 所示。

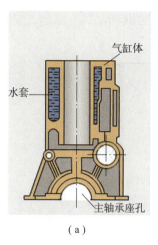
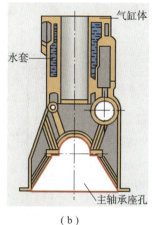
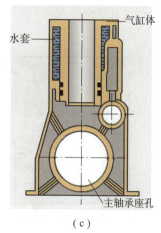

图 2-2 气缸的结构形式

(a) 一般式；(b) 龙门式；(c) 隧道式

各气缸排成一直列的形式称为直列式气缸排列，其特点是机体的宽度小而高度和长度大，一般只用于六缸以下的发动机。通常把采用直列式气缸排列的发动机称为直列式发动机。六缸直列式发动机的平衡性最好，发动机工作时不产生振动。

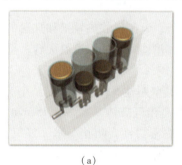
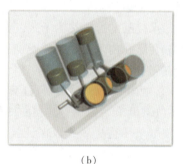
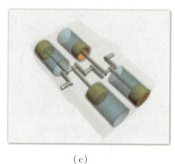

图 2-3 气缸的排列形式

(a) 单列式（直列式）；(b) V 形；(c) 对置式

两列气缸排成 V 形的称为 V 形气缸排列。通常把采用这种排列形式的发动机称为 V 形发动机。V 形发动机机体宽度大，而长度和高度小，形状比较复杂。但机体的刚度大，质量和外形尺寸较小。

对置式发动机是指两列气缸相对水平排列，其优点是重心低，并且水平对置式发动机的平衡性好。

大众汽车公司生产的奥迪 A8 发动机为 W12 气缸体。它实际是两个六缸发动机呈 V 形排列。每个六缸发动机又呈小角度 V 形排列。其活塞曲拐分布如图 2-4 所示。此发动机结构更紧凑，动力更强劲，工作更平稳。

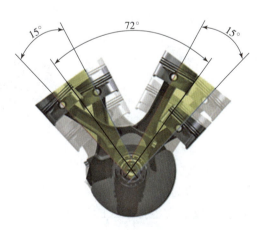

图 2-4 奥迪 A8W12 活塞曲拐分布

③根据气缸结构形式的不同,可分为无气缸套式、干式气缸套和湿式气缸套,如图2-5所示。

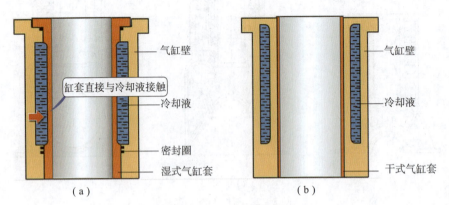

图2-5 气缸结构形式
(a)湿式气缸套;(b)干式气缸套

无气缸套式机体即不镶嵌任何气缸套的机体,在机体上直接加工出气缸。其优点是缩短气缸中心距,使机体的尺寸和质量减小,机体的刚度大,工艺性好。缺点是为了保证气缸的耐磨性,整个机体必须采用耐磨的合金铸铁制造。

气缸套的外表面不直接与冷却水接触的形式称为干式气缸套。为保证散热效果和缸套的定位,缸套的外表面与气缸体的缸套座孔内表面必须精确加工,并且一般采用过盈配合,壁厚仅为1~3.5 mm的干式气缸套是被压装到气缸中去的。

气缸套的外表面直接与冷却水接触的形式称为湿式气缸套。其壁厚达5~9 mm,以微小的装配间隙放入气缸中。大多数湿式气缸套安装以后,其顶面一般高出气缸体0.05~0.15 mm,这样在紧固气缸盖螺栓时,可将气缸垫压得更紧,以保证气缸的密封性,防止漏水、漏气。相对而言,湿式气缸套具有散热性好、缸体铸造方便、易拆卸等优点。

## (二)气缸盖

气缸盖是用来封闭气缸的上部,并与活塞顶、气缸壁共同构成燃烧室。

气缸盖内有与气缸体相通的冷却水套、燃烧室、火花塞座孔(汽油机)或喷油器座孔(柴油机)、进排气道等。为制造和维修方便、减小变形对密封的影响,功率较大的柴油机多采用分开式气缸盖,即一缸、二缸或三缸一盖。而汽油机因缸径较小、缸盖负荷较轻,多采用整体式气缸盖。风冷发动机均为单体式气缸盖。图2-6所示为各种形式的气缸盖。

气缸盖的材料常为灰铸铁或合金铸铁。目前铝合金

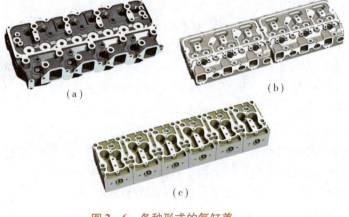

图2-6 各种形式的气缸盖
(a)整体式气缸盖;(b)分开式气缸盖;(c)单体式气缸盖

缸盖正在推广，并且有取代铸铁的趋势。目前市场上主流轿车发动机均采用铝合金的气缸盖，以适应高速高负荷强化汽油机散热及提高压缩比的需要。图2-7所示为轿车发动机的气缸盖分解图。气缸盖的下平面与普通气缸盖一样，用于密封气缸和构成燃烧室；气缸盖的上部空间用于安装配气机构的凸轮轴，整个气缸盖上面装有气缸盖罩。

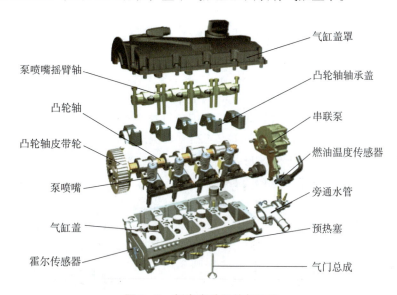

图2-7　轿车发动机的气缸盖

汽油机的燃烧室是当活塞位于上止点时，由活塞顶部及气缸盖上相应的凹部空间组成的。常用汽油机燃烧室有以下5种，如图2-8所示。

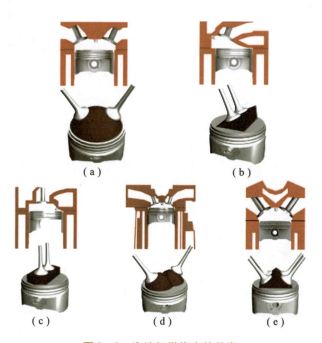

图2-8　汽油机燃烧室的种类
（a）半球形；（b）楔形；（c）盆形；（d）多球形；（e）篷形

(1) 半球形燃烧室

这种燃烧室结构最为紧凑，并且散热面积小，有利于促进燃料的完全燃烧、排气及净化，但配气机构较复杂。目前国外轿车发动机多采用这种形式的燃烧室。二汽–富康轿车发动机的燃烧室即为半球形，其大部分在气缸盖上，小部分在活塞顶上。

(2) 楔形燃烧室

楔形燃烧室的结构较简单、紧凑，进气道较平直，进气阻力小。在压缩终止时能形成挤气涡流。楔形燃烧室常用于每缸两气门发动机上。

(3) 盆形燃烧室

盆形燃烧室结构也较紧凑、简单，气门与气缸轴线平行，进气弯道较大，燃烧速度快，热效率高，在压缩终止时能形成挤气涡流，常用于每缸两气门发动机上。

(4) 多球形燃烧室

多球形燃烧室是由两个以上半球形凹坑组成的，其结构紧凑，面容比小，火焰传播距离较短，气门直径较大，并且能产生挤气涡流。

(5) 篷形燃烧室

篷形燃烧室是近年来高性能多气门轿车发动机上广泛应用的燃烧室，特别是小气门夹角的浅篷形燃烧室，近年来得到了较大的发展。欧宝 V6、奔驰 320E、三菱 3G81、富士 EJ20 等车型的发动机均为篷形燃烧室。这类汽车广泛采用 4 气门发动机。

奥迪 A3 轿车 4 气门 2.0 L T–FSI 发动机燃烧室由气缸盖和活塞顶两部分组成，其形状为扁球形，如图 2-9 所示。它的活塞顶上呈凹坑，从而增大了燃烧室的挤气面积，加强了挤气涡流，使可燃混合气燃烧更加充分，并且凹坑的深度可用于调节压缩比。

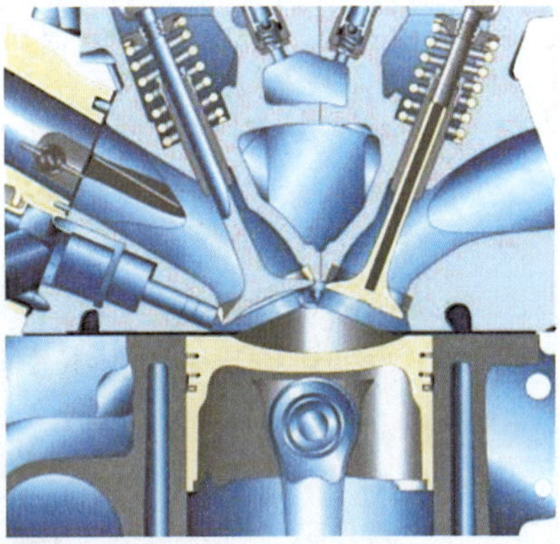

图 2-9 奥迪 A3 轿车 4 气门 2.0 L T–FSI 发动机燃烧室

(三) 气缸垫

气缸垫用来保证气缸体与气缸盖结合面间的密封。气缸垫因接触高温、高压燃气，在使用中易被烧蚀，故要求它能耐热、耐腐蚀、有足够的强度和一定的弹性，并且拆装方便，能重复使用，寿命长。按所用材料的不同，气缸垫可分为金属–石棉气缸垫、金属–复合材料气缸垫和全金属气缸垫，如图 2-10 所示。

金属–石棉气缸垫通常由夹有金属丝或全金属屑的石棉外覆铜皮组成。为了防烧蚀，制造厂家在水孔及燃烧室孔周围用镶边增强。中间的石棉耐热性很高，并且具有一定的弹性，可提高气缸的密封性，如图 2-10 (a) ~ (d) 所示。

纯金属气缸垫是由单层或多层金属片（低碳钢或铜）制成的。为了加强密封，制造厂家在缸口、水孔和油孔周围冲压形成弹性凸纹，如图 2-10 (e) 所示。金属气缸垫强度高，抗腐蚀能力强，多用于强化程度较高的发动机上。近年来，国外一些发动机开始使用耐热密封胶取代传统的气缸垫，这就要求气缸盖和气缸体的接合面有较高的加工精度。

(四) 油底壳

油底壳的作用是储存机油并封闭曲轴箱。一般为薄钢板冲压而成，也有的发动机为达到良好的散热效果，而采用带有散热片的铝合金铸造而成的轻金属油底壳。

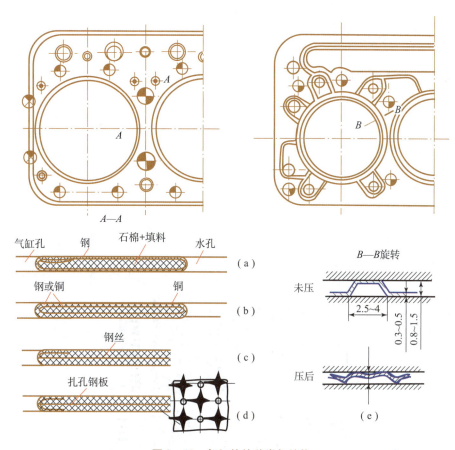

图 2-10 气缸垫的种类与结构

(a)~(d) 金属-石棉气缸垫；(e) 纯金属气缸垫

为保证发动机纵向倾斜时机油泵仍能吸到机油，油底壳中部或后部做得较深。有时在油底壳中还设有挡油板，以减轻油面波动。底部装有磁性的放油螺栓，以吸附润滑油中的铁屑，减少发动机的磨损。油底壳的结构如图 2-11 所示。

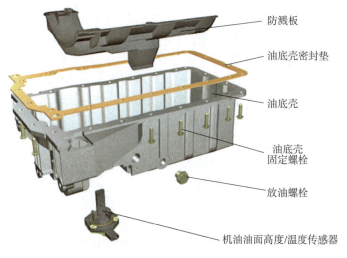

图 2-11 油底壳的结构

## 二、机体组的拆装

在发动机部件需要修理或更换时,维修人员对发动机进行解体、检查和组装。

### (一)机体组拆装注意事项

①装配前各零件表面要保持清洁。
②拆装气缸盖螺栓时,应严格按照规定工艺及技术参数进行。
③注意气缸垫的安装方向。

### (二)拆装气缸盖

#### 1. 拆卸气缸盖

①拆卸气缸盖附件。先拆下进、排气歧管总成,后拆下火花塞及其垫圈。
②拆下润滑油加注口盖。
③拆下气门罩盖。按照图2-12(a)所示顺序分2~4次逐渐松开气缸盖的紧固螺栓。

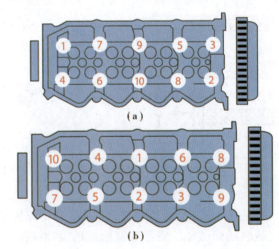

图2-12 气缸盖螺栓的拆卸和拧紧顺序
(a)气缸盖螺栓拆卸顺序;(b)气缸盖螺栓拧紧顺序

④取下气门罩盖压条、密封衬条、衬垫。
⑤拆下机油反射罩,取下半圆键。
⑥拆下凸轮轴前端正时皮带轮的紧固螺栓,用拉拔器取下凸轮轴正时皮带轮。
⑦由四周向中间交叉旋松凸轮轴支承盖的紧固螺栓,取下支承盖。
⑧拆下凸轮轴,取下液力挺柱总成。
⑨用专用气门拆装工具拆卸气门及气门油封。
⑩取下气门锁夹座圈及气门内、外弹簧。
⑪用专用气门拆装工具拆卸气门及气门油封。

#### 2. 检查气缸盖表面平面度

按照图2-13所示用直尺和塞尺检查气缸盖表面的平面度。大众CHHB/CUGA 2.0 L四缸四气门涡轮增压直喷发动机气缸盖表面的平面度极限值为0.05 mm,超过极限值时,可进行修磨。维修人员也可用同样的方法测量气缸体上平面及气缸盖与进、排气歧管的接合面的平面度,其平面度都应不大于 0.05 mm。检查气缸盖上的所有螺栓、螺纹及螺母有无滑扣现象,若有此现象,视具体情况进行修理或更换。

### 3. 安装气缸盖

①安装时,应更换所有的密封条和密封衬垫,并注意密封衬垫的安装位置,特别是气缸盖密封衬垫,标有"OBEN TOP"字样的一面应朝向气缸盖,如图 2-14 所示。

图 2-13 检查气缸盖表面的平面度

图 2-14 气缸盖密封衬垫的标记

②安装气缸盖时,维修人员应将专用工具 3070 定位导向螺栓旋入气缸体第 8 孔和第 10 孔(图 2-12 所示的第 8 螺栓孔和第 10 螺栓孔),放上气缸盖和其余 8 个螺栓,并轻微拧紧。用扳手旋出事先拧入的专用工具 3070 定位导向螺栓,并拧入气缸螺栓,按照图 2-12(b)所示的顺序将气缸螺栓分 4 次旋紧。注意,不同型号的发动机,其拧紧力矩要求是不同的。发动机冷态时,气缸盖紧固螺栓的拧紧力矩见表 2-1。

表 2-1 发动机冷态时气缸盖紧固螺栓的拧紧力矩

| 项目 | CHHB/CUGA | AFE |
| --- | --- | --- |
| 第 1 次 | 用手拧到底 | 40 N·m |
| 第 2 次 | 40 N·m | 60 N·m |
| 第 3 次 | 继续拧紧 90° | 75 N·m |
| 第 4 次 | 继续拧紧 90° | 继续拧紧 90° |

③在安放气缸盖时,曲轴不可置于上止点位置,否则,气门和活塞顶部会损坏。

### (三)拆装气缸体

#### 1. 分解气缸体

①将气缸体反转倒置于工作台上。

②拆下中间轴密封凸缘,拆下气缸体前端中间轴密封凸缘中的油封。

③拆下中间轴。

④拆下正时皮带轮前端曲轴油封。在不解体时更换该油封,应使用油封取出器 2085。

⑤拆下前油封凸缘及衬垫。

⑥按照图 2-15 所示依据 1~10 的顺序分几次从

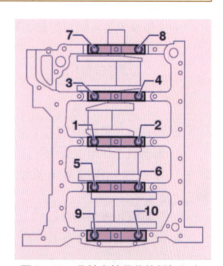

图 2-15 曲轴主轴承盖的拆卸顺序

中间到两边逐渐旋松主轴承盖上的紧固螺栓。

⑦拆下曲轴各主轴承。

### 2. 检查气缸直径

使用 50~100 mm 的量缸表检查气缸直径，如图 2-16 所示，检查结果与标准尺寸（大众 CHHB/CUGA 发动机为 82.51 mm）的偏差最大为 0.08 mm。检查时应在上、中、下 3 个位置上进行横向（A 向）和纵向（B 向）垂直测量，如图 2-17 所示。

图 2-16  用量缸表检查气缸直径

图 2-17  气缸的测量部位

### 3. 装配气缸体

①气缸体的装配可按照与拆卸相反的顺序进行。

②维修人员装配气缸体时，应更换中间轴密封凸缘油封、曲轴前油封凸缘衬垫。

③维修人员安装曲轴前油封时，应在油封外圈和唇边上涂一层薄润滑油，在曲轴颈套上专用工具 3083，通过装在导套上的压套将油封压到位。

④中间轴密封凸缘紧固螺栓拧紧力矩为 25 N·m。

⑤装配中间轴时，中间轴最大轴向间隙应为 0.25 mm。

⑥主轴承盖紧固螺栓拧紧力矩为 65 N·m，拧紧顺序与图 2-15 所标序号相反。

## 随堂测试

1. 曲柄连杆机构由_____、_____和_____三部分组成。
2. 发动机机体组主要由_____、_____、气缸盖罩盖、气缸垫及油底壳等组成。
3. 根据气缸体的曲轴箱结构形式的不同，可将其分为三种：_____、_____和_____。
4. 气缸盖用来封闭气缸的上部，并与活塞顶、气缸壁共同构成_____。
5. 缸盖螺栓的拆卸和拧紧顺序是相反的，拆卸顺序为_____，拧紧顺序为_____。

项目二 发动机曲柄连杆机构工作过程分析

## 任务实施

### 任 务 工 单

| 任务名称：拆装机体组 | | |
|---|---|---|
| 姓名： | 班级： | 学号： |
| 任务描述 | 请你针对某一型号车辆的参数配置表，向客户解释有关发动机机体组的相关参数的含义及对发动机性能的影响；针对某一具体车辆发动机的实物或图片，向客户说明该发动机机体组的结构及特点；规范解体并组装机体组；测量气缸体、气缸盖的平面度及气缸直径 | |
| 能力目标 | 1. 能够解答客户关于发动机机体组方面的咨询；<br>2. 具备基本识图能力，能够对发动机机体组主要部件的结构进行分析；<br>3. 能够正确选用工、量具，对机体组进行解体与组装、检查与测量；<br>4. 具有与客户沟通交流的能力，树立以客户为中心的理念；<br>5. 具备信息搜集和处理的能力 | |
| 实施准备 | 1. 教学用发动机及拆装工作台；<br>2. 拆装及测量工具、抹布、手套等；<br>3. 润滑油、油封及垫片等易损件；<br>4. 汽车维修手册及发动机相关文件；<br>5. 汇报用纸、笔、翻页板等 | |
| 实施步骤 | 自主学习 | 学习相关知识，获取相关信息，做好安全防护；<br>规范拆装发动机机体组，对气缸体及气缸盖进行相应的检查并做好记录 |
| | 小组讨论 | 以学习小组形式进行讨论，形成小组汇报成果 |
| | 小组汇报 | 汇报小组成果；<br>按规范做好5S |
| 自我反思 | 在专业能力、关键能力等方面的收获或体会： | |

· 67 ·

# 任务 2-2　拆装活塞连杆组

## 学习内容

1. 活塞连杆组主要部件的结构特点；
2. 活塞连杆组的拆装与检查。

## 能力要求

1. 能够解答客户关于活塞连杆组方面的咨询；
2. 能够对活塞连杆组主要部件的结构进行分析；
3. 能够准确选用工、量具；
4. 能够对活塞连杆组进行解体与组装，并进行相关的检查与测量；
5. 树立以客户为中心的理念，增强服务意识；
6. 具有与客户沟通交流的能力；
7. 具备基本识图能力；
8. 具备信息搜集和处理的能力。

## 任务引入

燃料是在哪里燃烧的？燃料燃烧的能量如何转变成发动机的动力输出？活塞连杆组如何解体和组装？对活塞连杆组应进行哪些检查？这些都是客户和汽车维修服务人员比较关注的问题，相信通过下面的学习，你会找到答案。

## 任务描述

请你针对某一型号车辆的参数配置表，向客户解释有关发动机活塞连杆组的相关参数的含义及对发动机性能的影响；针对某一具体车辆发动机的实物或图片，向客户说明该发动机活塞连杆组的结构及特点；按要求规范解体并组装活塞连杆组；对活塞连杆组进行必要的检查和测量，诸如活塞环的间隙、活塞的直径、连杆的轴向间隙及径向间隙等。

## 相关知识

### 一、活塞连杆组主要部件的结构特点

活塞连杆组主要由活塞、活塞环、活塞销、衬套、连杆、连杆轴瓦、轴承盖和连杆螺栓

等机件组成,如图 2-18 所示。

### 1. 活塞

(1) 活塞的工作条件及要求

活塞的主要功用是承受气缸中的燃烧压力,并将此力通过活塞销和连杆传给曲轴。由于活塞顶部直接与高温燃气接触,在周期性变化的气体压力和惯性力的作用下,散热及润滑条件差,因此对活塞提出如下要求:①具有足够的强度和刚度,特别是活塞环槽区域要求有较大的强度,以免活塞环被击碎;②具有较小的质量,以保持较小的惯性力;③具有耐热的活塞顶及弹性的活塞裙;④具有良好的导热性和极小的热膨胀性,以便有较小的安装间隙;⑤具有良好的摩擦力,使活塞与气缸壁间有较小的摩擦因数。

1—活塞环;2—油环刮片;3—活塞;4—活塞销;
5—活塞销卡环;6—连杆衬套;7—连杆;8—连杆螺栓;
9—连杆盖;10—连杆螺母;11—连杆轴瓦;12—朝前标识。

图 2-18 活塞连杆组

(2) 活塞的材料

发动机活塞最常用的材料是铝硅合金。除母体金属铝外,其合金成分的质量分数是:硅 11%~14%,铜、镍、镁各 1% 及少量的(低于 1%)铁、钛和锌。其中硅的成分越多,则热膨胀系数越小,磨损也越小,但制造工艺较差。富康轿车的活塞材料为共晶硅铝合金,上海桑塔纳轿车发动机活塞则采用 Si-Cu-Mg 的共晶硅铝合金材料制造。车用柴油机因其活塞需承受高热、高机械负荷,故也有采用合金铸铁和耐热钢作为材料的。

(3) 活塞构造

整个活塞可分为活塞顶、活塞头和活塞裙 3 个部分,如图 2-19 所示。

活塞顶是燃烧室的组成部分,因而常制成不同的形状。汽油机活塞顶多采用平顶或凹顶(图 2-20 (a)、(b)),使燃烧室结构紧凑,散热面积小,制造工艺简单。凸顶活塞常用于二行程汽油机(图 2-20 (c))。柴油机活塞顶常制成各种凹坑。

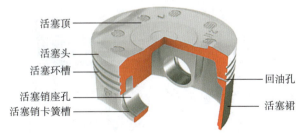

图 2-19 活塞的基本结构

图 2-20 活塞顶的形状
(a) 平顶;(b) 凹顶;(c) 凸顶

活塞头部从活塞顶至最下面一道活塞环槽之间的部分称为活塞头。其作用是承受气体压力、防止漏气、将热量通过活塞环传给气缸壁。活塞头部有若干环槽,用于安装活塞环,上面的 2~3 道槽用来安装气环,下面的一道用来安装油环。油环槽的底部钻出若干小孔,使油环从气缸壁上刮下的多余润滑油经此流回油底壳。

活塞环槽以下的所有部分被称为活塞裙。其作用是引导活塞在气缸中做往复运动,并承受侧压力。发动机工作时,因缸内气体压力的作用,活塞会产生弯曲变形,如图 2-21(a)所示;活塞受热后,由于活塞销座处的金属多,其膨胀量大于其他各处,如图 2-21(b)所示;此外,活塞在侧压力的作用下还会产生挤压变形,如图 2-21(c)所示。上述变形的综合结果,使得活塞裙部断面变成长轴,并形成在活塞销方向上的椭圆,如图 2-21(d)所示。此外,由于活塞沿轴线方向温度和质量的分布都不均匀,导致各断面的热膨胀量上大下小。

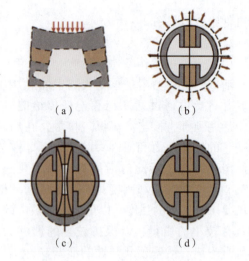

图 2-21 活塞裙部的椭圆变形
(a)活塞弯曲变形;(b)活塞销座处热膨胀变形;
(c)活塞挤压变形;(d)活塞裙部综合变形

为使活塞在各种工况下均能与气缸壁间保持均匀的间隙,活塞通常采取一些结构措施。

①沿裙部高度方向上制成圆锥形,如国产 135 系列柴油机活塞裙部的锥度为 0.12 mm。

②将裙部制成椭圆形,椭圆的长轴垂直于销座孔轴线的方向。将销座外端面在铸造时凹陷 0.5~1 mm,或截去一小部分。

③裙部开绝热槽和膨胀槽,前者可减少活塞头部热量向裙部扩散;后者可使裙部具有一定的弹性,并可使冷态下的装配间隙尽量减小,而热态时活塞又因膨胀槽的补偿作用而不至于在气缸中"卡死"。绝热槽若开在油环槽中,还可兼作油孔。

④在活塞裙部或销座内嵌入钢片,使用双金属活塞,减少活塞裙部的膨胀量。恒范钢是含镍 33%~36% 的低碳合金钢,其膨胀系数仅为铝合金的 10% 左右,活塞销座通过恒范钢片与裙部相连,故销座的膨胀对裙部无直接影响。

⑤还有一类双金属活塞为自动调式活塞,将低碳钢片贴在销座铝层内侧,不仅起到抑制作用,而且利用双金属效应可以减小裙部侧压力方向上的膨胀量。因双金属效应对膨胀的控制作用与温度有关,故称之为热膨胀自动调节式活塞。

现代汽车发动机上广泛采用半拖鞋式或拖鞋式(图 2-22)裙部的活塞。在保证裙部有足够承压面积的条件下,将不承受侧向力一侧的裙部部分地去掉,即为半拖鞋式裙部;若全部去掉,则为拖鞋式裙部。半拖鞋式或拖鞋式活塞的优点是:质量小、裙部弹性好,并且能避免与曲轴平衡重复发生运动干涉,适应高速发动机的需要。

活塞销座孔的中心线一般位于活塞中心线的平面内。但有些高速发动机将活塞销座向承受做功行程侧向力的一面偏移 1~2 mm,如图 2-23 所示,目的是减轻活塞在越过上止点时因侧向力瞬时换向而产生的"敲缸"现象,减小噪声,改善发动机工作的平顺性。

图 2-22 拖鞋式活塞

## 2. 活塞环

按功用的不同,可将活塞环分为气环和油环两种,如图 2-24 所示。气环的主要作用是密封气缸中的高温、高压燃气,防止其大量漏入曲轴箱,同时它还将活塞头 70%~80% 的热量传导给气缸壁。

(a)

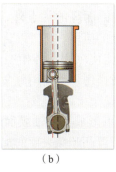
(b)

图 2-23 活塞销偏置
(a) 活塞销对中布置;(b) 活塞销偏置布置

(a)

(b)

图 2-24 活塞环
(a) 气环;(b) 油环

油环的作用是刮除气缸壁上多余的机油,并在气缸壁布上一层均匀的油膜,既可防止机油窜入燃烧室,又可减小活塞及活塞环与气缸壁的磨损。活塞环常在高温、高压、高速及润滑条件极差的条件下工作,因而是发动机所有零件中工作寿命最短的,特别是第一道气环。

活塞环的材料多采用合金铸铁或球墨铸铁。为改善活塞环的滑动性能和磨合性能,其表面应涂保护层,如经磷酸盐镀锌或镀钼处理。承受压力最大的第一道气环的工作表面常镀上多孔性铬。多孔性铬层硬度高,并能储存少量的润滑油,从而延长活塞环的使用寿命。其他各道活塞环大都采用镀锡或磷化处理,以改善其磨合性。

(1) 气环

气环在自由状态下的外径略大于气缸直径,随活塞装入气缸后产生弹力而紧贴在气缸壁上,形成所谓的第一密封面,使气体不能从活塞环外圆与缸壁之间通过。因而少量气体进入环槽内,形成背压作用在活塞环的背面,加强了第一密封面的密封作用。同时,将活塞环向下压紧环槽侧面,形成第二密封面,使密封性能显著提高(图 2-25)。如此,从最后一道气环漏出来的燃气量越少,其压力和流速越小。因此,只要将 2~3 道气环的切口相互错开,形成所谓迷宫式封气装置,就能对气缸中的高压燃气进行有效的密封。

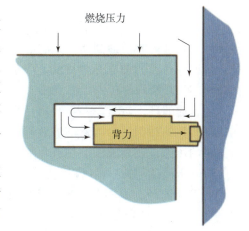

图 2-25 气环的密封原理

活塞装入气缸后,活塞环开口处两端的距离称为活塞环的开口间隙。若该间隙过大,则漏气量大,导致发动机的功率减小;若该间隙过小,则可能因环端部之间互相撞击而造成活塞环断裂。该间隙一般为 0.20~0.90 mm。气环常见的断面形状如图 2-26 所示,有以下几种:

①矩形环，如图 2-26（a）所示，其结构简单、制造方便、散热性好；但有泵油作用（图 2-27）。

②锥面环，如图 2-26（b）所示，其与缸壁为线接触，有利于密封和磨合。该环在活塞下行时有刮油作用，上行时有布油作用，并可形成楔形油膜以改善润滑；但其传热性差，不宜用于第一道气环。

③扭曲环，如图 2-26（c）所示，该环除具有锥面环的优点外，还能减小泵油作用、减轻磨损、提高散热能力，目前在发动机上得到广泛的应用。

④梯形环，如图 2-26（d）所示，主要优点是能使沉积在环槽中的结焦被挤出，避免了活塞环被黏结在环槽中而折断气环，同时，其密封作用强，使用寿命长；但上、下两面的精磨工艺较复杂。

⑤桶面环，如图 2-26（e）所示，上、下行都可形成楔形油膜而改善润滑，对活塞在气缸内摆动的适应性好，接触面积小，有利于密封；但凸圆弧表面的加工较困难。

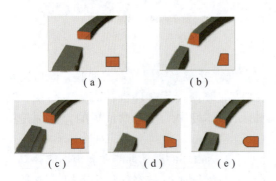

图 2-26 气环的断面形状

（a）矩形环；（b）锥面环；（c）扭曲环；
（d）梯形环；（e）桶面环

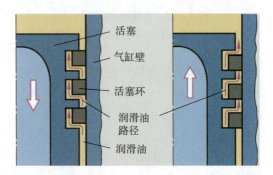

图 2-27 矩形环的泵油作用

（a）活塞下行；（b）活塞上行

（2）油环

无论活塞是上行还是下行，油环都能将气缸壁上多余的润滑油刮下来，润滑油经活塞上的回油孔流回油底壳。目前，汽车发动机常用的油环有两种：

①普通油环，如图 2-28 所示，其断面与矩形气环的相似。为增强刮油效果，提高对缸壁的压力，在其外圆上切有环形槽，槽底开有若干回油用的小孔或狭缝。

②组合油环，如图 2-29 所示，由上、下刮片 1、3 和产生径向、轴向弹力作用的衬簧 2 组成。主要优点为：刮油能力强，对缸套变形的适应性能好，回油通路大。因此，组合式油环的应用日益增多。

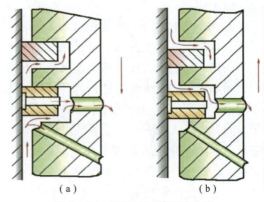

图 2-28 普通油环的刮油作用

（a）活塞下行；（b）活塞上行

**3. 活塞销**

活塞销的功用是连接活塞和连杆小头，将活塞所承受的气体压力传给连杆。

活塞销在高温作用下，承受极大的周期性冲击载荷，润滑条件差，因此要求活塞销具有足够的强度、刚度和耐磨性，并且质量要足够小。活塞销的造型为管状，如图 2-30 所示。

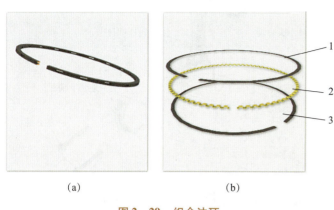

图 2-29 组合油环
(a) 整体式油环；(b) 组合式油环

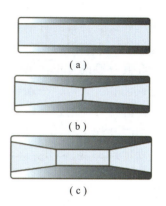

图 2-30 活塞销
(a) 圆柱形内孔；(b) 两段截锥形内孔；(c) 组合形内孔

活塞销的材料一般为低合金渗碳钢（15Cr3 或 16MnCr5）。高负荷发动机则采用渗氮钢（34CrAl6 或 32AlCrMo4）。活塞销先经表面渗碳或渗氮，以提高其表面硬度，并使心部具有一定的冲击韧性，然后进行研磨和精磨。

活塞销的结构形状很简单，基本上是一个厚壁空心的圆柱。其内孔形状有圆柱形、两段截锥形和组合型。圆柱形孔的活塞销加工容易，但质量较大；两段截锥形的活塞销质量较小，并且因为活塞销所受的弯矩在中部最大，所以接近等强度梁，但锥孔加工较难；组合型的活塞销的特点介于上述两者之间。

活塞销与座孔和连杆小头衬套孔的连接配合方式有两种，即全浮式和半浮式。全浮式活塞销能在连杆小头衬套孔和活塞销座孔内自由转动，可以减少磨损且保证活塞销沿圆周均匀磨损。为防止活塞销轴向外窜动而损坏气缸壁，在活塞销座两端装有弹性卡环来固定位置，如图 2-31 所示。

半浮式活塞销是用螺栓将活塞销夹紧在连杆小头孔内，这时活塞销只在活塞销孔内转动，在拉杆小头孔内不转动。小头孔不装衬套，销孔中也不装活塞销挡圈。例如 CA488 型汽油机的发动机。

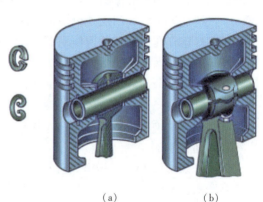

图 2-31 活塞销的连接方式
(a) 全浮式；(b) 半浮式

**4. 连杆**

（1）连杆的功用

连杆将活塞承受的力传给曲轴，推动曲轴转动，使活塞的往复运动变为曲轴的旋转运动。

（2）连杆的结构

连杆可分为连杆小头、杆身和连杆大头三大部分，如图 2-32 所示。

连杆小头用来安装活塞销连接活塞，在全浮式活塞销连接的连杆小头孔内压有减磨材料的青铜或铁基粉末冶金衬套。为润滑衬套，在连杆小头和衬套上一般铣有积存飞溅润滑油的油槽或油孔。有时，在连杆杆身内铣有纵向的压力油通道，以此对小头进行压力润滑。

连杆杆身多采用"工"字形断面，从而在其质量尽可能小的情况下提高抗弯刚度。

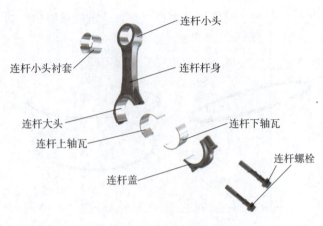

图 2-32 连杆的结构

连杆大头与曲轴的连杆轴颈相连。为便于安装，通常将连杆大头做成剖分式的结构，上部与杆身为一体，下部即连杆盖，二者通过连杆螺栓装合。连杆大头孔的表面粗糙度数值要求较小，以便连杆轴承装入后能很好地贴合传热。

连杆大头的切口形式有两种：连杆大头沿着与杆身轴线垂直的方向切开，称为直切口连杆，多用于汽油机；有些发动机的连杆大头尺寸较大，为了使维修拆装时能将其从气缸中抽出，连杆大头沿着与杆身轴线成30°～60°（常用45°）的方向切开，即为斜切口连杆。此外，斜切口连杆若配以较理想的切口定位，还能减小连杆螺栓的受力，多用于柴油机。

直切口连杆的切口面多数为平面，由杆身与连杆盖分别加工而成。由于现代技术与工艺的进步，连杆锻成整体毛坯，再用冷胀的方法将杆身与连杆盖分开。这样的切口面将不再是平面，而是不规则的像山峦式的犬牙交错的表面，这种平面可提高杆身与连杆盖的定位精度。一汽捷达轿车五气门发动机便采用此种结构。

斜切口连杆在往复惯性力作用下受拉运动时，在切口方向作用形成较大的横向力，因此要有定位装置使螺栓免受附加的剪切应力。

连杆大头的两部分用连杆螺栓紧固在一起，连杆螺栓不但受拉伸力的作用，而且承受交变的冲击性载荷，通常采用挠性螺栓，用优质合金钢（40Cr、35CrMo 等）锻制。为保证工作可靠，常采用锁止装置来控制，如开口销、双螺母、自锁螺母等。

（3）连杆材料

连杆一般采用45Cr、40Cr 等中碳钢（如上海桑塔纳的发动机连杆）或中碳合金钢（如二汽富康的发动机连杆）经模锻或辊锻制成，也有少数用球墨铸铁制成。为降低疲劳强度，连杆常进行表面喷丸处理。小型发动机的连杆则常用高强度铝合金制成。

**5. 连杆轴承**

连杆轴承装在连杆大头孔内，用于保护连杆轴颈（曲柄销）及连杆大头孔，俗称轴瓦。现代汽车发动机用的连杆轴承是由钢背和减磨层组成的分成两半的薄壁轴承，如图 2-33 所示。钢背由厚 1～3 mm 的低碳钢带制成，既有足够的强度，以承受近乎冲击性的

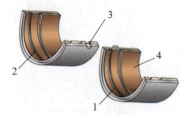

1—钢背；2—油槽；
3—定位凸键；4—减磨合金层。

图 2-33 连杆轴承

载荷,又有一定的刚度,便于与轴承孔良好的贴合。减磨层由厚 0.3~0.7 mm 的薄层减磨合金制成,减磨合金具有保持油膜、减小摩擦阻力和易于磨合的特点。目前汽车发动机的轴承减磨合金主要有:

①巴氏合金:减磨性好,但机械强度较低、耐热性较差,常用于载荷不大的汽油发动机。

②铜铅合金:机械强度高、承载能力大、耐热性较好,但减磨性能差。为此,常在其表面镀有一层厚度为 0.02~0.03 mm 的铟或锡,用于高强度的柴油发动机。

③高锡铝合金:具有较好的力学和减磨性能,广泛用于各类汽油和柴油发动机上。

连杆轴承的背面应有较高的粗糙度。在分开状态下,只有轴承的曲率半径和周长都略大于连杆大头孔的,装入后,才能使其紧贴在大头孔壁上,以利于散热和防止润滑油从轴承背面流失。

在两个轴承的剖分面上,均装有定位凸键,是位凸键可以防止连杆轴承在工作中发生转动或轴向移动;在其内表面上加工有油槽,用来储油,以保证可靠地润滑。

## 二、活塞连杆组的拆装与检查

### (一)活塞连杆组的拆装及注意事项

活塞连杆组的拆装可按照图 2-18 所示进行分解,但应注意以下几点:

①对活塞做标记时,应从发动机前端向后端标上气缸号,并标上指向发动机前端的箭头。

②拆卸连杆和连杆轴承盖时,应标上所属气缸号。安装连杆时,浇铸的标记应朝向 V 带轮方向(发动机前端)。

③拧紧连杆螺母时,应在接触面涂上润滑油,用 30 N·m 的力矩拧紧再加转 180°。

④拆装活塞环时,应使用如图 2-34 所示的专用工具。安装活塞环时,应使活塞环开口错开 120°,有"TOP"记号的一面朝向活塞顶部。

⑤安装活塞销时,应将活塞加热至 60 ℃,涂上一层薄润滑油,用大拇指施加较小的力将活塞销压入活塞销座孔中,如图 2-35 所示。在垂直状态时,活塞销不能在质量作用下从销座孔中自行滑出。用手晃动活塞销时,活塞销与销座孔应无间隙感,这表明活塞销和销座孔配套适宜。拆装活塞销卡簧时,需使用专用工具。

图 2-34 拆装活塞环

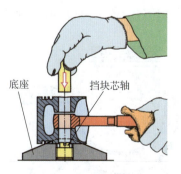

图 2-35 安装活塞销

## (二) 活塞连杆组的检查

### 1. 活塞环

(1) 检查活塞环侧隙

活塞环侧隙是指活塞环与环槽之间的间隙，如图 2-36 所示，用塞尺检查活塞环侧隙。对于大众 CHHB/CUGA 汽车发动机，检查新的活塞环时，第一道气环的侧隙正常值为 0.06~0.09 mm，磨损极限值为 0.2 mm；第二道气环的侧隙正常值为 0.03~0.06 mm，磨损极限值为 0.15 mm。

(2) 检查活塞环端隙

活塞环开口间隙又称为活塞环端隙，是指将活塞连同活塞环装入气缸后，活塞环的开口间隙。测量时，将活塞环垂直压入气缸约 15 mm 处，用塞尺检查活塞环端隙，如图 2-37 所示。对于大众 CHHB/CUGA 汽车发动机，检查新的活塞环，第一道气环的端隙正常值为 0.30~0.45 mm，第二道气环的端隙正常值为 0.40~0.50 mm，油环端隙正常值为 0.20~0.40 mm，活塞环端隙的磨损极限值为 0.08 mm。

图 2-36 检查活塞环侧隙

图 2-37 检查活塞环端隙

### 2. 活塞

主要是检查活塞直径。在活塞下端离裙部底边约 15 mm 并与活塞呈垂直方向处测量，如图 2-38 所示。活塞直径与标准尺寸（大众 CHHB/CUGA 汽车发动机为 82.42 mm）的最大偏差值为 0.04 mm。

### 3. 连杆

(1) 检查连杆的轴向间隙

检查连杆的轴向间隙时，如图 2-39 所示，大众 CHHB/CUGA 汽车发动机新的连杆的轴向间隙值为 0.10~0.35 mm，磨损极限值为 0.40 mm。

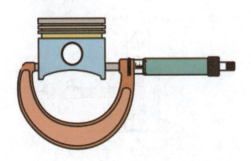

图 2-38 检查活塞直径

图 2-39 检查连杆的轴向间隙

（2）检查连杆的径向间隙

检查连杆的径向间隙时，可用塑料线间隙规对装好的发动机进行检查。具体测量方法如下：

①拆下连杆轴承盖，清洁连杆轴承和轴颈。

②将塑料线间隙规沿着轴向置于轴颈和轴承上。

③装上连杆轴承盖，用 30 N·m 的力矩紧固螺栓，不要转动曲轴。

④拆下连杆轴承盖，测量压扁后的塑料线间隙规的厚度，与规定值进行对比。大众 CHHB/CUGA 汽车发动机连杆的径向间隙应为 0.02~0.06 mm，磨损极限值为 0.09 mm。

⑤在装配完毕的发动机上进行径向间隙检查时，螺栓允许重复使用一次，但须在螺栓头部做好标记，有标记的螺栓下次必须更换。

⑥安装轴承盖时，要在轴承盖螺母接触面上涂润滑油，并用 30 N·m 的力矩紧固，再继续转动 180°。

## 随堂测试

1. 活塞连杆组主要由_____、_____、_____、_____连杆轴承等机件组成。
2. 活塞可分为_____、_____和_____三部分。
3. 按功用的不同，可将活塞环分为_____和_____两种。
4. 连杆杆身多采用_____形断面，从而在质量尽可能小的情况下提高其抗弯刚度。
5. 安装活塞环时，应使活塞环开口错开_____，有"_____"记号的一面朝向活塞顶部。

## 任务实施

### 任 务 工 单

| 任务名称：拆装活塞连杆组 ||||
|---|---|---|---|
| 姓名： || 班级： | 学号： |
| 任务描述 ||| 请你针对某一型号车辆的参数配置表，向客户解释有关发动机机体组的相关参数的含义及对发动机性能的影响；针对某一具体车辆发动机的实物或图片，向客户说明该发动机机体组的结构及特点；规范解体并组装机体组；检查与测量气缸体、气缸盖的平面度及气缸直径 |
| 能力目标 ||| 1. 能够解答客户关于活塞连杆组方面的咨询；<br>2. 具备基本识图能力，能够对活塞连杆组主要部件的结构进行分析；<br>3. 能够准确选用工、量具，对活塞连杆组进行解体与组装、检查与测量；<br>4. 具有与客户沟通交流的能力，树立以客户为中心的理念；<br>5. 具备信息搜集和处理的能力 |
| 实施准备 ||| 1. 教学用发动机及拆装工作台；<br>2. 拆装及测量工具、加热设备、抹布、手套等；<br>3. 润滑油、油封及垫片等易损件；<br>4. 汽车维修手册及发动机相关文件；<br>5. 汇报用纸、笔、翻页板等 |
| 实施步骤 || 自主学习 | 学习相关知识，获取相关信息，做好安全防护；<br>按要求规范拆装活塞连杆组，对活塞、活塞环、连杆进行相应的检查并做好记录 |
| | | 小组讨论 | 以学习小组形式进行讨论，形成小组汇报成果 |
| | | 小组汇报 | 汇报小组成果；<br>按规范做好5S |
| 自我反思 ||| 在专业能力、关键能力等方面的收获或体会： |

项目二　发动机曲柄连杆机构工作过程分析

# 任务 2-3　分析多缸发动机的工作循环

  学习内容

1. 曲轴飞轮组主要部件的结构特点；
2. 多缸发动机的工作循环；
3. 曲轴飞轮组的拆装。

  能力要求

1. 能够解答客户关于曲轴飞轮组方面的咨询；
2. 能够对曲轴飞轮组主要部件的结构进行分析；
3. 能够分析多缸发动机的工作循环；
4. 能够正确选用工、量具；
5. 能够对曲轴飞轮组进行解体与组装，并进行相关的检查与测量；
6. 树立以客户为中心的理念，增强服务意识；
7. 具有与客户沟通交流的能力；
8. 具备基本的识图能力；
9. 具备信息搜集和处理的能力。

  任务引入

客户在购车或用车时，比较关注发动机的结构和性能。掀开发动机罩盖，客户会比较好奇，为什么不同车辆的发动机看起来会不一样？为什么有的发动机运转比较平稳，而有的振动比较大呢？为什么有的发动机有劲，而有的发动机感觉无力呢？通过下面的学习，相信你能为客户回答这些问题。

  任务描述

请你针对某一型号车辆的参数配置表，向客户解释有关发动机曲轴飞轮组的相关参数的含义及对发动机性能的影响；针对某一型号车辆发动机的实物或图片，向客户说明该发动机曲轴飞轮组的结构及特点；按要求规范解体、组装曲轴飞轮组并进行相关的检查和测量；针对某一型号发动机，通过小组讨论，总结并画出做功循环表，并在班级里进行汇报交流。

## 相关知识

### 一、曲轴飞轮组主要部件的结构特点

曲轴飞轮组主要由曲轴、飞轮、正时齿轮（正时带轮或正时链轮）、皮带轮及扭转减震器等组成。图2-40所示为典型的曲轴飞轮组结构示意图。

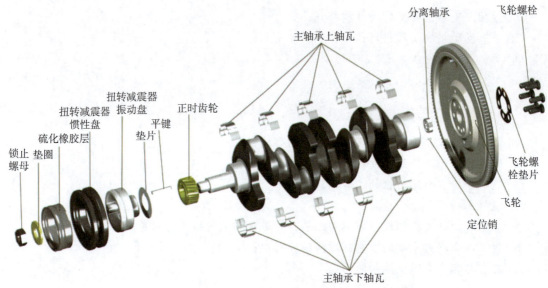

图2-40 曲轴飞轮组分解图

#### 1. 曲轴

曲轴的主要功用是将活塞连杆组传来的气体压力转变为转矩，用来驱动汽车的传动系、发动机的配气机构以及其他辅助装置。

在工作中，曲轴要承受周期变化的气体惯性力、往复惯性力、离心力及由上述三种力作用而产生的转矩和弯矩的共同作用力。在上述载荷的作用下，曲轴会引起扭转振动和弯曲振动而产生附加应力；转速和负荷经常变化，导致轴颈处有时不易形成良好的油膜；曲轴与轴承的相对滑动速度很高。在紧急制动等情况下，曲轴还会产生轴向窜动。因此要求曲轴有足够的刚度、强度，各工作表面润滑良好、耐磨，并具有良好的平衡性能。

曲轴多由优质的中碳钢或中碳合金钢模锻而成，轴颈表面再经淬火或氮化处理，最后进行精加工，以提高耐磨性。例如，上海桑塔纳汽车发动机曲轴采用优质50中碳钢锻制而成，先正火后半精加工，经中频淬火后再精加工。圆角过渡处不淬火，采用冷滚压强化工艺，以提高疲劳强度。近年来，有些发动机还采用高强度的稀土球墨铸铁铸造，这种曲轴必须采用全支承，以保证其刚度。

曲轴的结构如图2-41所示，一般由主轴颈、连杆轴颈、曲柄臂、平衡重、平衡轴驱动齿轮和飞轮输出端等组成。一个连杆轴颈和它两端的曲柄臂及相邻两个主轴颈构成一个曲拐。曲拐的数目取决于发动机的气缸数目及排列方式，直列发动机的曲拐数等于气缸数；而V形和对置式发动机的曲拐数为气缸数的一半。

项目二 发动机曲柄连杆机构工作过程分析

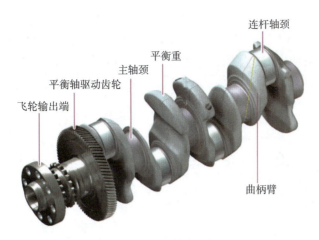

图 2-41 曲轴的结构

主轴颈是曲轴的支承部分。如果每个连杆轴颈两边都有一个主轴颈的结构，称为全支承曲轴，否则称为非全支承曲轴，如图 2-42 所示。对于直列发动机全支承曲轴，主轴颈数目比气缸数多一个；V 形发动机全支承曲轴，主轴颈数目比气缸数的一半多一个。全支承曲轴刚度较好且主轴颈的负荷相对较小，多用于柴油机和负荷较大的汽油机，如上海桑塔纳、大众波罗、奥迪 A6、宝来轿车发动机的曲轴。非全支承曲轴的结构和制造工艺简单，多用于中小负荷的汽油机。

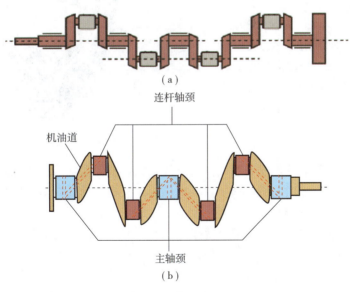

图 2-42 曲轴的支承方式
(a) 全支承曲轴；(b) 非全支承曲轴

曲轴上钻有贯穿主轴颈、曲柄和连杆轴承的油道，使主轴颈内的润滑油经此油道流至连杆轴承，对连杆轴承进行润滑。

为了平衡连杆大端、连杆轴颈和曲柄臂等产生的离心力及力矩，有时还为了平衡部分往复惯性力，使发动机运转平稳，需对曲轴进行平衡。对四缸、六缸等直列发动机，由于曲柄

· 81 ·

对称布置,从整体上看,往复惯性力、离心力及产生的力矩都相互平衡,但曲轴的局部却受到弯曲作用,如图2-43所示。图中惯性力 $F_1$、$F_4$ 与 $F_2$、$F_3$ 相平衡,力矩 $M_{1-2}$ 与 $M_{3-4}$ 相平衡,但 $M_{1-2}$ 与 $M_{3-4}$ 给曲轴造成了弯曲。因此,通常在曲柄的相反方向设置平衡重,使其产生的力矩与上述惯性力的力矩相平衡。

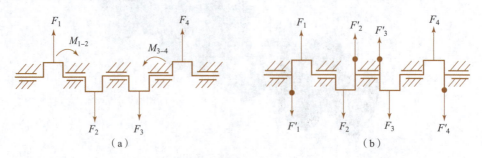

$F_1$、$F_2$、$F_3$、$F_4$—曲拐和活塞连杆的惯性力;$F'_1$、$F'_2$、$F'_3$、$F'_4$—平衡重的离心力。

图2-43 曲轴平衡重的作用
(a)无平衡重;(b)加平衡重

有的平衡重与曲轴制成一体,也有单独制成后再用螺栓固定在曲轴上,称为装配式平衡重。有些刚度较大的全支承曲轴也可不设平衡重。曲轴不论有无平衡重,都需进行动平衡试验,对于不平衡的曲轴,常在偏重的一侧钻去一些质量。

现代小型高速发动机为减小噪声,采用平衡轴来提高曲轴的平衡度,如图2-44所示。平衡轴通常为两根断面为半圆的轴,使用胶木斜齿轮与曲轴齿轮啮合。平衡轴与曲轴的旋转方向相反,以消除曲轴旋转的惯性力。

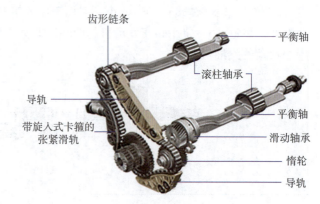

图2-44 曲轴平衡轴

### 2. 飞轮

飞轮的主要功用是储存做功行程的一部分能量,克服各辅助行程的阻力,使曲轴均匀旋转,使发动机具有克服短时超载的能力。与此同时,又将发动机的动力传给离合器,所以飞轮又常作为汽车传动系中摩擦离合器的主动盘。

飞轮是一个转动惯量很大的圆盘。为了保证在足够转动惯量的前提下,尽可能减小飞轮的质量,使飞轮的大部分质量都集中在轮缘上,因而轮缘做得宽而厚,如图2-40所示。飞轮的外缘上镶有齿圈,起动以后起动机上的齿轮与之啮合,产生的力矩供发动机起动用。

飞轮上通常刻有第一缸点火正时记号,如图2-45所示,以便调整和检验点火(喷油)正时及气门间隙。当标记对齐时,表示1~6缸或1~4缸活塞在上止点位置。

飞轮与曲轴装配后,应进行静态和动态平衡试验,否则,在旋转时因质量不平衡而产生的离心力,将引起发动机的振动而加速主轴承的磨损。为保证拆装时不破坏其平衡状态及上述确定位置的标记,飞轮与曲轴的装配采用周向定位装置,如定位销、不对称布置的螺孔或两种不同直径的螺栓等。

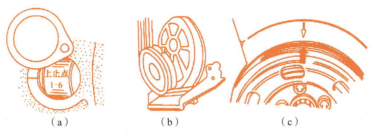

图 2-45　发动机点火正时标记号

### 3. 曲轴扭转减震器

发动机工作时，由于飞轮的惯性很大，可以看作是等速转动。而各缸气体压力和往复运动惯性力是周期作用在曲轴连杆轴颈上，给曲轴一个周期性变化的运转外力。曲轴发生忽快忽慢的转动，从而形成曲轴相对于飞轮的扭转摆动，即曲轴的扭转振动。当曲轴自振频率与连杆传来的呈周期性变化的激振力频率成整数倍数关系时，曲轴就会共振，从而引起功率损失、曲轴扭转变形甚至断裂、正时齿轮（皮带轮）磨损严重、产生冲击噪声等后果。为此，在有些发动机（特别是那些曲轴刚度较小、旋转质量大、缸数目多及转数高的发动机）的曲轴前端装有曲轴扭转减震器。

汽车发动机常用的曲轴扭转减震器为摩擦式扭转减震器，可分为橡胶扭转减震器、带轮-橡胶复合式扭转减震器和硅油-橡胶复合式扭转减震器等。

（1）橡胶扭转减震器

如图 2-46（a）所示，减震器壳体与扭转振动惯性盘黏结在橡胶层上。发动机工作时，减震器壳体与曲轴一起转动，由于惯性盘滞后减震器壳体，因而在两者之间产生相对运动，使橡胶层来回揉搓，振动能量被橡胶的内摩擦阻尼吸收，从而使曲轴的扭转振动得到减少。天津夏利、上海桑塔纳、一汽奥迪型轿车发动机的曲轴上都装有此类扭转减震器。

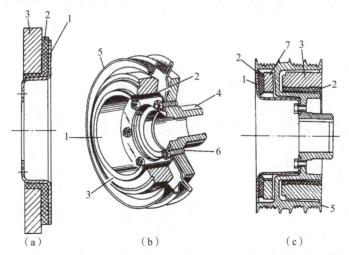

1—减震器壳体；2—硫化橡胶层；3—扭转振动惯性盘；4—带轮毂；5—带轮；
6—紧固螺栓；7—弯曲振动惯性盘。

图 2-46　橡胶扭转减震器

（a）橡胶扭转减震器；（b）带轮-橡胶复合式扭转减震器；
（c）硅油-橡胶复合式减震器（尼桑 VH45DE）

橡胶扭转减震器结构简单，工作可靠，制造容易，在汽车上广为应用。但其阻尼作用小，橡胶容易老化，故在大功率发动机上较少应用。

(2) 硅油扭转减震器

由钢板冲压而成的减震器壳体与曲轴连接。侧盖与减震器壳体组成封闭腔，其中滑套着扭转振动惯性盘。惯性盘与封闭腔之间留有一定的间隙，里面充满高黏度硅油，如图2－47（a）所示。当发动机工作时，减震器壳体与曲轴一起旋转、一起振动，惯性盘则被硅油的黏性摩擦阻尼和衬套的摩擦力所带动。由于惯性盘质量相当大，因此它近似做匀速转动，于是在惯性盘与减震器壳体间产生相对运动。曲轴的振动能量被硅油的内摩擦阻尼吸收，使扭振消除或减轻。

硅油扭转减震器减振效果好，性能稳定，工作可靠，结构简单，维修方便，所以在汽车发动机上的应用日益普遍。但它需要良好的密封性和较大的惯性质量，致使减震器尺寸较大。

(3) 硅油－橡胶复合式扭转减震器

如图2－47（b）所示，硅油－橡胶复合式扭转减震器中的橡胶环6作为主要弹性体，并用来密封硅油和支撑扭转振动惯性盘1，这样可以在封闭腔内注满高黏度硅油。硅油－橡胶复合式扭转减震器集中了硅油扭转减震器和橡胶扭转减震器二者的优点，即体积小、质量小和减振性能稳定等。

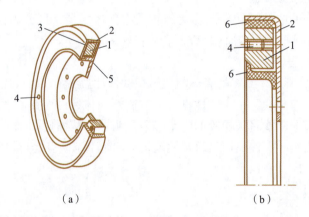

1—扭转振动惯性盘；2—减震器壳体；3—侧盖；4—注油螺塞；5—衬套；6—橡胶环。

图2－47　硅油扭转减震器（a）及硅油－橡胶复合式扭转减震器（b）

## 二、多缸发动机工作循环

多缸发动机的工作循环与气缸数、气缸排列形式及曲轴的形状、各曲拐的相对位置有关。在选择各缸的工作顺序时，应注意以下几点：

①应使各缸的做功间隔尽量均衡，即发动机每完成一个工作循环，各缸都应发火做功一次，对于缸数为$i$的四冲程发动机，其发火间隔角为$720°/i$。

②连续做功的两缸相距尽可能远些，以减轻主轴承载荷和避免进气行程中发生抢气现象。

③V形发动机左、右两列应交替发火。

常见多缸发动机的曲拐布置和发火顺序如下：

四冲程直列四缸发动机的发火间隔角为$720°/4 = 180°$。四个曲拐在同一个平面内，如图2－48所示。发动机的工作顺序为1—3—4—2或1—2—4—3，前者的工作循环见表2－2。

表 2-2 四冲程直列四缸发动机工作循环表（工作顺序：1—3—4—2）

| 曲轴转角/(°) | 第一缸 | 第二缸 | 第三缸 | 第四缸 |
|---|---|---|---|---|
| 0~180 | 做功 | 排气 | 压缩 | 进气 |
| 180~360 | 排气 | 进气 | 做功 | 压缩 |
| 360~540 | 进气 | 压缩 | 排气 | 做功 |
| 540~720 | 压缩 | 做功 | 进气 | 排气 |

四冲程直列六缸发动机的发火间隔角为 720°/6 = 120°。六个曲拐互成120°，如图2-49所示。发动机的工作顺序为 1—5—3—6—2—4 或 1—4—2—6—3—5，前者应用比较普遍，其工作循环见表2-3。

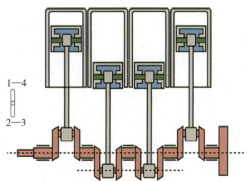

图2-48 直列四缸发动机的曲拐布置

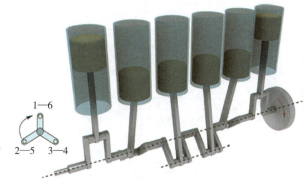

图2-49 直列六缸发动机的曲拐布置

表 2-3 四冲程直列六缸发动机工作循环表（工作顺序：1—5—3—6—2—4）

| 曲轴转角/(°) | | 第一缸 | 第二缸 | 第三缸 | 第四缸 | 第五缸 | 第六缸 |
|---|---|---|---|---|---|---|---|
| 0~180 | 0~60 | 做功 | 排气 | 进气 | 做功 | 压缩 | 进气 |
| | 60~120 | 做功 | 排气 | 压缩 | 排气 | 压缩 | 进气 |
| | 120~180 | 做功 | 排气 | 压缩 | 排气 | 做功 | 进气 |
| 180~360 | 180~240 | 排气 | 进气 | 压缩 | 排气 | 做功 | 压缩 |
| | 240~300 | 排气 | 进气 | 做功 | 进气 | 做功 | 压缩 |
| | 300~360 | 排气 | 压缩 | 做功 | 进气 | 排气 | 压缩 |
| 360~540 | 360~420 | 进气 | 压缩 | 做功 | 进气 | 排气 | 做功 |
| | 420~480 | 进气 | 压缩 | 排气 | 压缩 | 排气 | 做功 |
| | 480~540 | 进气 | 做功 | 排气 | 压缩 | 进气 | 做功 |
| 540~720 | 540~600 | 压缩 | 做功 | 排气 | 压缩 | 进气 | 排气 |
| | 600~660 | 压缩 | 做功 | 进气 | 做功 | 进气 | 排气 |
| | 660~720 | 压缩 | 排气 | 进气 | 做功 | 压缩 | 排气 |

四冲程 V 形六缸发动机的发火间隔角仍为 120°，三个曲拐互成 120°，工作顺序为 R1—L3—R3—L2—R2—L1。面对发动机的冷却风扇，其右侧气缸用 R 表示，由前至后气缸号分别为 R1、R2、R3；左侧气缸用 L 表示，由前至后气缸号分别为 L1、L2、L3。工作循环见表 2-4。

表 2-4　四冲程 V6 发动机工作循环表（工作顺序：R1—L3—R3—L2—R2—L1）

| 曲轴转角/(°) | | R1 | R2 | R3 | L1 | L2 | L3 |
|---|---|---|---|---|---|---|---|
| 0~180 | 0~60 | 做功 | 排气 | 进气 | 做功 | 进气 | 压缩 |
| | 60~120 | 做功 | 排气 | 压缩 | 排气 | 进气 | 压缩 |
| | 120~180 | 做功 | 进气 | 压缩 | 排气 | 进气 | 做功 |
| 180~360 | 180~240 | 排气 | 进气 | 压缩 | 排气 | 压缩 | 做功 |
| | 240~300 | 排气 | 进气 | 做功 | 进气 | 压缩 | 做功 |
| | 300~360 | 排气 | 压缩 | 做功 | 进气 | 压缩 | 排气 |
| 360~540 | 360~420 | 进气 | 压缩 | 做功 | 进气 | 做功 | 排气 |
| | 420~480 | 进气 | 压缩 | 排气 | 压缩 | 做功 | 排气 |
| | 480~540 | 进气 | 做功 | 排气 | 压缩 | 做功 | 进气 |
| 540~720 | 540~600 | 压缩 | 做功 | 排气 | 压缩 | 排气 | 进气 |
| | 600~660 | 压缩 | 做功 | 进气 | 做功 | 排气 | 进气 |
| | 660~720 | 压缩 | 排气 | 进气 | 做功 | 排气 | 压缩 |

四冲程 V 形八缸发动机的发火间隔角为 720°/8 = 90°。四个曲拐互成 90°，如图 2-50 所示。发动机的工作顺序为 1—8—4—3—6—5—7—2。其工作循环见表 2-5。

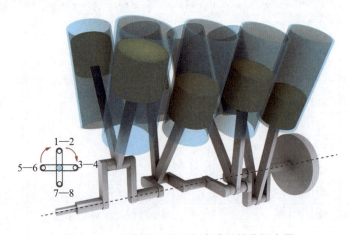

图 2-50　四冲程 V 形八缸发动机的曲拐布置

表2-5  四冲程V8发动机工作循环表（工作顺序：1—8—4—3—6—5—7—2）

| 曲轴转角/(°) | | 第一缸 | 第二缸 | 第三缸 | 第四缸 | 第五缸 | 第六缸 | 第七缸 | 第八缸 |
|---|---|---|---|---|---|---|---|---|---|
| 0~180 | 0~90 | 做功 | 做功 | 进气 | 压缩 | 排气 | 进气 | 排气 | 压缩 |
| | 90~180 | 做功 | 排气 | 压缩 | 压缩 | 进气 | 进气 | 排气 | 做功 |
| 180~360 | 180~270 | 排气 | 排气 | 压缩 | 做功 | 进气 | 压缩 | 进气 | 做功 |
| | 270~360 | 排气 | 进气 | 做功 | 做功 | 压缩 | 压缩 | 进气 | 排气 |
| 360~540 | 360~450 | 进气 | 进气 | 做功 | 排气 | 压缩 | 做功 | 压缩 | 排气 |
| | 450~540 | 进气 | 压缩 | 排气 | 排气 | 做功 | 做功 | 压缩 | 排气 |
| 540~720 | 540~630 | 压缩 | 压缩 | 排气 | 进气 | 做功 | 排气 | 做功 | 进气 |
| | 630~720 | 压缩 | 做功 | 进气 | 进气 | 排气 | 排气 | 做功 | 压缩 |

## 三、曲轴飞轮组的拆装

### 1. 注意事项

①在第1、4、5道曲轴轴瓦中，只有装在气缸体上的那片轴瓦有油槽，装在轴承盖上的没有油槽，但第3道轴瓦两片上均有油槽。

②注意曲轴飞轮组标记。四冲程直列四缸汽油机的飞轮上刻有"1、4缸上止点"的标记，当该标记与飞轮壳前端的刻线对齐时，第1、4缸活塞处于上止点。

③曲轴轴承上均有定位凸块，该凸块与轴承座上的凹槽嵌合。同一道轴承的轴承盖和底座不能分开放置，以免错乱。

### 2. 曲轴飞轮组的拆卸

①将气缸体翻转倒置在工作台上。

②拆卸中间轴密封凸缘，其紧固螺钉的拧紧力矩是25 N·m。

③拆卸缸体前端中间轴密封凸缘的油封。注意，装配时油封必须更换。

④拆卸中间轴。

⑤拆卸传动带盘端曲轴油封。

⑥拆卸前油封凸缘及衬垫。

⑦旋出飞轮固定螺栓，从曲轴后端凸缘拆下飞轮。

⑧拆下曲轴主轴承盖紧固螺栓。注意，不能一次全部拧松，必须分次从两端向中间逐步拧松。

⑨抬下曲轴，再将轴承盖及垫片按原位置装回，以免错乱，并将固定螺栓拧入少许。注意，推力轴承定位及开口的安装方向应正确，并且轴瓦不能互换。

### 3. 曲轴飞轮组的装配

①将经过清洗、擦拭干净的曲轴、飞轮及选配或修理好的轴承、轴承盖和垫片等零件依次摆放整齐，做好装配准备。

②将曲轴安装在气缸体上。在第3道主轴颈两侧安装止动垫片，垫片上带油槽的减磨合

金表面必须朝向曲轴。注意，轴承盖按序号安装，不得装错和装反，并由中间向外对称紧固螺栓，分两次拧紧，拧紧力矩为 65 N·m，然后再继续拧紧 90°。

③安装曲轴前、后油封和油封座。

④安装飞轮和滚针轴承。新换飞轮时，还应在飞轮"0"标记（1、4 上止点记号）附近做点火正时记号。曲轴后端孔内变速器输入轴的滚针轴承标记朝外，外端面距曲轴后端 1.5 mm。

⑤测量曲轴的轴向间隙，如图 2－51 所示。测量时，在曲轴前端装上百分表，然后用撬棍将曲轴撬向一端，通过百分表指针的摆动量测量曲柄与百分表止动垫片的间隙。装配新件的间隙值为 0.07～0.23 mm，磨损极限值为 0.30 mm。如果测量出曲轴的轴向间隙过大，则应更换止动垫片。

⑥测量曲轴的径向间隙。曲轴的径向间隙可用塑料线间隙规进行检查。具体方法可参照连杆轴颈径向间隙测量方法。大众 CHHB/CUGA 汽车发动机新的曲轴径向间隙正常值为 0.017～0.037 mm，磨损极限值为 0.15 mm。

图 2－51　测量曲轴的轴向间隙

## 随堂测试

1. 曲轴飞轮组主要由_____、_____、正时齿轮（正时带轮或正时链轮）、皮带轮及扭转减震器等组成。

2. 曲轴的主要功用是将活塞连杆组传来的气体压力转变为_____，用于驱动汽车的_____和发动机的配气机构及其他辅助装置。

3. 飞轮的主要功用是储存做功行程的一部分能量，以克服_____的阻力，使曲轴均匀旋转，使发动机具有克服短时超载的能力。

4. 四冲程 V 形六缸发动机的发火间隔角为_____，三个曲拐互成_____。

5. V 形发动机左、右两列应_____发火。

项目二　发动机曲柄连杆机构工作过程分析

## 任务实施

任　务　工　单

| 任务名称：分析多缸发动机的工作循环 |||
|---|---|---|
| 姓名： | 班级： | 学号： |

| 任务描述 | 请你针对某一型号车辆的参数配置表，向客户解释有关发动机曲轴飞轮组的相关参数的含义及对发动机性能的影响；针对某一具体车辆发动机的实物或图片，向客户说明该发动机曲轴飞轮组的结构及特点；按要求规范解体、组装曲轴飞轮组并进行必要的检查和测量；通过小组讨论，针对某一具体发动机画出做功循环表，并在班级里进行汇报交流 ||
|---|---|---|
| 能力目标 | 1. 能够解答客户关于曲轴飞轮组方面的咨询；<br>2. 具备基本识图能力，能够对曲轴飞轮组主要部件的结构进行分析；<br>3. 能够分析多缸发动机的工作循环；<br>4. 能够正确选用工、量具，对曲轴飞轮组进行解体与组装、检查与测量；<br>5. 树立以客户为中心的理念，具备信息搜集和处理的能力 ||
| 实施准备 | 1. 教学用发动机及拆装工作台；<br>2. 拆装及测量工具、抹布、手套等，润滑油、油封及垫片等易损件；<br>3. 汽车维修手册及发动机相关文件；<br>4. 汇报用纸、笔、翻页板等 ||
| 实施步骤 | 自主学习 | 获取相关信息，独立制作多缸发动机工作循环表；<br>做好安全防护，按规范要求拆装曲轴飞轮组，对曲轴进行相应的检查并做好记录 |
|  | 小组讨论 | 以学习小组形式进行讨论，形成小组汇报成果 |
|  | 小组汇报 | 汇报小组成果；<br>按规范做好 5S |
| 自我反思 | 在专业能力、关键能力等方面的收获或体会： ||

## 知识拓展

### 可变压缩比技术

汽油的燃烧特性导致了汽油发动机的混合气压力不能太高,如果气缸内的压力超过了临界值,汽油就会因为压缩而在点火之前被点燃,这种现象称为爆震,会给发动机带来很大的伤害。这个问题在增压发动机的设计上尤为突出。固定的压缩比成为制约增压发动机的一个很重要的因素。因为在涡轮增压介入以后,燃烧室的温度和压力会大幅度升高,如果这个值过高,爆震就不可避免。所以,固定压缩比的涡轮增压和机械增压发动机只能把压缩比设计得比普通自然吸气发动机低很多。但是这种过低的压缩比设计又会导致发动机在增压器(特别是涡轮增压)没有完全介入时(也就是发动机在低转速时),燃烧效率非常低,产生的动力比普通自然吸气发动机所产生的动力少得多。这个矛盾是促使设计师开发可变压缩比发动机的重要原因。

萨博可变压缩比技术就是通过活塞运动到上止点位置的变化来改变燃烧室容积,从而改变压缩比的。我们先简单地看一种比较直观的实现方式,就是在气缸的下止点下方设置一个可以相互上下活动的结构,如图2-52所示,这样通过提升和降低这个位置上方的气缸体及气缸盖,就可以改变活塞上止点的位置,从而改变燃烧室的容积,达到可变压缩比的目的。将活塞提升,压缩比则降低;将活塞降低,则压缩比升高。

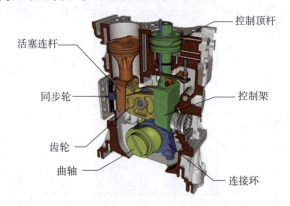

图2-52 萨博可变压缩比发动机结构原理

之所以要放在气缸下止点下方的位置,是为了不影响活塞在气缸内的正常工作,就是说,在变化压缩比时,是不影响活塞往复运动的。但是这样设计有很大的难度,比如气缸体及气缸盖的上下运动很难实现等。而萨博可变压缩比技术巧妙地解决了上述难题,它是通过一个旋转角度来实现的。同样,在气缸下止点下方设置一个圆心,通过旋转这个圆心上部的气缸体和气缸盖来改变燃烧室的容积。气缸体和气缸盖这个"整体"在偏离垂线开始旋转的时候(萨博可变压缩比发动机为直列式布置),气缸的上止点与曲轴的距离会缩短,并且随着角度的增加,与曲轴的距离就越短,在到达曲柄连杆,即将和气缸体相碰时停止旋转。此时气缸的上止点与曲轴的距离最近,燃烧室的容积达到最小,压缩比最大;与之相反,在这个"整体"没有旋转的情况下,压缩比最小。这个气缸体与气缸盖的"整体"是通过一组摇臂进行调节的,而这组摇臂是通过ECU(Electronic Control Unit)来控制的。这样萨博可变压缩比技术就可以根据当时的工况由ECU来控制压缩比的连续变化,实现动力输出及燃油消耗的最佳化。由于它比普通发动机多一套摇臂装置,所以比普通发动机多需要一套冷却系统。它通过气缸盖和气缸套周围的冷却水散热。由于气缸盖和气缸体会发生移位,所以在气缸盖和气缸体之间设计了一组橡胶套,令其起到密封作用。

第三代萨博可变压缩比发动机是一台直列五缸发动机。虽然排量只有 1.598 L，但是其工作效率非常优异，它的压缩比在（8∶1）~（14∶1）之间连续调节。在发动机小负荷工作时，采用高压缩比，以节约燃油；在发动机大负荷工作时，采用低压缩比，并辅以机械增压器来实现大功率和高转矩输出。在最大功率 166 kW、最大转矩 305 N·m 时，综合油耗比常规发动机降低了 30%，并且符合欧洲Ⅳ号排放标准。

# 项目三

## 发动机配气机构工作过程分析

　　配气机构是往复活塞式发动机的两大机构之一，其功用是按照发动机的工作顺序和工作循环的要求，定时开启和关闭各缸的进、排气门，使新气进入气缸，废气从气缸排出。所谓新气，对于汽油机来说，就是汽油与空气的混合物；对于柴油机来说，则为纯净的空气。配气机构首先要保证进气充分，进气量尽可能多；同时，废气要排除干净，因为气缸内残留的废气越多，进气量将会越少。其次，配气机构的运动件应该具有较小的质量和较大的刚度，以使配气机构具有良好的动力特性。在汽车销售、维修服务等相关工作中，工作人员经常会遇到关于配气机构相关知识的咨询，需要向客户解释说明；拆装配气机构、分析其工作过程，是汽车营销与汽车维修人员应掌握的基本技能，也是从事汽车性能检测、故障诊断与维修工作的基础。本项目包括绘制配气相位图、拆装配气机构、向客户展示可变配气相位的优点等任务。

## 任务3-1　绘制配气相位图

### 学习内容

1. 配气相位及配气相位图；
2. 进气门的配气相位；
3. 排气门的配气相位；
4. 气门叠开。

项目三 发动机配气机构工作过程分析

### 能力要求

1. 能够解答客户关于发动机进、排气方面的咨询；
2. 能够绘制配气相位图；
3. 树立以客户为中心的理念，增强服务意识；
4. 具有与客户沟通交流的能力；
5. 具备基本的识图能力；
6. 具备信息搜集和处理的能力。

### 任务引入

配气机构的功用是定时开启和关闭各气缸的进、排气门，使新气进入气缸，废气从气缸排出。配气机构直接影响到发动机的充气效率，影响发动机的动力性能。那么如何能够做到进气充分、排气彻底呢？通过下面的学习，相信你会找到答案。

### 任务描述

针对某一型号发动机的参数配置表，绘制配气相位图，在学习小组或班级里汇报交流。

### 相关知识

**1. 配气相位及配气相位图**

用曲轴转角表示的进、排气门的实际开闭时刻和开启持续时间，称为配气相位。配气相位包括进气门的配气相位和排气门的配气相位。配气相位通常用相对于上、下止点曲拐位置的曲轴转角的环形图来表示，这种图形称为配气相位图，如图3-1所示。

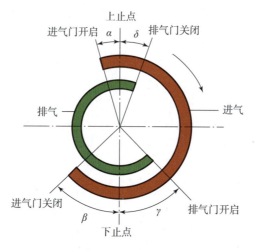

图3-1 配气相位图

· 93 ·

发动机工作时，进入气缸的新气量越多，其动力性能越好。影响进气量的因素有很多，而进、排气门开启和关闭的时刻便是其中之一。理论上，对于四行程发动机的进气门，当曲拐处在上止点时开启，处在下止点时关闭；对于排气门，则当曲拐处在下止点时开启，处在上止点时关闭。进气时间和排气时间各占180°曲轴转角。但是发动机实际转速很高，活塞每一个行程历时相当短，势必会造成进气不足和排气不净，从而使发动机功率下降。因此，现代发动机都采取延长进、排气时间的方法，即实际开闭时刻不是恰好在上、下止点，而是提前开、迟后关一定的曲轴转角，以此改善进、排气状况，从而提高发动机的动力性。

**2. 进气门的配气相位**

（1）进气提前角

在排气行程接近终止、活塞到达上止点之前，进气门便开始开启，从进气门开始开启到活塞移到上止点所对应的曲轴转角 $\alpha$ 称为进气提前角。进气门提前开启的目的是保证进气行程开始时进气门已开启，减小进气阻力，新鲜气体能顺利地进入气缸。

（2）进气迟后角

在进气行程到达下止点，活塞再上行一段距离后，进气门才关闭。从下止点到进气门关闭所对应的曲轴转角 $\beta$ 称为进气迟后角。进气门迟后关闭的目的是：活塞到达下止点时，气缸内压力仍低于大气压力，并且气流还有相当大的惯性，可以利用气流惯性和压力差继续进气。

由此可见，进气门开启持续时间内的曲轴转角，即进气持续角，为 $\alpha + 180° + \beta$。$\alpha$ 角一般为 $10° \sim 30°$，$\beta$ 角一般为 $40° \sim 80°$。

**3. 排气门的配气相位**

（1）排气提前角

在做功行程接近终止，活塞到达下止点之前，排气门便开始开启。从排气门开始开启到下止点所对应的曲轴转角 $\gamma$ 称为排气提前角。排气门提前开启的目的是：当做功行程活塞接近下止点时，气缸内的气体还有 $0.30 \sim 0.50$ MPa 的压力，此压力对做功的作用已经不大，但仍比大气压力高，可使气缸内的废气迅速地自由排出，待活塞到达下止点时，气缸内只剩 $0.11 \sim 0.12$ MPa 的压力，使排气行程所消耗的功率大为减小；此外，高温废气迅速地排出，还可以防止发动机过热。

（2）排气迟后角

活塞越过上止点后，排气门才关闭。从上止点到排气门关闭所对应的曲轴转角 $\delta$ 称为排气迟后角。排气门迟后关闭的目的是：活塞到达上止点时，气缸内的残余废气压力高于大气压力，加之排气时气流有一定的惯性，可以把废气排放得更干净。

由此可见，排气门开启持续时间内的曲轴转角，即排气持续角，为 $\gamma + 180° + \delta$。$\gamma$ 角一般为 $40° \sim 80°$，$\delta$ 角一般为 $10° \sim 30°$。

**4. 气门叠开**

由于进气门在活塞到达上止点前已经开启，而排气门在上止点后才关闭，所以会出现在一段时间内进、排气门同时开启的现象，这种现象叫作气门叠开。同时，开启的曲轴转角 $\alpha + \delta$ 称为气门叠开角。由于新气和废气的流动惯性都比较大，在短时间内是不会改变流向的，因此，只要气门叠开角度选择适当，就不会有废气倒流入进气管及新气随同废气排出的可能性。相反，由于废气周围有一定的真空度，对排气速度有一定影响，从进气门进入的少量新气可对此真空度加以填补,有助于废气的排出。

不同发动机,由于结构形式、转速各不相同,其配气相位也不相同。同一台发动机,若转速不同,那么也应有不同的配气相位,转速越高,提前角和迟后角也应越大,但这种结构复杂,仅在少数发动机上采用。采用不变配气相位的发动机只适用于某一常用的转速。最有利的配气相位需通过反复试验确定。

## 随堂测试

1. 配气机构的功用是按照发动机的工作顺序和_____的要求,定时开启和关闭各缸的_____气门,使新气进入气缸,废气从气缸排出。

2. 用_____表示的进、排气门实际开闭时刻和_____持续时间,称为配气相位。

3. 发动机工作时,进入气缸内的新气量越多,其动力性能_____。

4. 由于进气门在上止点前即开启,而排气门在上止点后才关闭,所以会出现在一段时间内_____的现象,这种现象叫作气门叠开。

## 任务实施

### 任 务 工 单

| 任务名称：绘制配气相位图 ||||
|---|---|---|---|
| 姓名： || 班级： | 学号： |
| 任务描述 || 针对某一型号发动机的参数配置表，绘制配气相位图，在学习小组或班级里汇报交流 ||
| 能力目标 || 1. 能够解答客户关于发动机进、排气方面的咨询；<br>2. 能够绘制配气相位图；<br>3. 树立以客户为中心的理念，增强服务意识；<br>4. 具有与客户沟通交流的能力；<br>5. 具备基本的识图能力；<br>6. 具备信息搜集和处理的能力 ||
| 实施准备 || 1. 教学用车辆或发动机；<br>2. 车辆及发动机相关文件；<br>3. 汇报用纸、笔、翻页板等 ||
| 实施步骤 | 自主学习 | 学习相关知识，获取相关信息，获取某一型号发动机有关配气相位的参数；个人制作发动机配气相位图 ||
|  | 小组讨论 | 以学习小组形式进行讨论，形成小组汇报成果 ||
|  | 小组汇报 | 汇报小组成果；<br>按规范做好5S ||
| 自我反思 || 在专业能力、关键能力等方面的收获或体会： ||

## 任务 3-2　拆装配气机构

 **学习内容**

1. 配气机构的基本组成及工作原理；
2. 配气机构的类型；
3. 配气机构主要部件的结构特点；
4. 配气机构的拆装。

 **能力要求**

1. 能够解答客户关于发动机配气机构方面的咨询；
2. 针对某一型号发动机，能够分析配气机构的类型及其工作原理；
3. 能够分析配气机构主要部件的结构特点；
4. 能够准确选用工、量具；
5. 能够对配气机构进行解体与组装，并进行相关的检查与测量；
6. 树立以客户为中心的理念，增强服务意识；
7. 具有与客户沟通交流的能力；
8. 具备基本识图的能力；
9. 具备信息搜集和处理的能力。

 **任务引入**

配气机构是发动机重要的两大机构之一。配气机构有不同的类型，你能准确地向客户进行介绍吗？在进行售后服务作业时，经常需要更换配气机构的部件，你能规范地进行配气机构的解体与组装并进行准确的检查与测量吗？通过下面的学习，相信你会找到答案。

 **任务描述**

请你针对某一型号车辆的参数配置表，向客户解释发动机配气机构的类型；针对某一具体车辆发动机的实物或图片，向客户说明该发动机配气机构的结构及特点；按要求解体和组装发动机配气机构并进行必要的检查。

## 相关知识

### 一、配气机构的基本组成及工作原理

配气机构由气门组和气门传动组两部分组成，如图3-2所示。气门组的组成与配气机构的形式基本无关，但大致相同，主要部件包括气门、气门弹簧等。气门传动组包括驱动气门动作的所有部件，其组成根据配气机构的形式不同而异，主要部件包括凸轮、挺柱、推杆、摇臂等。

发动机工作时，曲轴通过正时齿轮驱动凸轮轴旋转，当凸轮的上升段顶起挺柱时，经推杆和气门间隙调整螺钉推动摇臂绕摇臂轴摆动，压缩气门弹簧使气门开启。当凸轮的下降段与挺柱接触时，气门在气门弹簧的作用力下逐渐关闭。

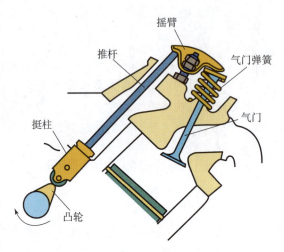

图3-2　配气机构基本组成

发动机工作时，气门及其传动件，如挺柱、推杆等，都将因温度升高而膨胀伸长。如果气门及其传动件之间在冷态时无间隙或间隙过小，则在热态下，气门及其传动件的受热膨胀势必会引起气门关闭不严，造成发动机在压缩和做功行程中漏气，从而使功率下降，严重时甚至不易起动。为了消除这种现象，通常留有适当的气门间隙，以补偿气门受热后的膨胀量。气门间隙的大小由发动机制造厂家根据试验确定，在冷态时，进气门的间隙一般为0.25～0.30 mm，排气门的间隙为0.30～0.35 mm。气门间隙过大，将影响气门的开启量，同时，在气门开启时产生较大的冲击响声。为了能对气门间隙进行调整，在摇臂（或挺柱）上装有调整螺钉及其锁紧螺母。在装用液力挺柱的配气机构中，不需要预留气门间隙。

由于四冲程发动机完成一个工作循环需要曲轴转两圈，而各缸只进、排气一次，即凸轮轴只需转一圈，因此曲轴与凸轮轴的传动比为2∶1。

### 二、配气机构的类型

配气机构可按气门的布置位置、凸轮轴的布置位置、凸轮轴的传动方式、每个气缸的气门数目及其排列方式等分为不同类型。

#### 1. 气门的布置位置

配气机构按气门的布置位置不同，分为气门顶置式配气机构和气门侧置式配气机构。现代汽车发动机均采用气门顶置式配气机构，如图3-3所示。进、排气门置于气缸盖内，气门头朝下，倒挂在气缸盖上。

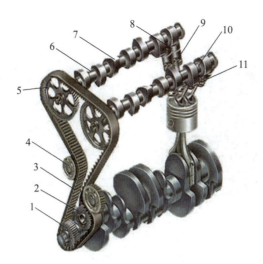

1—曲轴正时带轮；2—中间轴正时带轮；3—齿形带；4—张紧轮；5—凸轮轴正时带轮；6—进气凸轮轴；
7—凸轮；8—液压挺柱；9—进气门组件；10—排气凸轮轴；11—排气门组件。

图 3-3 气门顶置式配气机构

### 2. 凸轮轴的布置位置

配气机构按凸轮轴的布置位置不同，可分为下置式、中置式和顶置式三种。

凸轮轴置于曲轴箱内的配气机构称为凸轮轴下置式配气机构，如图 3-2 所示。凸轮轴下置式配气机构的主要优点是凸轮轴与曲轴位置靠近，可以简单地用一对齿轮传动。缺点是零件多，传动链长，整个机构的刚度差。在较高转速时，其可能破坏气门的运动规律和气门的正时启闭，因此多用于转速较低的发动机，如货车用的柴油机等。

凸轮轴中置式配气机构的凸轮轴布置在气缸体中部，如图 3-4 所示，由凸轮轴经过挺柱直接驱动摇臂。与凸轮轴下置式配气机构相比，中置式配气机构省去了推杆，从而减小了配气机构的往复运动质量，增大了机构的刚度，更适用于较高转速的发动机。有些凸轮轴中置式配气机构的组成与凸轮轴下置式配气机构没有什么区别，只是推杆较短而已。

图 3-4 凸轮轴中置式配气机构

凸轮轴顶置式配气机构的凸轮轴直接布置在气缸盖上。凸轮轴可直接通过摇臂来驱动气门或凸轮轴直接驱动气门，如图 3-5 所示，它节省了挺柱和推杆，使往复运动质量大大减小。其主要优点是运动件少、传动链短、整个机构的刚度大，适用于高速发动机。由于气门排列和气门驱动形式的不同，凸轮轴顶置式配气机构有多种多样的结构形式。

根据顶置气门凸轮轴的个数，又分为单顶置凸轮轴（SOHC）和双顶置凸轮轴（DOHC）两种。

单顶置凸轮轴仅用一根凸轮轴同时驱动进、排气门，结构简单，布置紧凑。双顶置凸轮轴由两根凸轮轴分别驱动进气门和排气门。

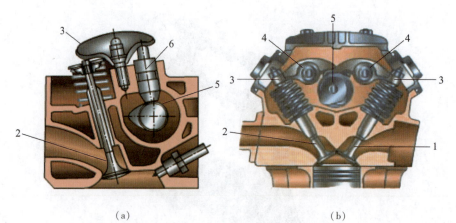

1—进气门；2—排气门；3—摇臂；4—摇臂轴；5—凸轮轴；6—液压挺柱。

图 3-5　凸轮轴顶置式配气机构

（a）凸轮驱动液压挺柱；（b）凸轮驱动摇臂

图 3-6 所示为高尔夫 7 和迈腾轿车所采用的 EA211 发动机配气机构。该发动机采用的是四气门技术，进气门以 21°角安装，排气门以 22.4°角安装，两者均安装在燃烧室的顶部，由带有液压支撑元件的滚子摇臂驱动。由于采用多气门技术且气门杆的直径缩减为 5 mm，因此可提高充气效率和高速运行平稳性。

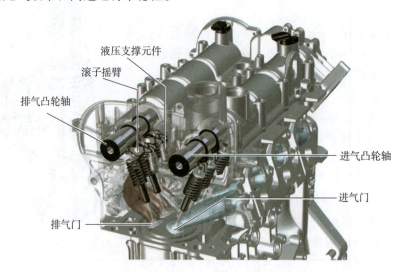

图 3-6　捷达王轿车 EA211 型发动机配气机构部件图

### 3. 凸轮轴的传动方式

凸轮轴由曲轴带动旋转，它们之间的传动方式有齿轮传动、链传动及齿形带传动等。

（1）齿轮传动

凸轮轴下置式、中置式配气机构中，由于凸轮轴与曲轴位置较近，大多数采用圆柱正时齿轮传动。汽油机一般只用一对正时齿轮，即曲轴正时齿轮和凸轮轴正时齿轮。柴油机需要同时驱动喷油泵，所以增加一个中间齿轮，如图 3-7 所示。为了啮合平稳，减小噪声和磨损，正时齿轮一般都采用斜齿轮，并用不同材料制成，曲轴正时齿轮常用钢来制造，而凸轮轴正时齿轮则用铸铁或夹布胶木制成。

图3-7 柴油机正时齿轮装置

（2）链传动

链传动特别适用于凸轮轴上置式配气机构，图3-8所示为奥迪Q7发动机链传动机构。为使工作中链条有一定的张力而不脱链，通常装有导链板和张紧器。链传动的主要缺点是工作可靠性和耐久性不如齿轮传动，它的传动性能主要取决于链条的生产质量。

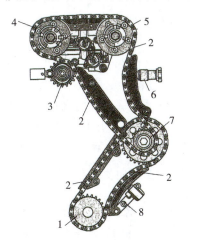 

1—曲轴定时链轮；2—导链板；3—高压燃油泵驱动链轮；4—进气凸轮轴定时链轮；5—排气凸轮轴定时链轮；6、8—液压链条张紧器；7—机油泵驱动链轮；9—排气凸轮轴驱动；10—液压链条张紧器；11—正时链张紧导轨；12—机油泵驱动；13—正时链滑轨；14—进气凸轮轴驱动。

图3-8 凸轮轴的链传动装置

（3）齿形带传动

近年来在高速汽车发动机上还广泛采用齿形带代替传动链，如图3-9所示。这种齿形带用氯丁橡胶制成,中间夹有玻璃纤维,以增加强度。采用齿形带传动,能减小噪声和结构质量,对降低成本也有好处。一汽奥迪 A4L/A6L 和迈腾/高尔夫等轿车的发动机配气机构均采用齿形带传动。

图 3-9 齿形带传动装置

### 4. 每个气缸的气门数目及其排列方式

（1）气门数目

发动机通常都采用每缸两个气门,即一个进气门和一个排气门的结构。为了进一步改善气缸的换气性能,在结构允许的条件下,应尽量增大进气门头部的直径。当气缸直径较大,活塞平均线速度较高时,每缸一进一排的气门结构就不能保证良好的换气质量,因此,在很多中、高级新型轿车和运动型汽车的发动机上普遍采用每缸多气门结构,有 3、4、5 个气门,其中尤以四气门发动机最多。四气门发动机每缸 2 个进气门和 2 个排气门,如图 3-10 所示。其突出优点是气门通过面积大,进气充分,排气彻底,发动机的转矩和功率得以提高。另外,每缸采用 4 个气门,每个气门的头部直径较小,每个气门的质量减小,运动惯性力减小,有利于提高发动机转速。还有,四气门发动机多采用篷形燃烧室,火花塞布置在燃烧室中央,有利于燃烧。缺点是发动机零件数目增多,制造成本增加。奔驰 190E、320E、奥迪 V8、尼桑 VH45DE、VG30DEV6 及欧宝 V6 等汽车发动机均为四气门发动机。

三气门发动机每缸 2 个进气门、1 个排气门,排气门的头部直径比进气门的大。与两气门发动机相比,进气量明显增加,其他方面不如四气门发动机,特别是火花塞很难布置在燃烧室中央,对燃烧不利。斯巴鲁 J12、丰田 A2E 等发动机为每缸三气门发动机。

五气门发动机每缸 3 个进气门、2 个排气门,如图 3-11 所示。这种结构能够明显增加进气量,这方面比四气门还优越。但是结构也变得非常复杂,尤其是增加了燃烧室表面积,对燃烧不利。捷达王 EA113 型、三菱 3G81 型等汽车发动机均为五气门发动机。

项目三　发动机配气机构工作过程分析

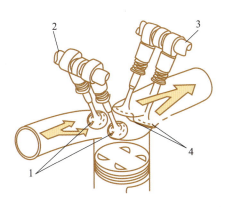

1—进气门；2—进气凸轮轴；3—排气凸轮轴；4—排气门。
图3-10　四气门配气机构

图3-11　五气门配气机构

（2）气门排列方式

当发动机每缸采用两气门时，气门的布置有两种方式：一种方式是将所有气门沿机体纵向轴线排成一列，这样，相邻两缸同名气门就有可能合用一个气道，并得到较大的气道通过截面；另一种方式是将进、排气门交替布置，每缸单独占用一个气道，这样有助于气缸盖冷却均匀。柴油机中为避免进气受到预热而影响充气效率，把进、排气道分别置于气缸盖的两侧。汽油机的进、排气道通常置于气缸盖的同一侧，以便排气对进气进行预热。

当发动机每缸采用四气门时，气门排列也有两种方式：一种是同名气门排成两列，如图3-12（a）所示；另一种是同名气门排成一列，如图3-12（b）所示。在前一种布置方式中，所有气门可由一个凸轮轴通过T形驱动件同时驱动，结构简单，但由于两个气门串联，会影响充气效率且使前后两排气门热负荷不均匀，这种方案不常采用；后一种方式在组织进气涡流、保证排气门及缸盖热负荷均匀等方面都具有相当的优越性，但一般需用两根凸轮轴分别驱动进气门和排气门，结构稍显复杂。

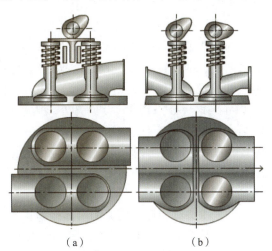

图3-12　每缸四气门的布置
（a）同名气门排成两列；（b）同名气门排成一列

## 三、配气机构主要部件的结构特点

### （一）气门组

气门组的作用是实现气缸的密封。气门组的组成如图3-13所示，主要有气门、气门弹簧、弹簧座、气门油封、气门锁夹等部件。

·103·

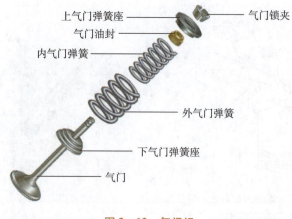

图 3-13 气门组

### 1. 气门

气门分为进气门和排气门。气门的功用是与气门座相配合，对气缸进行密封，并按工作循环的要求定时开启和关闭，使新气进入气缸、废气排出气缸。气门由头部和杆部两部分组成，头部用来封闭进、排气通道，杆部用来在气门开闭过程中起导向作用。

由于气门在高温、高压、散热困难、润滑差、受燃气中腐蚀介质的腐蚀等很差的条件下工作，所以要求气门材料必须有足够的刚度、强度、耐高温和耐磨损。通常进气门采用中碳合金钢（如镍钢、镍铬钢和铬钼钢等），排气门则采用耐热合金钢（如硅铬钢、硅铬钼钢等）。另外，为了改善气门的导热性能，可在气门内部充注金属钠，如图 3-14 所示。由于钠在 970 ℃ 时为液态，液态钠可将气门头部的热量传给气门杆，冷却效果十分明显。捷达王轿车 EA113 型发动机及奥迪 A6L 轿车发动机排气门即采用充钠气门。

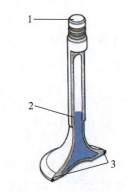

1、3—镶装硬质合金；2—充钠。

图 3-14 充钠排气门

气门是由头部和杆部构成的两部分圆弧连接而成的。气门头部由气门顶部和密封锥面组成，而气门杆部的形状取决于气门弹簧座的固定方式。

气门头部的形状主要分为平顶、凹顶和凸顶三种，如图 3-15 所示。目前使用最多的是平顶气门头部。平顶气门头部结构简单，制造容易，吸热面积较小，质量小，进、排气门均可采用。凹顶头部与杆部的过渡部分具有一定的流线形，气流流通较便利，可减小进气阻力，但其顶部受热面积较大，故多用于进气门，而不适用于排气门。凸顶气门头部的强度高，排气阻力小，废气排出效果好，适用于排气门，但凸顶气门头部的受热面积大，质量和惯性力也大，加工较困难。

气门密封锥面是与杆身同心的圆锥面，用来与气门座接触，起到密封气道的作用。采用密封锥面的目的有以下几方面：

①能获得较大的气门座合压力，以提高密封性和导热性。

②气门落座时有定位作用。

③避免使气流拐弯过大而降低速度。

④能挤掉接触面的沉淀物，起到自洁作用。

图 3-15　气门头部的结构形状
(a) 平顶；(b) 凹顶；(c) 凸顶

气门密封锥面与顶平面之间的夹角，称为气门锥角，如图 3-16 所示。气门锥角一般做成 45°，有的发动机进气门做成 30°，这是因为在气门升程相同的情况下，当气门锥角较小时，可获得较大的气流通过截面积，进气阻力较小。但锥角较小的气门头部边缘较薄，刚度较小，使用过程中容易变形，导致气门头部与气门座的密封性和导热性变差。因为排气门温度较高，导热要求也很高，故排气门的锥角多为 45°。虽然气流阻力较大，但由于排气压力高，影响不大。

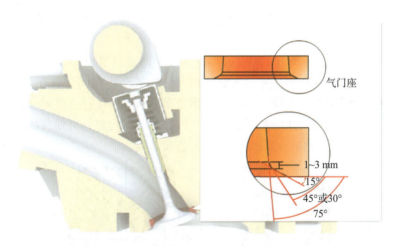

图 3-16　气门锥角

一般气门锥角比气门座或气门座圈锥角小 0.5°~1°，其作用是使两者不以锥面的全宽接触，这样可以增加密封锥面的接触压力，加速磨合，并能切断和挤出两者之间的积垢和积炭，保持锥面良好的密封性。

气门顶边缘与气门密封锥面之间应有一定的厚度，一般为 1~3 mm，以防在工作中受到冲击损坏或被高温气体烧坏。

气门头部直径越大，气门口通道截面就越大，进、排气阻力就越小。由于最大尺寸受燃烧室结构的限制，考虑到进气阻力比排气阻力对发动机性能的影响大得多，为尽量减小进气阻力，进气门直径往往大于排气门。另外，排气门稍小一些，并且不易变形。

气门杆与气门导管配合，为气门开启和关闭过程中的上下运动导向。气门杆是圆柱形的，在气门导管中不断上下往复运动。气门杆头部应具有较高的加工精度和较小的表面粗糙度值，与气门导管保持正确的配合间隙，以减小磨损和起到良好的导向、散热作用。气门杆尾部结构取决于气门弹簧座的固定方式，如图3-17所示。常用的结构是用剖成两半的气门锥形锁夹2或卡块3来固定气门弹簧座，如图3-17（a）~（e）所示，这时气门尾端1可切出环形槽来安装锁夹或卡块，也可以用圆柱锁销4来固定气门弹簧座，如图3-17（f）所示，对应的气门杆尾部应有一个用来安装锁销的径向孔。

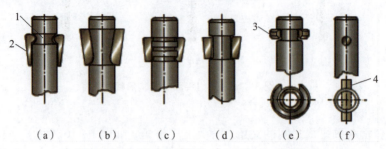

1—气门尾端；2—气门锥形锁夹；3—卡块；4—圆柱锁销。

图3-17　气门弹簧座的固定方式

### 2. 气门导管

气门导管的功用是为气门的运动导向，保证气门做往复直线运动，当气门关闭时，能正确地贴合气门座，并为气门杆散热。气门导管通常单独加工，再被压入气缸盖的承孔中。由于润滑较困难，气门导管一般用含石墨较多的铸铁或粉末冶金制作而成，可以提高自润滑效果。

气门导管的结构如图3-18（a）所示。为了便于调换或修理，气门导管内、外圆柱面经加工后被压入气缸盖导管孔中，然后再精铰内孔。为了防止气门导管在使用过程中脱落，有的发动机对气门导管用卡环定位，再用气门弹簧座将卡环压住，这样导管就有可靠的轴向定位了。气门杆与气门导管之间一般留有0.05~0.12 mm的间隙，可使气门杆在导管中自由运动。

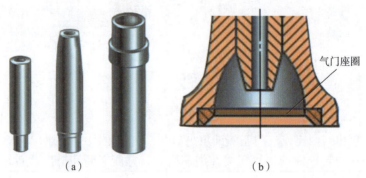

图3-18　气门导管与气门座
(a) 气门导管；(b) 气门座

### 3. 气门座

气缸盖上的进、排气道与气门锥面相结合的部位称为气门座。气门座与气门头部一起对气缸起密封作用，同时接收气门头部传来的热量，起到气门散热的作用。

气门座的形式有两种：一是在气缸盖上直接镗出；二是单独加工后被镶嵌在气缸盖承孔中，如图3-18（b）所示。

在气缸盖上直接镗出的气门座散热效果好,使用过程中不存在脱落而造成的事故,但存在着不耐高温、耐磨损性差、不便于修理更换等缺点。多数发动机的气门座单独制成座圈,然后被压装到气缸盖座孔内。气门座圈与座孔有一定的过盈配合量,以防止发动机工作时气门座脱落。

**4. 气门弹簧**

气门弹簧是圆柱形或圆锥形的螺旋弹簧,位于气缸盖与气门杆尾端弹簧座之间。其功用是克服气门关闭过程中气门及传动件产生的惯性力,从而保证气门及时落座并与气门座及气门座圈紧密贴合,同时,也可以防止气门在发动机振动时因跳动而破坏密封。因此,要求气门弹簧具有足够的刚度和安装的预紧力。

气门弹簧多采用优质合金钢丝卷绕成螺旋状,磨平弹簧两端,以防止工作中弹簧产生歪斜,如图 3-19 所示。为了提高弹簧的疲劳强度,弹簧丝表面要做磨光、抛光或喷丸处理。对弹簧丝表面,还必须进行发蓝或磷化处理,以免在使用中生锈。

为了防止弹簧发生共振,可采用变螺距的圆柱形弹簧,如图 3-19(b)所示。有些发动机同一个气门装有同心安装的内、外两根气门弹簧,如图 3-19(c)所示,这样不但可以防止共振,而且当其中一根弹簧折断时,另一根仍可维持工作;此外,还能减小气门弹簧的高度。当装用两根气门弹簧时,气门弹簧的螺旋方向和螺距应各不相同,这样可以防止折断的弹簧圈卡入另一个弹簧圈内。

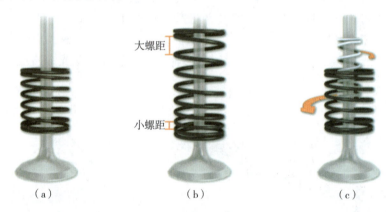

图 3-19 气门弹簧
(a) 圆柱形螺旋弹簧——螺距相等,直径相等;(b) 变螺距弹簧——上、下螺距不等;
(c) 双弹簧——内、外弹簧旋向相反

如果气门在工作中能相对于气门座缓慢地旋转,则二者之间的密封性和使用寿命可大幅度提升。这是因为气门旋转时,一方面可使气门头圆周温度均匀,减小了气门头部受热变形的可能性;另一方面还有助于清除密封锥面上的沉积物,使气门与气门座保持良好的接触,保证散热和密封;此外,气门的旋转还可减少沉积物对气门杆的黏滞,从而使气门及时落座。为此,有些发动机加装有气门旋转装置,如图 3-20 所示。

**(二) 气门传动组**

气门传动组主要包括凸轮轴、凸轮轴正时齿轮(正时带轮或正时链轮)、挺柱。有的发动机采用摇臂结构,在这种情况下,气门传动组中还包括推杆、摇臂、摇臂轴等部件。

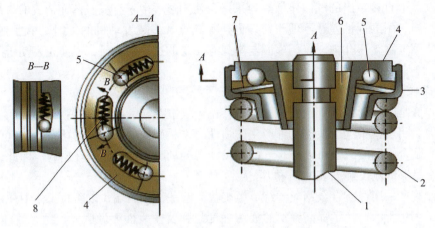

1—气门；2—气门弹簧；3—气门弹簧座；4—旋转机构壳体；
5—钢球；6—气门锁夹；7—碟形弹簧；8—复位弹簧。

图 3-20 气门旋转装置

## 1. 凸轮轴

如图 3-21 所示，凸轮轴上加工有凸轮、凸轮轴轴颈等。凸轮用于保证各缸进、排气门按一定的工作次序和配气相位及时开闭。凸轮轴通过轴颈固定在气缸体或气缸盖上。由于凸轮受气门间歇性开启产生的周期性冲击载荷的影响，因此要求凸轮表面耐磨，凸轮轴要有足够的韧性和刚度。凸轮轴一般用优质钢模锻而成，也有用合金铸铁或球墨铸铁铸造而成的。凸轮和轴颈的工作表面经热处理后再被精磨和抛光，直至使其具有足够的硬度和耐磨性。

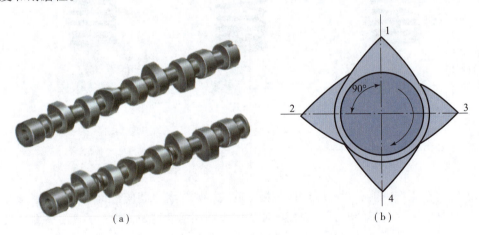

图 3-21 汽车发动机凸轮轴
(a) 发动机进、排气凸轮轴；(b) 四缸四冲程进（排）气凸轮投影

凸轮是凸轮轴的重要组成部分。凸轮的轮廓决定了气门升程、气门开闭的持续时间和运动规律。凸轮的轮廓形状如图 3-22 所示。$O$ 点为凸轮轴的旋转中心，圆弧 $EA$ 为凸轮的基圆。当凸轮按图示方向转过 $EA$ 圆弧时，挺柱处于最低位置不动，气门处于关闭状态。对于普通挺柱而言，凸轮转过 $A$ 点后，挺柱开始上移，但由于气门间隙的存在，气门并没有开启。凸轮转至 $B$ 点与挺柱接触时，气门间隙消除，气门开始开启。凸轮转到 $C$ 点与挺柱接

触时，气门开度达到最大。凸轮轴继续转动，挺柱开始下移，气门在气门弹簧的作用下开始关闭。当凸轮转到 D 点与挺柱接触时，气门完全关闭。此后，挺柱继续下落，出现气门间隙，至 E 点挺柱又处于最低位置。$\varphi$ 对应着气门开启持续角，$\rho_1$ 和 $\rho_2$ 则分别对应着消除和恢复气门间隙所需的转角。凸轮轮廓 BCD 弧段为凸轮的工作段，其形状决定了气门的升程及升降过程的运动规律。

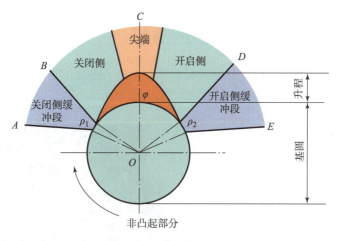

图 3-22　凸轮的轮廓形状

凸轮轮廓曲线是对称的，在凸轮轮廓与基圆结合处，设有一小段缓冲段，以减小气门在打开和落座时受到的冲击，同时减小噪声与磨损。由于气门打开的凸轮 BC 段受力要大于落座的 CD 段，因此 BC 段的磨损要大于 CD 段。所以，使用一段时间后，当气门开启时间推迟，开启持续角减小时，气门的升程就会有所降低，发动机的充气效率下降。

大多数发动机凸轮轴上一个凸轮驱动一个气门。对于每缸两气门配气机构而言，凸轮轴上凸轮的数量是缸数的两倍，其中一半数量为进气凸轮，用来驱动进气门；另一半数量为排气凸轮，用来驱动排气门。

如图 3-21 所示，我们可以看出，同一个气缸的进、排气凸轮的相对角位置是与既定的配气相位相适应的。发动机各个气缸的进、排气凸轮的相对角位置应符合发动机各缸的做功次序和间隔时间的要求。因此，根据凸轮轴的旋转方向以及各缸进、排气凸轮的工作顺序，就可以判定发动机的做功次序。对于四缸四冲程发动机来说，每完成一个工作循环，曲轴须旋转两圈而凸轮轴只旋转一圈，在此期间，每个气缸都要进行一次进气或排气，并且各缸进气或排气的时间间隔相等，即各缸进、排气凸轮彼此间的夹角均为 360°/4 = 90°。如图 3-21（b）所示，四缸四冲程汽车发动机的做功次序为 1-3-4-2（凸轮轴旋转方向，从前端向后看，如图中箭头所示）。图 3-23 所示的六缸四冲程汽车发动机的做功次序为 1-5-3-6-2-4，任何两个相继做功的气缸进气或排气凸轮间的夹角均

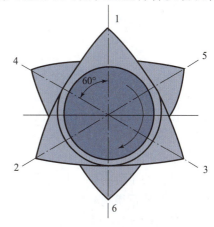

图 3-23　六缸四冲程汽车发动机进（排）气凸轮投影

为 $360°/6=60°$。

凸轮轴由曲轴通过传动机构驱动，传动机构有正时齿轮、正时齿形带和正时链条等。曲轴正时齿轮（正时带轮或正时链轮）与凸轮轴正时齿轮（正时带轮或正时链轮）分别用键装在曲轴和凸轮轴的前端，其传动比为2∶1。安装传动机构时，应特别注意曲轴正时齿轮（正时带轮或正时链轮）与凸轮轴正时齿轮（正时带轮或正时链轮）的相对位置关系。齿轮安装不当，会影响正确的配气相位和点火时刻，严重影响发动机的动力性和经济性，甚至无法工作。一般制造厂家在齿轮出厂时为其打上配对记号，称为正时记号，应严格按记号安装，如图3-24（a）所示。

凸轮轴顶置式发动机的正时记号通常有两处：一处为曲轴正时记号，另一处为凸轮轴正时记号，安装时，两处都必须对齐，如图3-24（b）所示。

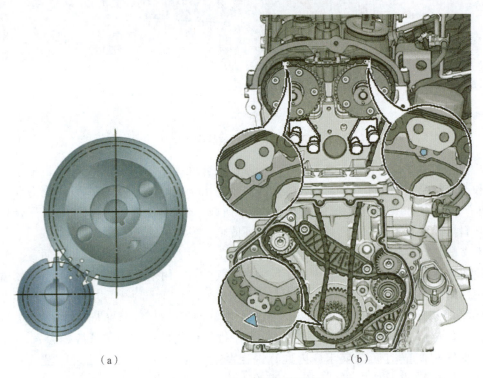

（a） （b）

图3-24　正时齿轮安装记号

**2. 挺柱**

挺柱的作用是将凸轮的推力传递给推杆或气门杆，并承受凸轮轴旋转时所施加的侧向力。挺柱可分为普通挺柱和液力挺柱两种。

（1）普通挺柱

配气机构采用的普通挺柱有筒式和滚轮式两种结构形式，如图3-25所示。筒式挺柱圆周钻有通孔，便于筒内收集的机油流出，以对挺柱底面及凸轮进行润滑；另外，由于挺柱中间为空心，其质量得到减小。滚轮式挺柱可以减轻磨损，但结构较复杂，质量较大，多用于大缸径柴油机的配气机构。

挺柱工作时，由于受凸轮侧向推力的作用，会稍有倾斜，并且侧向推力方向是一定的，这些将引起挺柱与导管之间的单面磨损，同时，挺柱与凸轮固定不变地在同一处接触，也会造成磨损不均匀。为此，挺柱的结构有的被制成球面的形状，而且把凸轮面制成带锥度的形状，如图 3-26 所示。这样凸轮与挺柱的接触点会偏离挺柱轴线，当挺柱被凸轮顶起上升时，接触点的摩擦力使其绕本身轴线转动，以达到磨损均匀的目的。

图 3-25　普通挺柱
（a）筒式；（b）滚轮式

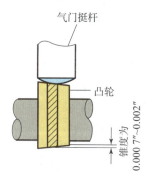

图 3-26　减轻底面磨损的结构措施

（2）液力挺柱

发动机工作时，由于气门间隙的存在，配气机构中发生撞击而产生噪声。为解决噪声，现代发动机普遍采用液力挺柱，如图 3-27 所示。挺柱体是液力挺柱的基础件，外圆柱面上加工有环形油槽，顶部内侧加工有键形油槽，中部内圆柱面与液压缸配合。液压缸内装有柱塞，两者存在相对运动。单向阀弹簧将单向阀压靠在柱塞的阀座上，该弹簧还可以使挺柱顶面与凸轮轮廓线保持紧密接触，从而消除气门间隙。

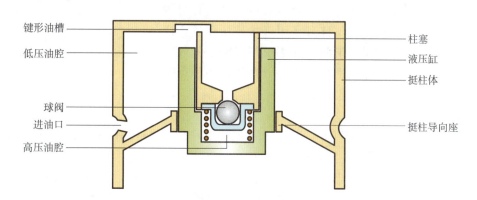

图 3-27　液力挺柱结构

油缸与柱塞、单向阀与单向阀弹簧装配在一起，构成了气门间隙补偿偶件。球阀将油缸下部和柱塞上部分隔成两个油腔。当球阀关闭时，柱塞上部为低压油腔，油缸下部为高压油腔；当球阀打开时，上、下油腔连通。发动机工作时，机油可以通过缸盖上的主油道及专门的量孔、斜油孔进入挺柱环形油槽，再经键形油槽进入柱塞上部的低压油腔，这样缸盖上主油道与液力挺柱的低压油腔之间便形成了一个通路。

液力挺柱装在气缸盖上的挺柱孔内，挺柱顶面与凸轮接触，液压缸底面则与气门杆端接触。当凸轮轴转动，凸轮的升程段与挺柱顶面接触时，挺柱在凸轮推动力作用下向下移动，高压油腔内的机油被压缩，单向阀在压力差和单向阀弹簧的作用下关闭，高、低压油腔被分隔开。由于液体的不可压缩性，整个挺柱如同一个刚体一样下移推开气门并保证了气门升程，此时挺柱体上的环形油槽已离开了气缸盖上的进油位置，停止进油。当挺柱开始上行返回时，在弹簧向上顶压和凸轮下压的作用下，高压油腔继续封闭，液力挺柱仍可认为是一个刚体，直至上行到凸轮处于基圆即气门关闭时为止。此时，气缸盖主油道中的机油经量油孔、斜油孔和挺柱体上的环形油槽再次进入挺柱的低压油腔，由于挺柱不再受凸轮推动力和气门弹簧力的作用，高压油腔中的机油与回位弹簧推动柱塞上行，高压油腔的油压下降，单向阀打开，低压油腔中的机油流入高压油腔，使两腔连通，充满机油。这时，液力挺柱的顶面仍然和凸轮表面紧贴，从而起到了补偿气门间隙的作用。当气门受热膨胀时，柱塞和油缸做轴向相对运动，高压油腔中的机油可经过液压缸与柱塞间缝隙被挤入低压油腔。所以，使用液力挺柱时，可以不预留气门间隙。

### 3. 推杆

推杆常用于载货汽车发动机的配气机构。推杆的作用是将凸轮轴经过挺柱传来的推力传递给摇臂，它是配气机构中最易弯曲的细长部件。为了减小质量并保证有足够的刚度，推杆通常采用冷拔无缝钢管制成，对于缸体和缸盖都是铝合金制造而成的发动机，其推杆最好用硬铝制造。推杆可以制造成实心的，也可以制造成空心的。实心推杆如图 3-28（a）所示，一般是同球形支座锻成一个整体，然后进行热处理。图 3-28（b）所示是硬铝棒制成的推杆，推杆两端配以钢制的支承，其上、下端头与杆身做成一体。空心推杆如图 3-28（c）所示，实心推杆的球头与杆身做成整体，而空心推杆的两端与杆身是用焊接或压配的方法连成一体，并且具有不同的形状，这不仅与摇臂上的气门间隙调整螺钉的球形头部相适应，还可以在凹球内积存少量的润滑油，以达到减轻磨损的效果。

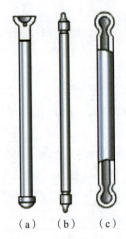

图 3-28 推杆
(a)(b) 实心推杆；(c) 空心推杆

### 4. 摇臂

摇臂是一个中间带有圆孔的不等长双臂杠杆，其作用是将推杆传来的力改变方向后，作用到气门杆尾部推开气门。

摇臂的长臂端部以圆弧形的工作面与气门尾端接触后，推动气门，如图 3-29（a）所示。短臂的端部有螺孔，用来安装调整螺钉及锁紧螺母，以便调整气门间隙。螺钉的球头与推杆顶端的凹球座相连接。由于靠气门一端的摇臂比另一端的长，所以在一定的气门升程下，可减小推杆、挺柱等运动件的运动距离和加速度，从而减小了工作中的惯性力。如图 3-29（b）所示，薄板冲压而成的摇臂与液压挺柱联用，所以摇臂上不安装气门间隙的调整螺钉。

摇臂是由锻钢、可锻铸铁、球墨铸铁或铝合金制造而成的。

为了防止摇臂的窜动，在摇臂轴上每两个摇臂之间都装有定位弹簧，如图 3-30 所示。在一些轿车中，有些发动机取消了摇臂，由凸轮轴凸轮直接驱动气门。

项目三 发动机配气机构工作过程分析

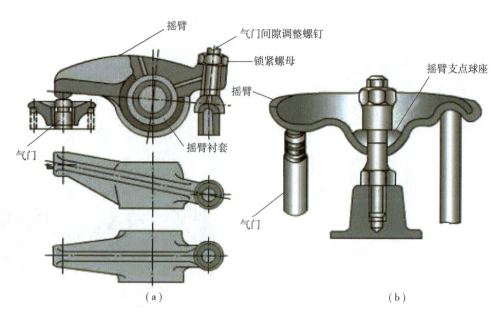

图 3-29 摇臂
(a) 摇臂结构；(b) 薄板摇臂

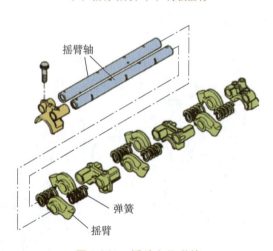

图 3-30 摇臂定位弹簧

 **四、配气机构的拆装**

大众汽车 CHHB/CUGA 发动机的配气机构装配在气缸盖上，其发动机配气机构的拆解图如图 3-31 所示。

**（一）配气机构的拆装**

①将气缸盖罩上所有的附件全部拆除。

②拆卸进、排气凸轮轴调节器。如图 3-32 所示，先拔出凸轮轴调节器插头 1 和 3，将干净的抹布置于调节器的下方，拧出螺栓，取出调节器 2 和 4。

· 113 ·

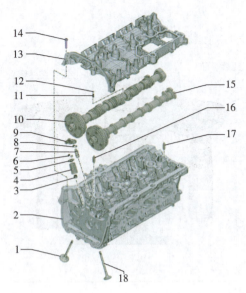
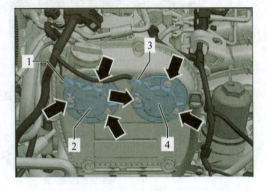

图3-32 拆卸凸轮轴调节器

1—排气门；2—气缸盖；3—气门杆密封件；4—气门弹簧；
5—气门弹簧座；6—气门锥形座；7—液力挺柱；8—防
松夹；9—滚子摇臂；10—排气凸轮轴；11—弹簧；
12—滚珠；13—气缸盖罩；14—螺栓；
15—进气凸轮轴；16、17—固定销；18—进气门。

图3-31 配气机构拆解图

③拆卸正时链上部盖板。正时齿轮上、下盖板拆解图如图3-33所示。

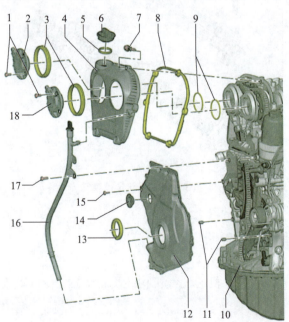

1、7、15、17—螺栓；2、18—凸轮调节阀；3—密封环；4—正时链上部盖板；5、8—密封条；
6—密封盖；9—O形圈；10—发动机；11—固定销；12—正时链下部盖板；
13—轴密封环；14—密封塞；16—机油尺导管。

图3-33 正时齿轮上、下盖板拆解图

④拆卸正时链下部盖板。先拆下曲轴皮带轮总成，再拆下皮带张紧装置，然后拆下正时链下部盖板。

⑤拆卸凸轮轴正时链。凸轮轴正时链机构拆解图如图3-34所示。

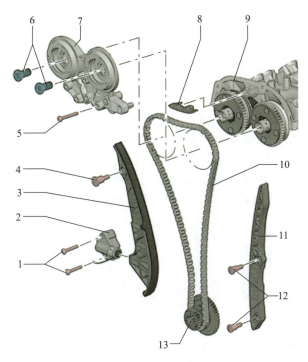

1、5—螺栓；2—链条张紧器；3—正时链张紧导轨；4、12—导向螺栓；6—调节阀；7—轴承座；8、11—凸轮轴正时链滑轨；9—凸轮轴壳罩；10—凸轮轴正时链；13—三级链轮。

图3-34 凸轮轴正时链机构拆解图

⑥拆卸气缸盖罩。按顺序旋出气缸盖罩的螺栓，取下气缸盖罩。

⑦拆卸凸轮轴轴承。在凸轮轴轴承盖上标记好顺序号，拆下凸轮轴轴承，拆下凸轮轴和正时链轮及半圆键。

⑧拆卸液力挺柱。按气缸顺序拆下各液力挺柱，并做好顺序标记，按顺序摆放。

⑨拆卸气缸盖。注意螺栓的拆卸顺序，由两端向中间进行。

⑩拆卸气门。用专用工具压下气门弹簧，取下气门锁片、气门弹簧和气门锁片座圈。

⑪清洗各部件。分解完毕后，将部件进行清洗和分类。

## （二）配气机构的安装

①安装气门。装上气门后，在气门导管上面装上新的气门油封。安装气门油封时，应先套上塑料保护套，最好用专业工具压入。气门杆部先涂上润滑油再插入导管中，不要损坏油封。装上气门弹簧和气门锁片后，用橡胶锤轻敲几下，确保气门锁片安装可靠。注意，气门锁片必须更换。

②检查凸轮轴轴向间隙和径向间隙。测量凸轮轴轴向间隙时，只需装好轴承盖，不安装液力挺柱，待测量结束后，再安装液力挺柱。检查凸轮轴径向间隙时，可用塑料线间隙规测量。

③按照顺序装上液力挺柱。

④清理气缸盖。清除气缸盖罩凹槽及密封面上的密封剂残留物。

⑤给凸轮轴的摩擦面上油。将进气凸轮轴插入气缸盖,将气缸的凸轮向上转动,检查凸轮轴调节执行元件的挺杆是否缩回。固定凸轮轴,将气缸盖罩及凸轮轴装在气缸盖上。

⑥安装气缸盖罩。用手轻轻按压气缸盖罩,同时微微转动凸轮轴,直到气缸盖罩"无应力"地贴在气缸盖上。更换气缸盖罩的螺栓,分多步拧紧螺栓。

⑦安装进气凸轮轴。将进气凸轮轴用装配工具沿逆时针方向转动,直到标记对齐。将凸轮轴固定装置推入链轮啮合齿轮。

⑧安装排气凸轮轴。将排气凸轮轴用装配工具沿顺时针方向转动,直到标记对齐。将凸轮轴固定装置推入链轮啮合齿轮,标记略微向右错位。将曲轴在六角管路连接件上转入"上止点"位置。

⑨安装正时齿轮。将凸轮轴正时链放到进气凸轮轴上,将排气凸轮轴放到曲轴上。将链节定位到链轮的标记上。安装滑轨,接着安装链条张紧器,将发动机沿发动机转动方向旋转两次。安装正时链下部盖板。

⑩安装曲轴减震器皮带轮。

## 随堂测试

1. 气门配气机构由_____和_____两部分组成。
2. 气门组主要由_____、_____、_____、_____等部件组成。
3. 气门传动组主要包括_____、_____、_____等部件。
4. 气门传动机构安装时,应特别注意_____正时齿轮(正时带轮或正时链轮)与_____正时齿轮(正时带轮或正时链轮)的相对位置关系。如果安装不当,会影响正确的配气相位和点火时刻,将严重影响发动机的动力性和经济性,甚至无法工作。

项目三 发动机配气机构工作过程分析

## 任务实施

### 任 务 工 单

| 任务名称：拆装配气机构 | | |
|---|---|---|
| 姓名： | 班级： | 学号： |
| 任务描述 | 请你针对某一型号车辆的参数配置表，向客户解释发动机配气机构的类型；针对某一型号车辆发动机的实物或图片，向客户说明该发动机配气机构的结构及特点；按要求规范解体和组装发动机配气机构并进行必要的检查 | |
| 能力目标 | 1. 能够解答客户关于发动机配气机构方面的咨询；<br>2. 具备基本识图能力，能够分析配气机构的类型及其工作原理；<br>3. 能够分析配气机构主要部件的结构特点；<br>4. 能够准确选用工、量具对配气机构进行解体与组装、检查及测量；<br>5. 树立以客户为中心的理念，具有与客户沟通交流能力；<br>6. 具备信息搜集和处理能力 | |
| 实施准备 | 1. 教学用发动机及拆装工作台；<br>2. 拆装及测量工具、专用工具、抹布、手套等；<br>3. 润滑油、油封及垫片等易损件；<br>4. 汽车维修手册及发动机相关文件；<br>5. 汇报用纸、笔、翻页板等 | |
| 实施步骤 | 自主学习 | 做好安全防护，按规范要求拆装配气机构、进行相应的检查并做好记录 |
| | 小组讨论 | 以学习小组形式进行讨论，形成小组汇报成果 |
| | 小组汇报 | 汇报小组成果；<br>按规范做好5S |
| 自我反思 | 在专业能力、关键能力等方面的收获或体会： | |

## 任务 3-3　展示可变配气相位的优点

 **学习内容**

1. 可变气门正时控制机构；
2. 可变气门升程控制机构。

 **能力要求**

1. 能够向客户说明可变配气相位的结构组成及工作原理；
2. 能够向客户展示可变配气相位的优点；
3. 树立以客户为中心的理念，增强服务意识；
4. 具有与客户沟通交流的能力；
5. 具备基本识图的能力；
6. 具备信息搜集和处理的能力。

 **任务引入**

固定配气相位发动机的气门正时主要是考虑发动机在常用工况下的有效功率、有效转矩尽可能增大，很难兼顾发动机高、低速时的性能要求，那么这个问题怎么解决呢？通过下面的学习，相信你会找到答案。

 **任务描述**

针对某一型号发动机的可变配气机构，通过小组研讨，描述出其部件组成，画出工作原理图，在学习小组或班级里汇报交流。

 **相关知识**

在高级汽油发动机上，固定的配气相位很难满足发动机高、低速时的性能要求。如图 3-35 所示，在低速时，活塞运动得慢，使得可燃混合气能够跟随活塞运动，进气门必须较早地被关闭，使得可燃混合气不会被强行排回进气歧管；在高速时，进气歧管中的流量很大，以至于虽然活塞向上运动，但是可燃混合气仍能够连续不断地流入气缸，当可燃混合气不能再进入气缸时，进气门关闭。

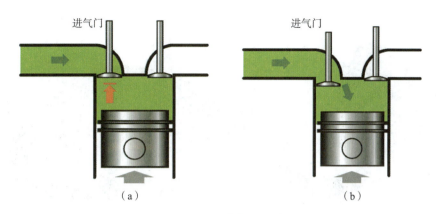

图 3-35 可变气门正时
(a) 低速进气门关闭较早；(b) 高速进气门关闭较迟

因此，在装有可变配气相位的发动机中，进气门的关闭时间被调节在速度范围之内。当发动机转速高时，增大了进气门的升程，提前开启和延迟关闭进气门，提高了发动机的功率；当发动机转速低时，减小了进气门的升程，延迟开启和提前关闭进气门，提高了发动机的转矩，以满足发动机对经济性、稳定性和减少排放污染物的要求。

发动机上的可变气门正时控制系统可以通过两种形式实现：一是可变气门正时控制机构；二是可变气门升程控制机构。

## 一、可变气门正时控制机构

大众车系普遍采用链张紧式进气相位可变技术。图 3-36 所示为大众公司 V 形六缸发动机的可变进气系统的组成示意，图 3-37 所示为调整进气系统装置的结构。

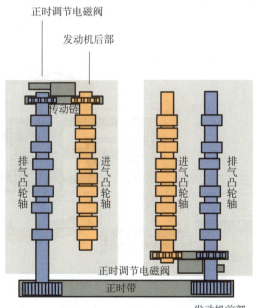

图 3-36　大众公司 V 形六缸发动机的可变进气系统的组成示意

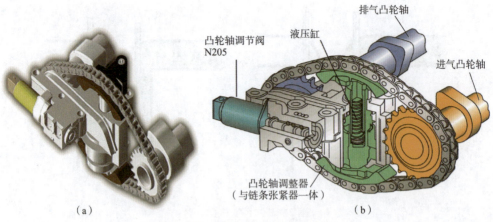

图 3-37 可变进气系统调整装置
(a) 外形图；(b) 结构图

**1. 转矩调整**

可变进气正时的转矩调整如图 3-38 所示。发动机在中、低转速时，为获得大转矩输出，凸轮轴调整器向下拉长，于是链条上部变短、下部变长。因为排气凸轮轴被同步带固定了，此时排气凸轮轴不能被转动，因此进气凸轮轴被提前转了一个角度，实现了进气门提前开启和关闭。

图 3-38 可变进气正时的转矩调整

可变进气正时转矩调整的原理如图 3-39 所示。正时调整阀 N205 通电后，活塞克服弹簧作用力右移，油道 2 泄油，发动机机油泵的机油经油道 3 进入油道 4 位置，再经油道 1 进入活塞 5 上部，活塞 5 下移压缩活塞 6，使活塞 6 下移完成调整。

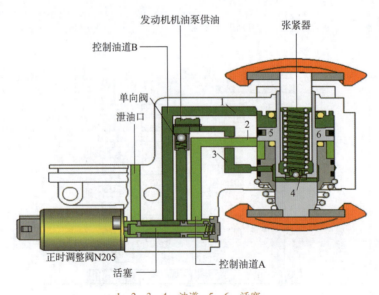

1、2、3、4—油道；5、6—活塞。
图 3-39 可变进气正时的转矩调整原理

## 2. 功率调整

发动机高转速时，其功率大，转速达到 3 700 r/min 以上时，要求进气门延迟关闭。发动机怠速时，也要求进行相同的控制。可变进气正时的功率调整如图 3 – 40 所示。调整链条，使其下部变短、上部变长，进气门延迟开启，进气管内气流速度高，气缸充气量足。

图 3 – 40 可变进气正时的功率调整

可变进气正时功率调整的原理如图 3 – 41 所示。电磁阀 N205 断电，活塞在弹簧作用下左移，油道 1 泄油，发动机机油泵的机油经油道 3 进入油道 4 位置，经油道 2 进入活塞 5 下部和活塞 6 上部之间的工作腔，与油道 4 内油压相平衡，活塞 5 上移，完成调整。

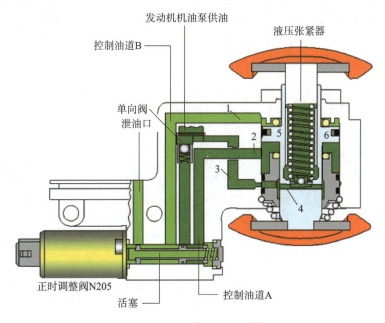

1、2、3、4—油道；5、6—活塞。
图 3 – 41 可变进气正时的功率调整原理

## 二、可变气门升程控制机构

本田汽车公司推出的 VTEC（Variable Valve Timing & Valve Lift Electronic Control）可变气门正时和升程电子控制系统如图 3 – 42 所示，可使发动机在高速范围内输出更大的功率。这套系统在丰田车上称为 VVTL – i（Variable Valve Timing & Lift – intelligent）。

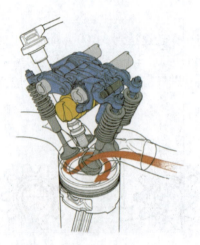

图3-42 本田ACCORD F22B1汽车发动机
可变气门正时和升程电子控制系统结构

该系统中的凸轮有3个,如图3-43所示。每一个的线形不同,高角度凸轮位于中央,也称高速凸轮,它的升程最大;主凸轮也称低速凸轮;最低的凸轮称为副凸轮。高角度凸轮是按发动机双进双排气门工作最佳输出功率的要求设计的,主凸轮是按发动机低速工作时单气门工作要求设计的,副凸轮只是稍微高出基圆,是在发动机怠速运行时,通过次摇臂稍微打开副气门,以免燃油集聚在副进气门门口。与三个凸轮相对应的是中间摇臂、主摇臂与次摇臂,两个进气门分别安装在主、次摇臂上。每个气缸的两个进气门上都安装有可变配气相位控制机构。

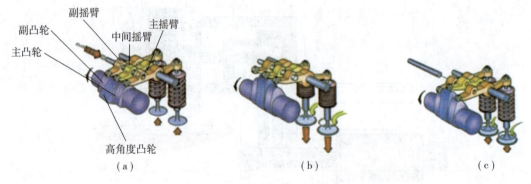

图3-43 可变气门正时和升程电子控制系统结构与工作过程
(a) VTEC结构;(b) 中高转速工作情况;(c) 中低转速工作情况

可变气门正时和升程电子控制装置是由传感器、控制部分和执行部分组成,如图3-44所示。控制部分由发动机ECU电控组件、VTEC电磁阀、VTEC压力开关等组成,执行部分由凸轮、摇臂和同步活塞等组成。在发动机工作时,各种传感器不断地向ECU输入发动机的转速、负荷、水温及车速信号,由ECU判断何时改变气门正时和升程。当转换条件符合后,ECU操作VTEC电磁阀打开油路,机油压力推动同步活塞把三个摇臂串联在一起,实施VTEC气门正时和升程改变,以改变进气量,提高发动机功率。如果转换条件不符合,ECU将操作VTEC电磁阀断电,切断油路,不实施VTEC控制。

当发动机中、低速运行时，ECU 无指令，凸轮轴油道内没有机油压力，正时活塞和同步活塞 A 位于主摇臂缸内，同步活塞 B 位于中间摇臂油缸内（同步活塞 B 与中间摇臂等宽），定位活塞和弹簧一起位于次摇臂油缸内。因此，三个摇臂各自独立上下运动，互不干涉。于是两个进气门分别由主、次凸轮驱动，主摇臂驱动主进气门，以提供发动机低速运行时所需的混合气，次摇臂驱动次进气门使其微微开闭。

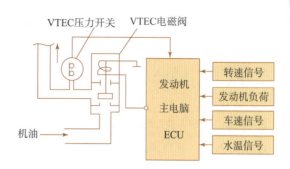

图 3-44　VTEC 控制装置

中间摇臂虽然随着中间凸轮大幅度运动，但是它不对任何气门起作用。此时发动机处于单进双排工作状况。吸入的混合气量不到高速时吸入气量的一半。由于是所有气缸都参与工作，所以发动机运行得十分平稳。

当发动机高速运行时，即发动机转速在 2 300~2 500 r/min，车速在 5 km/h 以上，水温在 -5 ℃ 以上，发动机负荷达到了一定程度，发动机 ECU 就会向 VTEC 电磁阀供电，以开启工作油道，于是工作油道中的压力机油就推动正时活塞向右移动，也推动 A、B 同步活塞克服回位弹簧的弹力而向右移动。这样主摇臂、中间摇臂和次摇臂就被 A、B 同步活塞及定位活塞串联为一体，成为一个同步活动的组合摇臂。由于中间凸轮的升程大于另外两个凸轮，并且凸轮角度提前，故组合摇臂随中间摇臂一起受中间凸轮驱动，主、次气门都大幅度地同步开启，因此配气相位发生了变化，使吸入的混合气量增加了，满足了发动机大功率时的进气要求。

而当发动机转速下降时，油压降低，凸轮轴孔内的机油开始卸荷，正时活塞在回位弹簧作用下回位，三个摇臂又脱离连接而独立运动。

## 随堂测试

1. 在具有可变配气相位的发动机中，当发动机转速高时，_____ 进气门的升程，提前开启和延迟关闭进气门，以提高发动机的功率；当发动机转速低时，_____ 进气门的升程，延迟开启和提前关闭进气门，提高发动机的转矩，以满足发动机的经济性、稳定性和减小排放污染物的要求。

2. 发动机上的可变配气相位控制系统可以通过两种形式实现：一是可变_____控制机构；二是可变_____控制机构。

## 任务实施

### 任 务 工 单

| 任务名称：展示可变配气相位的优点 | | |
|---|---|---|
| 姓名： | 班级： | 学号： |
| 任务描述 | 针对某一型号发动机的可变配气机构，通过小组研讨，描述出其部件组成图，画出工作原理，在学习小组或班级里汇报交流 | |
| 能力目标 | 1. 能够向客户说明可变配气相位的结构组成及工作原理；<br>2. 能够向客户展示可变配气相位的优点；<br>3. 树立以客户为中心的理念，增强服务意识；<br>4. 具有与客户沟通交流的能力；<br>5. 具备基本识图的能力；<br>6. 具备信息搜集和处理的能力 | |
| 实施准备 | 1. 具有可变配气相位控制的教学用车辆或发动机；<br>2. 车辆及发动机相关文件；<br>3. 汇报用纸、笔、翻页板等 | |
| 实施步骤 | 自主学习 | 通过查询资料，实物对照，列举可变配气相位控制系统的组成部件；<br>个人制作可变配气相位控制系统工作原理简图 |
| | 小组讨论 | 以学习小组形式进行讨论，说明可变配气相位控制系统的结构组成及工作原理，展示可变配气相位控制系统的优点，形成小组汇报成果 |
| | 小组汇报 | 汇报小组成果；<br>按规范做好5S |
| 自我反思 | 在专业能力、关键能力等方面的收获或体会： | |

# 项目四

## 汽油机燃料供给系工作过程分析

汽油机燃料供给系的功用是根据发动机各工况的不同要求，准确地计量空气与燃油的混合比，将一定数量的汽油喷入进气道或气缸内（缸内直喷）与空气混合，形成一定数量和浓度的可燃混合气，使其进入气缸并在气缸内燃烧做功后将产生的废气排入大气中。

汽油机燃料供给系的发展经历了由化油器式到现在的电子控制汽油喷射式。在汽车销售、维修服务等相关工作中，工作人员需要知道汽油机燃料供给系统的工作过程，并能够向客户展示缸内直喷系统的优点；另外，法规对排放的规定日益要求严格，客户在购车时也比较关注排放方面的问题，工作人员需要向客户解释说明。本项目包括分析电控燃油喷射系统工作过程、展示缸内直喷技术的优点、介绍降低汽油机排放污染措施等任务。

### 任务 4-1　分析电控燃油喷射系统工作过程

**学习内容**

1. 燃油喷射系统的基本知识；
2. 电控燃油喷射系统的基本组成及工作过程分析。

 能力要求

1. 能够解答客户关于发动机燃油喷射方面的咨询；
2. 能够识别电控燃油喷射系统的基本组成部件；
3. 清楚电控燃油喷射系统的基本工作原理；
4. 树立以客户为中心的理念，增强服务意识；
5. 具有与客户沟通交流的能力；
6. 具备信息搜集和处理的能力。

 任务引入

目前的汽油发动机都采用电控燃油喷射系统，你能向客户解答关于电控燃油喷射系统的相关咨询吗？你能指导客户正确加油吗？通过下面的学习，相信你能做到。

 任务描述

请你针对某个型号车辆的参数配置表，向客户解释有关发动机燃油喷射系统的相关参数的含义及对发动机性能的影响；针对某一具体车辆发动机的实物或图片，向客户说明该发动机汽油喷射系统的结构及特点。

 相关知识

##  一、燃油喷射系统的基本知识

### （一）燃油

燃油是用于燃油发动机的燃料，主要分为汽油和柴油两种。汽油是由石油中提炼而得到的密度小又易于挥发的液体燃料。其主要性能为蒸发性、抗爆性和热值。

**1. 热值**

汽油的热值是指单位质量（1 kg）的汽油完全燃烧时所产生的热量。汽油的热值约为 46 000 kJ/kg。

**2. 蒸发性**

汽油中必须含有足够比例的高蒸发性的成分，才能得到良好的冷起动性。蒸发性的大小影响发动机是否正常工作。当温度较高时，蒸发性过高的汽油易在油路中蒸发，形成"气阻"；当温度较低时，蒸发性过低的汽油会有一部分不能蒸发、燃烧，并滞留在气缸壁上，这不仅使燃油消耗量增加，而且会稀释润滑油，导致气缸磨损加快，发动机寿命减少。

**3. 抗爆性**

汽油的抗爆性是指汽油在气缸中避免产生爆燃的能力。"爆燃"是一种非正常燃烧，它

与发动机温度、压缩比、燃油特性等有关，通常在压缩行程终止时产生。它将造成发动机过热、排气冒烟、功率下降、油耗增加，并伴有明显的敲缸声，甚至损坏部件。

汽油抗爆性的评价指标是辛烷值。辛烷值表示异辛烷（$C_8H_{18}$）在汽油化合物中的容积百分比，其值最大为100。辛烷值越高，汽油抗爆性越好；反之，汽油抗爆性差。由于未经处理的直馏汽油抗爆性低，因此，需要加入抗爆剂。目前从环保的角度考虑，汽油普遍使用无铅的添加剂。测定辛烷值的方法有马达法和研究法。目前我国用研究法辛烷值表示汽油的抗爆性，并对不同汽油进行编号，如90、92和95号。选择汽油标号的依据主要是发动机的压缩比，压缩比高的发动机选用辛烷值高的汽油，反之，选用辛烷值低的汽油。

### （二）可燃混合气的成分

可燃混合气是指燃料与空气的混合物。对汽油机而言，就是汽油与空气混合形成的混合物。

目前可燃混合气浓度常用过量空气系数和空燃比表示。我国采用过量空气系数，欧美采用空燃比。

#### 1. 过量空气系数

过量空气系数是指燃烧1 kg燃料实际供给的空气质量与理论上1 kg燃料完全燃烧所需的空气质量的比值，用$\alpha$表示。$\alpha=1$的可燃混合气定义为理论混合气；$\alpha<1$为浓混合气；$\alpha>1$为稀混合气。

#### 2. 空燃比

空燃比是指实际吸入发动机中的空气质量与燃料质量的比值，用$R$或$A/F$表示。$A/F=14.7$表示理论混合气；$A/F>14.7$为稀混合气；$A/F<14.7$为浓混合气。

### （三）可燃混合气的形成过程

液体汽油必须在蒸发为气态后才能与空气均匀混合。要使混合气在很短的时间（0.01～0.02 s）内形成，必须先将燃料雾化成极小的油滴，以增大蒸发面积。

对于普通电喷发动机而言，汽油是通过发动机控制单元来控制喷油器电磁阀开启的，将一定压力的燃油以雾状喷入靠近进气门的进气歧管内，当发动机处于进气行程时，在气缸内产生真空，新鲜空气与汽油的混合气被吸入发动机气缸内。而汽油发动机缸内直喷则是通过发动机控制单元来控制喷油器电磁阀开启，将一定压力的汽油以雾状直接喷射到气缸内，燃油在气缸内混合形成可燃混合气。

### （四）可燃混合气成分对发动机性能的影响

#### 1. 理论混合气

当$\alpha=1$时，从理论上讲，气缸内空气与燃料充分混合后正好完全燃烧。但实际上，由于气缸内还存在废气、混合气混合不均匀等原因，使气缸内理论混合气不能完全燃烧。

#### 2. 稀混合气

当$\alpha>1$时，气缸内有足够的空气使燃料完全燃烧，当$\alpha$为1.05～1.15时，燃料消耗率最低，经济性最好，我们称燃料消耗率最低时对应的可燃混合气为经济混合气。当$\alpha$更大时，由于空气过量，燃烧速度减小，热损失增加，发动机功率降低，出现进气管回火现象。

#### 3. 浓混合气

当$\alpha<1$时，气缸内可燃混合气中汽油分子较多，使燃烧速度加快，发动机功率增大，

我们称发动机输出最大功率时的可燃混合气为功率混合气,其 $\alpha$ 一般为 $0.85\sim0.95$。如果混合气太浓,将燃烧不完全,产生大量一氧化碳,同时在燃烧室内产生积炭,并发生排气管放炮和冒黑烟现象,导致发动机功率下降,燃油消耗率显著增加。

一般为了兼顾发动机的动力性和经济性,混合气浓度应在 $0.88\sim1.11$。过浓或过稀($\alpha<0.4$ 或 $\alpha>1.4$)都将导致火焰传播无法进行,发动机运转不稳。

### (五)发动机各工况对可燃混合气成分的要求

汽车的行驶工况随载荷、车速、路况等因素经常变化,各种工况对混合气浓度的要求也不同。

#### 1. 起动工况

由于发动机处于冷机状态(特别是北方冬天)及发动机转速较低,燃油不易汽化,造成气缸内实际产生的混合气浓度过低,不易起动,需要多喷入燃油,使发动机顺利起动。要求混合气浓度 $\alpha=0.2\sim0.6$。

#### 2. 暖机工况

发动机起动后,随着发动机温度逐渐上升,汽油的蒸发和汽化条件逐步转好,这时应逐步减少供油量,使 $\alpha$ 值逐步增大,但仍属于浓混合气范围。

#### 3. 怠速及小负荷工况

发动机在怠速工况时,节气门处于接近关闭位置,吸入的空气量少,并且汽油蒸发雾化效果差,应提供较浓的混合气,一般 $\alpha=0.7\sim0.9$。

#### 4. 中负荷工况

这是行车中最常用的工况,要求在中负荷工况燃油经济性最好,因此 $\alpha=0.9\sim1.1$。

#### 5. 全负荷工况

节气门全开时,为了使发动机发出最大的功率,应使 $\alpha=0.85\sim0.95$。

#### 6. 加速工况

节气门开度突然加大,使吸入的空气量急剧增加,气缸内可燃混合气浓度瞬间变稀,影响汽车加速性能,因此,在汽车加速过程中应增加喷油量。

## 二、电控燃油喷射系统的基本组成及工作过程分析

### (一)汽油喷射系统的分类

现代汽车发动机使用的汽油喷射系统有多种形式,可以从以下几方面进行分类。

#### 1. 按喷油器的数目分类

在发动机燃油喷射系统中,按喷油器数目进行分类,可分为单点喷射(Single Point Injection,SPI)和多点喷射(Muiti Point Injection,MPI)两种形式。

单点喷射是在进气管的节气门体上或稳压箱内安装一个中央喷射装置,用一只或两只喷油器集中向进气歧管喷射,形成可燃混合气,在发动机进气行程时被吸入气缸内。故这种喷射系统可称为节气门体喷射系统或中央喷射系统。

多点喷射系统是在每个气缸进气门附近安装一个喷油器,所以各缸之间的空燃比混合较均匀,而且在设计进气管时可以充分利用空气惯性的增压效应,以实现高功率设计。

### 2. 按喷射装置的控制方式分类

按控制方式的不同，可分为机械控制式、机电混合控制式和电子控制式三种。机械控制式燃油喷射系统早在 20 世纪五六十年代就运用于汽车上。机电混合控制式燃油喷射系统是在机械式燃油喷射系统的基础上加以改进而成的。目前普遍采用电子控制式燃油喷射系统。

电子控制式燃油喷射系统在六七十年代大多只控制汽油喷射，80 年代开始与点火控制一起构成发动机集中控制系统。它通过各种传感器监测发动机的运行状态参数，如发动机转速、空气流量、压力、进气温度、冷却液温度、排气中的氧含量等，发动机 ECU 经分析、比较、计算后发出控制喷油量和点火时刻等多种执行指令，通过喷油器喷油时间的长短来控制喷油量，实现混合气空燃比的高精度控制。电子控制燃油喷射系统根据其控制过程，又可分为开环控制方式和闭环控制方式。

### 3. 按燃油喷射位置分类

按燃油喷射位置不同，燃油喷射系统可分为缸内喷射和缸外喷射。

缸内喷射是指喷油器将燃油直接喷射到气缸燃烧室内，因此需要较高的喷油压力（3.0～4.0 MPa）。由于喷油压力较高，故对供油系统的要求较高，成本也相应较高。同时，由于要求喷出的燃油能分布到整个燃烧室，故缸内喷油器的布置及气流组织方向比较复杂。

缸外喷射是指进气歧管内喷射或进气门前喷射。该方式中喷油器被安装于进气歧管内或进气门附近，故燃油在进气过程中被喷射后与空气混合形成可燃混合气再进入气缸内。

理论上，喷射时刻设置在各缸排气行程上止点前 70°左右为佳。喷射方式可以是连续喷射或间歇喷射。

### 4. 按燃油喷射方式分类

根据燃油喷射方式不同，汽油喷射系统分为连续喷射和间歇喷射。

连续喷射是指在发动机运转期间汽油被连续不断地喷射，其喷油量的大小取决于喷油系统压力的高低。因无须考虑发动机的工作顺序和喷油时刻，所以其控制系统比较简单，多用于机械控制式和机电混合控制式汽油喷射系统中。

间歇喷射又称脉冲喷射，是指在发动机运转期间汽油被间断喷射。每次喷射时刻和喷油量的大小取决于喷油器针阀开启时刻和开启时间的长短。间歇喷射因能对喷油量进行精确控制而被广泛地应用于现代电控汽油喷射系统中。

间歇喷射按喷射时序的不同，又可分为同时喷射、顺序喷射和分组喷射，如图 4 - 1 所示。

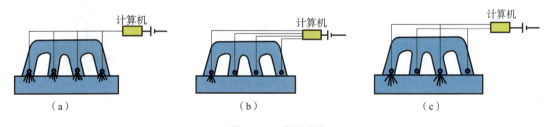

图 4 - 1 喷油时序

(a) 同时喷射；(b) 顺序喷射；(c) 分组喷射

同时喷射是指发动机在运行期间，各缸喷油器同时开启且同时关闭，由电脑的统一喷油指令控制所有喷油器同时动作；顺序喷射则是指喷油器按发动机的工作顺序依次进行喷射，它具有喷油正时，由电脑根据曲轴位置传感器提供的信号，判断各缸的进气行程，适时发出各缸的喷油脉冲信号，以实现顺序喷射的功能；分组喷射是将喷油器按发动机各工作循环分成若干组交替进行喷射。

相比而言，由于顺序喷射方式可在最佳喷油定时向各缸喷射所需的喷油量，故有利于改善发动机的燃油经济性。但要求系统能对待喷油的气缸进行识别，同时要求喷油器驱动回路与气缸的数目相同，故驱动电路较为复杂。

### 5. 按进气量的计量方式分类

按进气量的计量方式不同，可分为直接计量方式和间接计量方式。

直接计量方式称为流量型（L型）。它是以质量流量方式计量进气量，即用空气流量计直接计量出进气管的空气流量，用测得的空气流量除以发动机的转速得到每一个循环的进气量，由此算出每一个循环的汽油喷射量。此方法计量精度高，目前应用广泛。

间接计量方法称为压力型（D型）。它是以速度-密度方式计量进气量，即通过压力传感器测出进气管的压力，再根据发动机的转速间接地推算出进气流量，从而确定汽油喷射量。因进气管压力与进气量之间不是简单的线性关系，故此种计量方法精度不高。

### （二）汽油喷射系统基本组成

图4-2所示为M型电控燃油喷射系统示意图。它是将L型汽油喷射系统与电子点火系统结合起来，用一个大规模集成电路组成的数字化微型计算机同时对这两个系统进行控制，从而实现了汽油喷射与点火的最佳配合，进一步改善了发动机的起动性、怠速稳定性、加速性、经济性和排放性。它广泛应用于轿车发动机上。

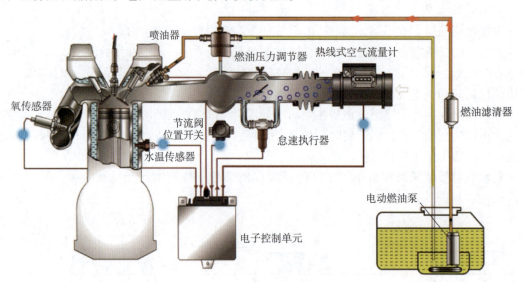

图4-2　M型电控燃油喷射系统示意

根据其作用不同，电控汽油喷射系统可分为四个子系统，即汽油供给系统、进气与排气系统、点火系统和电子控制系统。

### （三）汽油供给系统

汽油供给系统的作用是供给发动机燃烧过程所需的燃油。汽油供给系统主要由燃油泵、燃油滤清器、油压脉动阻尼器、燃油压力调节器、喷油器等组成，如图4-3所示。燃油泵将燃油从燃油箱中吸出后,经过燃油滤清器滤除杂质和水分后,再经过脉动阻尼器使其油压脉动减小。燃油压力调节器控制供油总管的油压(通常为250~300 kPa)后,送至各缸喷油器。喷油器则根据 ECU 发出的指令,将计量后的燃油喷入各进气歧管或稳压箱中与流入发动机内的空气进行混合,形成可燃混合气。

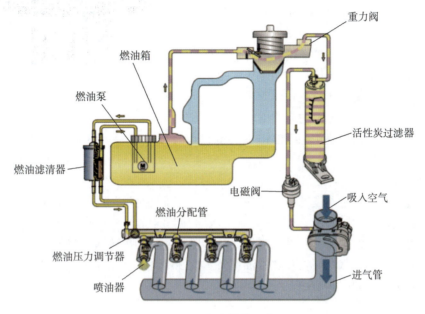

图 4-3　汽油供给系统

在正常工况下,发动机的喷油量由安装在进气门前的各喷油器(MPI)或位于节气门体位置的喷油器(SPI)的通电时间长短来决定。

### 1. 汽油箱

汽油箱是用来储存汽油的,其容积大小与车型及发动机排量有关。其形状随车型不同而各异,这主要是为了适应在车上的布置安装。汽油箱的结构如图 4-4 所示。传统的汽油箱采用薄钢板冲压焊接制成,现代轿车油箱多数采用耐油硬塑料制成。

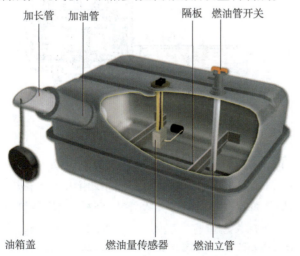

图 4-4　汽油箱结构示意

油箱盖必须密封，以防止汽油因振荡溅出。为保证汽油泵正常工作，油箱盖设有空气阀和蒸气阀。图4-5所示为双阀式油箱盖剖面图。空气阀1受软弹簧控制，当汽油箱内燃油减少，压力下降到预定值（约98 kPa）时，大气推开空气阀1进入汽油箱；蒸气阀2受硬弹簧控制，当汽油箱内的蒸气压力增大到约120 kPa时，蒸气阀被推开，燃油蒸气泄出，保持汽油箱内压力正常。一些轿车的油箱盖上还设有重力阀，它的作用是依靠其自重，在正常情况下允许空气进入油箱以消除负压，当车辆倾斜45°或翻车时，此阀自动将通风口关闭，防止汽油漏出，以免发生火灾。

1—空气阀；2—蒸气阀；3—密封垫和弹片；4—管口

图4-5 双阀式油箱盖剖面图

### 2. 电动汽油泵

电动汽油泵的作用是向发动机输送充足的燃油并维持足够的压力，以保证喷油器在所有工况下能够有效地喷射。

根据电动汽油泵的安装位置，分内置式和外置式两种。内置式是将电动汽油泵安装在汽油箱内，外置式是电动汽油泵安装在汽油箱外。现在绝大多数轿车采用内置式电动汽油泵。

电动汽油泵结构如图4-6所示。

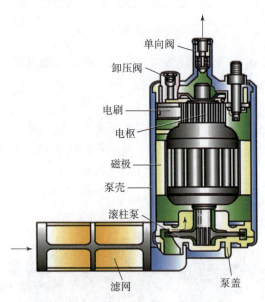

图4-6 电动汽油泵结构示意

只要发动机工作，电动汽油泵就一直工作，其过程是：电动汽油泵通电，电动机工作，带动泵体转动，吸入汽油。汽油通过泵体、电动机、单向阀由出油口泵出。其中单向阀的作用是防止汽油倒流。当发动机停机时，电动汽油泵也停止工作，使汽油管路和燃油导轨内保存一定残余压力的汽油，以便下次发动机容易起动，并可防止由于温度较高而产生的气阻现象。

卸压阀起到保护电动汽油泵过载限压的作用。一般如果电动汽油泵输出的压力超过400 kPa，卸压阀就会打开，多余的高压油流回油箱。

泵体一般有涡轮泵、滚柱泵、内啮合齿轮泵等，如图4-7所示。

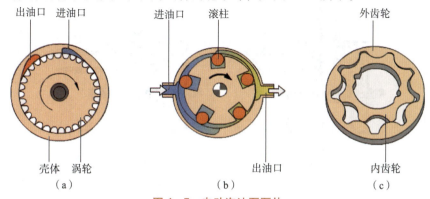

图4-7 电动汽油泵泵体
(a)涡轮泵；(b)滚柱泵；(c)内啮合齿轮泵

### 3. 汽油滤清器

汽油滤清器的作用是将汽油中的氧化铁、粉尘等杂质滤去，防止燃油系统堵塞，减少机件的磨损，确保发动机稳定工作，提高可靠性。

汽油滤清器的结构如图4-8所示。滤芯一般由滤纸制造而成，可滤去0.01 mm的杂质。汽油滤清器安装在汽油泵的出口一侧，它是一次性使用的。

### 4. 燃油压力调节器

燃油压力调节器一般安装在燃油导轨上，其作用是根据进气歧管内的绝对压力的变化来调节系统油压（燃油总管油压），保持喷油器的喷油相对压力恒定，使喷油器的燃油喷射量只取决于喷油器的开启时间。一般系统油压为250～300 kPa。油压调整值随进气歧管压力的变化情况如图4-9所示。

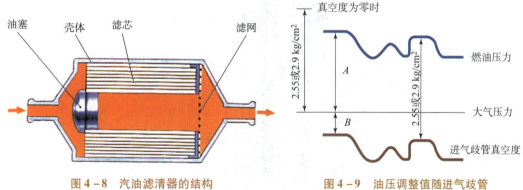

图4-8 汽油滤清器的结构

图4-9 油压调整值随进气歧管压力的变化情况

燃油压力调节器的结构如图4-10所示。它有金属壳体，其内部由橡胶膜片分为弹簧室和燃油室两部分。弹簧室内有一个带预紧力的螺旋弹簧，它作用在膜片上。在膜片上安装一个阀，控制回油。另外，它还通过一根真空管与进气歧管相连。

当系统油压超过规定值时，汽油压力克服弹簧压力，将膜片向下压，打开阀门，与回油通道接通，使系统压力降低，回到规定值。

如果进气歧管真空度变大，为了维持燃油导轨内部与进气歧管内部的压力差恒定，就必

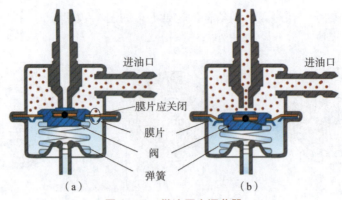

图 4-10 燃油压力调节器
(a) 无油回到油箱;(b) 有油回到油箱

须降低系统油压,把进气歧管真空度引入弹簧室,能够减小膜片上螺旋弹簧的作用力,进而减小打开阀门的压力,使系统油压下降到规定值;反之亦然。

当电动汽油泵停止工作时,在膜片和螺旋弹簧力的作用下使阀关闭,保持油路中的残余压力。

**5. 喷油器**

喷油器是供油系统中非常重要的部件。它是一个电磁阀,由发动机控制单元控制。

电磁喷油器按喷油口形式,分为轴针式、球阀式和片阀式三种;按用途,分为单点式和多点式。

图 4-11 所示为轴针式电磁喷油器的结构。当电磁线圈无电流时,针阀在弹簧的作用下处于关闭状态。当发动机控制单元发出喷油脉冲信号时,电磁线圈产生电磁吸力,打开针阀(针阀上升约 0.1 mm),压力燃油通过针阀与阀座之间的间隙喷出,进入进气管。

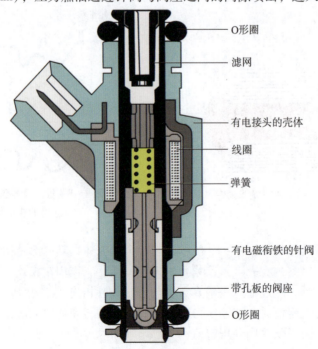

图 4-11 轴针式喷油器

## （四）空气供给装置与废气排出装置

空气供给装置主要包括空气滤清器、节气门体、进气歧管等，如图4-12所示。废气排出装置包括排气歧管、三元催化反应器及消声器等，如图4-13所示。

图4-12 空气供给装置

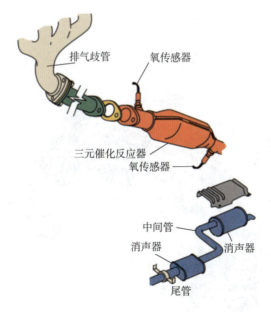

图4-13 废气排出装置

## 1. 主要部件

（1）空气滤清器

空气滤清器的主要作用是过滤流入进气道的空气，防止空气中灰尘进入气缸，减少气缸、活塞、活塞环等零件的磨损，延长发动机的使用寿命。

空气滤清器常用的种类有纸质干式空气滤清器和油浴式空气滤清器。其中纸质干式空气滤清器应用最多，如图4-14所示，它是采用树脂处理的纸质滤芯，其优点是滤清效率高，并且与负荷无关，结构简单。

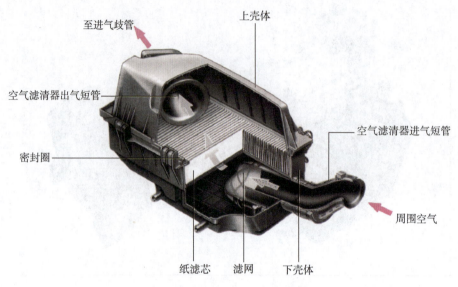

图4-14 纸质干式空气滤清器

（2）进排气歧管

进气歧管的作用是将可燃混合气或新鲜空气送到各个气缸；而排气歧管则是汇集各缸的废气，经排气消声器排出。

进气歧管多数由铝合金或铸铁制造，有些也采用复合塑料制造，如图4-15所示。

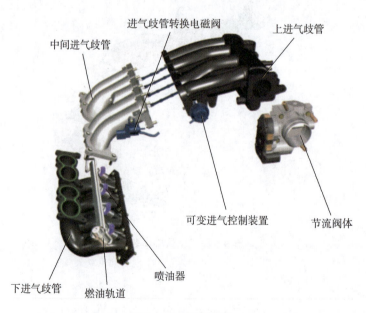

图4-15 进气歧管

稳压箱的作用是消除进气压力脉动，保证各缸混合气分配均匀，同时，进气歧管的形状、容积都进行了专门的设计，充分利用吸入空气的惯性增压作用，增大充气量，提高发动机功率。排气歧管多数采用铸铁制造，如图 4-16 所示。为了便于对进气歧管预热，有些发动机进、排气歧管安装在同一侧。

（3）排气消声器

排气消声器的作用是降低排气噪声，并消除废气中的火星及火焰。

排气消声器有吸收、反射两种基本的消声方式，如图 4-17 所示。吸收式消声器是通过废气在玻璃纤维、钢纤维和石棉等吸声材料上的摩擦而减少其能量。反射式消声器则是多个串联的谐调腔与长度不同的多孔反射管相互连接在一起，废气在其中经过多次反射、碰撞、膨胀、冷却而降低压力，减轻振动。

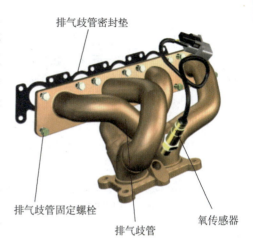

图 4-16　排气歧管

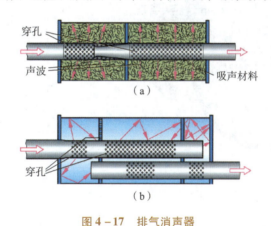

图 4-17　排气消声器
（a）吸收式消声器；（b）反射式消声器

汽车上实际使用的排气消声器，多数是综合利用不同的消声原理组合而成的，如图 4-18 所示。

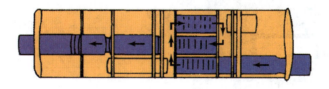

图 4-18　组合式消声器

## 2. 可变进气系统

可变进气系统是通过进气系统的谐调作用，提高发动机的充气效率，以获得最佳的输出功率。

在进气过程中，当进气门刚打开时，进气门门口处产生一定的真空，形成负的压力波，这种负压力波沿进气管以声速传递到进气管的入口，然后反射，形成正的压力波，又返回到进气门入口端。如果在进气终止时，这种正的压力波波峰恰好到达进气门入口端，进气压力升高，充气效率增加；反之，如果波谷恰好到达进气门入口端，进气压力减小，充气效率降低。我们希望在发动机的转速范围内，这种正压力波与进气脉冲最佳匹配，使得进气终止时的正压力波的波峰恰好到达进气门入口端。这种增压技术称为谐波增压。

谐波增压可通过改变进气管的长度和容积实现。较长的进气歧管使发动机在低转速下获得较大的转矩，但在高转速下却会出现较低的最大输出功率，而较短的进气歧管却正好相反。通过可变进气歧管长度，可以保证在较大的转速范围内，不但具有较大的转矩，而且在高转速下具有较高的最大输出功率。

图4-19所示是奥迪A6轿车发动机可变进气系统的工作原理图。

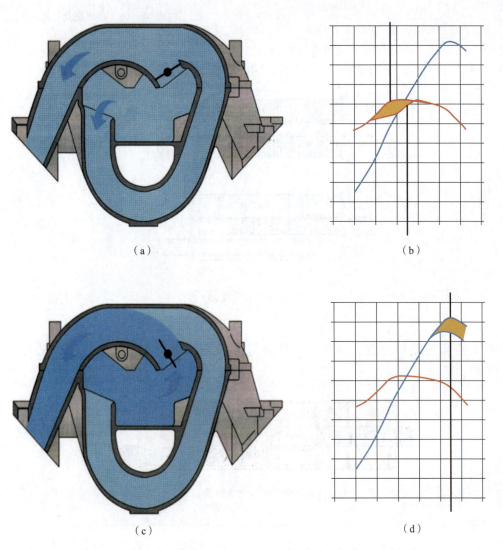

图4-19　奥迪A6轿车发动机可变进气系统工作原理图
(a) 低转速时使用长进气道；(b) 低转速区域内的扭矩对比；(c) 高转速时使用短进气道；(d) 高转速区域内的功率对比

### 3. 废气涡轮增压系统

废气涡轮增压是指利用发动机排出的高温高压废气能量，驱动涡轮做高速旋转，带动同轴上的压缩机，对燃烧所需的空气进行预压缩，这样，在发动机排量和转速不变的情况下，增加了流入发动机的空气量，提高了进气效率，因而可提高发动机的功率。

废气涡轮增压系统的结构原理如图4-20所示。排气管接到涡轮壳上。发动机排出的具有一定压力的高温废气经排气管进入涡轮壳里，高速的废气流按一定的方向冲击涡轮，使涡轮高速旋转。废气的压力、温度和速度越高，涡轮转速也越快，通过涡轮的废气最后排入大气。因为涡轮和增压器压缩轮安装在同一转子轴上，所以两者同速旋转。经过空气滤清器吸入压气机壳内的空气，被高速旋转的压缩轮甩向压缩轮的外缘，使其速度和压力增加，被压缩的空气经发动机进气管进入气缸，以提高发动机的充气量。

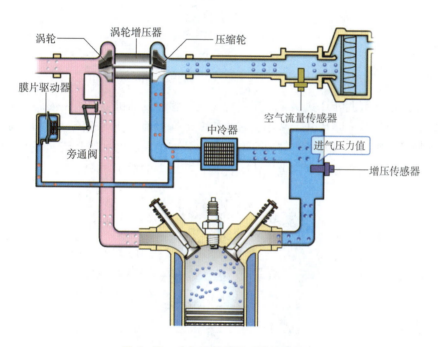

图4-20 废气涡轮增压系统结构原理

由于利用高温废气进行增压，涡轮增压器温度较高，经过压缩的空气温度也较高，使进气密度减少，对提高进气效率不利，因此，需要在压缩空气出口到进气管之间安装冷却器，冷却压缩空气，提高其密度。

传统废气涡轮增压系统存在两个问题：一是发动机转速很高时，涡轮转速也很高（超过100 000 r/min），压缩空气量超出实际需求；二是在发动机怠速或小负荷工况时，涡轮达不到应有的转速，空气压缩不足，发动机增压效果不明显。

针对上述问题，解决方法：一是在涡轮增压器上加一个旁通支路；二是使用可调叶片式涡轮增压系统。

图4-21所示是在涡轮增压器上加一个旁通支路。当发动机转速低时，控制阀N75控制旁通支路关闭；当发动机转速较高时，进气压力增大，控制压力箱逐步打开旁通支路，减少通过废气涡轮的废气量，从而降低废气涡轮的转速。

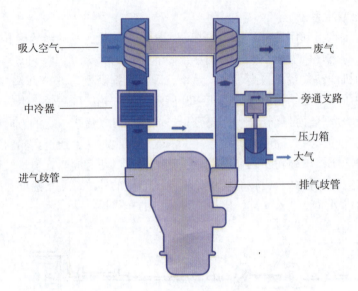

图 4-21　旁通支路式废气涡轮增压系统

图 4-22 所示是可调叶片式涡轮增压系统。它能够在发动机整个范围内调整进气增压压力。当发动机转速低时，叶片开度减小，减小废气流通截面，使废气流速增加，提高废气涡轮转速，增加进气压力；当发动机转速高时，叶片开度增大，增加废气流通截面，使废气流速降低，维持废气涡轮转速在正常范围内，保证进气压力的稳定。

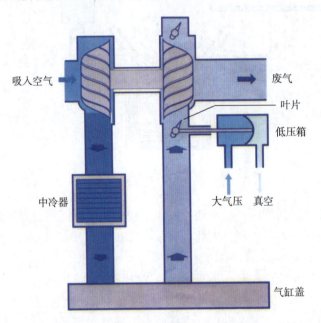

图 4-22　可调叶片式废气涡轮增压系统

### （五）电子控制系统

电子控制系统包括各种传感器、电控单元、执行器。电子控制系统的作用是接收各传感器的信号，根据 ECU 设定的程序，对喷油时刻、喷油量及点火时刻等进行控制。

随着计算机控制功能的不断扩展，其控制项目也在不断增加，如怠速控制、进气控制、排放控制、故障自诊断等，形成多功能控制的集中管理控制系统。

图 4-23 所示为一个典型的轿车发动机燃油喷射控制系统。采用德国 Bosch 公司电子控制多点喷射系统。

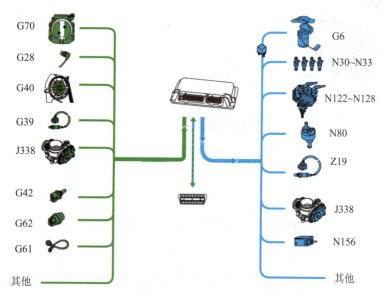

图 4-23 燃油喷射控制系统

**1. 传感器**

（1）空气流量计

空气流量计为热膜式，型号为 HFM5。它安装在空气滤清器和进气软管之间，其结构如图 4-24 所示。主要由阻流网、感知空气流量计的热膜（传感器元件）、进行进气温度修正的温度补偿电阻、控制热膜电流并产生输出信号的控制线路板及空气流量计壳体组成。热膜式空气流量计的传感元件如图 4-25 所示。

空气流量计用来测量进入发动机

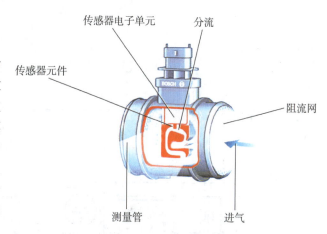

图 4-24 热膜式空气流量计的结构

的空气量，该信号是控制单元计算点火时间和喷油量的主要参数，其工作原理如图 4-26 所示。在空气通道中放置着热膜 $R_H$ 和温度补偿电阻 $R_K$（惠斯顿电桥的两个臂）；在控制线路板上粘贴着一只精密电阻 $R_A$，也是惠斯顿电桥的一个臂，该电阻上的电压就是热膜空气流量计的输出电压信号；惠斯顿电桥还有一个臂 $R_B$，装在控制线路板上。工作时，热膜发热，其热量不断被空气带走，热膜被冷却，热膜周围通过的空气流量越大，被带走的热量也越多。热膜式空气流量计就是利用热膜与空气之间的这种热传递现象进行空气质量流量测量的。其工作原理是将热膜温度与吸入空气温度差值始终保持在 100 ℃，热膜温度由混合集成电路控制，当空气质量流量增大时，由于空气带走的热量增多，为保持热膜温度，混合集成电路使热膜 $R_H$ 通过的电流增大，如图 4-27 所示；反之，则减小。这样就使通过热膜

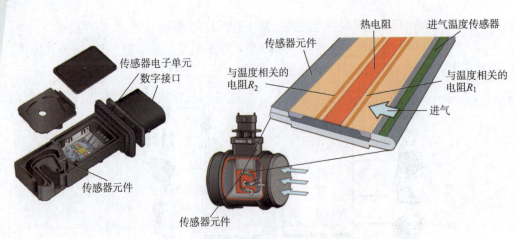

图 4-25 热膜式空气流量计的传感元件

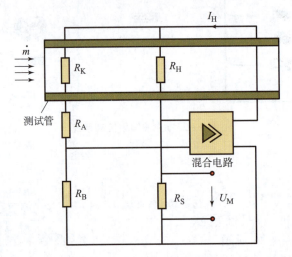

$R_H$—热膜电阻；$R_K$—温度补偿电阻；$R_S$—精密电阻；$R_B$—电桥电阻。

图 4-26 热膜式空气流量计工作原理

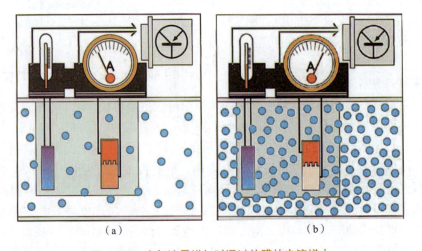

图 4-27 空气流量增加时通过热膜的电流增大

$R_H$ 的电流是空气质量流量的单一函数。热膜加热电流的大小由惠斯顿电桥电路中精密电阻 $R_A$ 上的电压信号输出。在惠斯顿电桥的另一臂上有温度补偿电阻 $R_K$ 和电桥电阻 $R_B$，为了减小电损耗，其阻值较高，通过这个臂上的电流较小。

热膜空气流量计的优点是没有运动件，无流动阻力，传感器无污染沉积，使用可靠性好。在使用过程中，如果空气流量传感器信号中断，控制单元将根据发动机转速、节气门电位计信号及进气温度信号计算出一个替代值。

（2）发动机转速传感器

发动机转速传感器是一个磁感应传感器，它采集曲轴转角位置和发动机转速信号。其工作原理如图 4-28 所示。在曲轴上有一个靶轮，靶轮上有 60 个齿，传感器对它进行扫描。当靶轮经过传感器时，产生一个变电压信号，其频率随发动机转速变化而变化，控制单元根据交变电压的频率识别发动机的转速。在靶轮上有一处缺两个齿，感应传感器扫描到该处时，1 缸活塞处于上止点前 72°，它是作为控制单元识别曲轴转角位置的基准标记。发动机转速传感器所感应出的信号如图 4-29 所示。

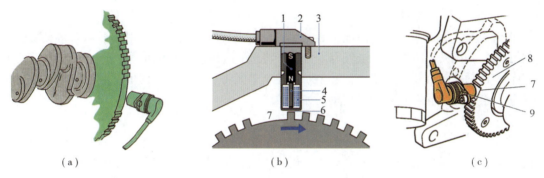

1—杆式永久磁铁；2—转速传感器壳体；3—缸体；4—软磁极柱；5—感应线圈；
6—空气间隙；7—缺齿（基准标记）；8—靶轮；9—转速传感器。

图 4-28  发动机转速传感器 G28 工作原理

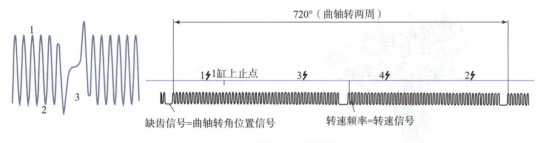

1—齿；2—齿隙；3—参考标记。

图 4-29  发动机转速传感器信号

（3）霍尔传感器

霍尔传感器安装在缸盖右侧，进气凸轮轴后端。它是一个电子开关，利用霍尔原理工作，结构如图 4-30 所示。霍尔传感器隔板上有一个霍尔窗口，凸轮轴每转一周（曲轴转 720°），产生一个信号，该信号出现在 1 缸压缩行程上止点前 72°。控制单元根据此信号可识别 1 缸压缩行程上止点位置，用于顺序喷油和爆震选择控制。如果霍尔传感器信号中断，它没有替代功能，发动机控制单元不能区分 1 缸和 4 缸。

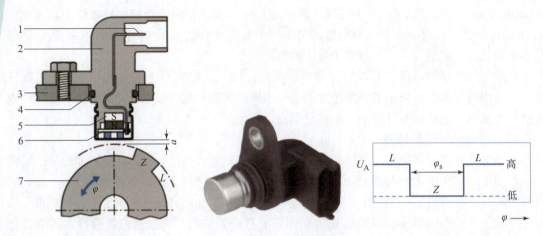

1—插头；2—传感器外壳；3—固定的壳体；4—密封圈；5—永久磁铁；6—霍尔元件；7—靶轮；a—空气间隙。

图 4-30　霍尔传感器

(4) 进气温度传感器

进气温度传感器是一个负温度系数（NTC）电阻，即温度升高，阻值下降。它安装在进气管上体，如图 4-31 所示。进气温度传感器将进气温度转变成电信号，送给控制单元，用于各种控制功能的修正。如果该信号中断，控制单元将启用一个替代值，但不能准确感知进气温度，会导致热起动困难、排放量增加等故障。

(5) 冷却水温度传感器

冷却水温度传感器也是一个 NTC 电阻，直接与发动机冷却水接触，如图 4-32 所示。该信号是一个较重要的修正信号。如果该信号中断，控制单元将启用一个替代值，但不能准确感知冷却水温度，将会导致发动机冷热起动困难、油耗增加、怠速自适应差、排放升高等故障。

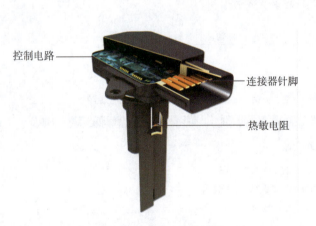

图 4-31　进气温度传感器

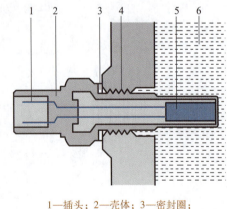

1—插头；2—壳体；3—密封圈；4—螺纹；5—感温元件；6—防冻液。

图 4-32　冷却水温度传感器 G62

(6) λ 传感器

λ 传感器就是所说的氧传感器，它安装在排气管谐振腔内，如图 4-33 所示。λ 传感器用于检测发动机的燃烧状况，向控制单元提供修正喷油量的电信号，从而实现燃油喷射的闭环控制。氧传感器由氧化锆陶瓷及表面覆盖的多孔性铂膜制成，其内侧与大气相通，外侧与排出废气接触。废气中残余含氧量与大气中含氧量的浓度差,能在氧化锆陶瓷表面产生电位差,此电位差能体现废气中的氧含量,反映混合气的浓稀,控制单元根据此信号对喷油量进行调节。

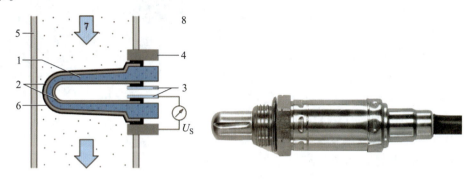

1—λ 传感器陶瓷体;2—铂电极;3—触头;4—壳体触头;5—排气管;
6—微孔陶瓷保护层;7—废气;8—大气;$U_S$—λ 传感器电压。

图 4-33 λ 传感器

氧传感器的最佳工作温度是 600 ℃,工作温度区间为 300~850 ℃,为此,在其内部设有加热器,使其能很快达到最佳工作温度。

(7) 爆震传感器

爆震传感器的结构如图 4-34 所示。该车采用两个爆震传感器,分别安装在缸体进气侧 1 缸和 2 缸、3 缸和 4 缸之间。当发动机发生爆震时,气缸中产生的爆震信号传递到爆震传感器的压电陶瓷,在其上产生一个电压信号,控制单元根据这个电压信号识别出爆震缸,并推迟该缸的点火。

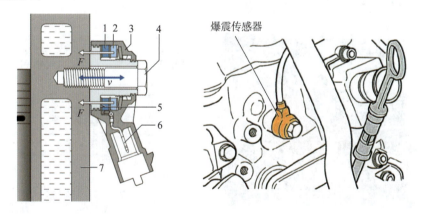

1—压电陶瓷;2—振动片;3—壳体;4—螺钉;5—接触片;6—插头;7—发动机体;$v$—振动速度。
图 4-34 爆震传感器

## 2. 执行元件

(1) 节流阀体

节流阀体也称节气门控制单元,它采用整体式结构,如图 4-35 所示,主要由怠速开关、怠速节气门电位计、节气门电位计及怠速电动机等组成。这种整体式结构取消了节气门的旁通通道,怠速调节直接在节气门上进行。最大优点是减少了部件数目,降低了漏气的可能性,避免了一些故障的发生。

怠速开关、怠速节气门电位计、节气门电位计向控制单元提供节气门当前位置信息，属于传感器部分，怠速电动机是执行元件。在怠速范围内，控制单元根据各种信息，通过控制怠速电动机来调节怠速时节气门的开度，具体功能有：怠速时，怠速电动机根据发动机负荷和温度来控制节气门开大或关小，使发动机总是工作在最佳怠速状态；当快速松开油门踏板时，怠速电动机可使节气门缓慢回位，直至达到所要求的怠速转速为止，起到了节气门缓冲器的作用；若电子控制怠速失效，节气门将保持在一个确定位置，控制单元对此不起作用。

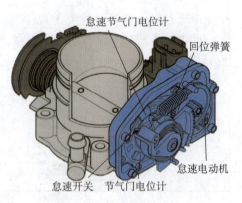

图 4-35 节气门控制单元

(2) 喷油器

喷油器（图 4-11）装在进气门上方的进气管下体上，每一个气缸都装有一个喷油器，它是由电磁元件控制的。电控单元发出指令信号，可将喷油器头部的针阀打开，把精确配制的一定量燃油喷入进气门前，并与吸入进气歧管内的空气混合，混合后的可燃混合气进入气缸内点火燃烧。

(3) 点火线圈及终端能量输出极

点火系中的主要部件是点火线圈及终端能量输出极（点火模块）。点火线圈及终端能量输出极装在一个壳体里，固定在气缸体上，如图 4-36 所示。在点火线圈的壳体上有各缸排序标识。1、4 缸共用一个点火线圈，2、3 缸共用一个点火线圈。双火花点火线圈如图 4-37 所示。终端能量输出极根据控制单元指令控制点火线圈初级绕组的通电和断电，从而在点火线圈次级产生点火高压。

 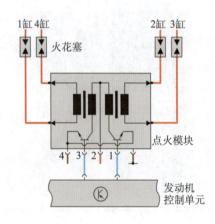

1—2、3 缸点火信号线；2—点火电源；3—1、4 缸点火信号线；4—搭铁。

图 4-36 点火线圈及终端能量输出极

## 3. 控制单元

发动机控制单元是一种具有 80 个插脚的电子综合控制装置，其外观结构如图 4-38 所示。

控制单元负责对发动机控制系统进行管理。它不仅控制燃油喷射系统，同时还具有点火控制、怠速控制、油箱通风控制、自诊断和备用控制等多种功能。具体功能如下：

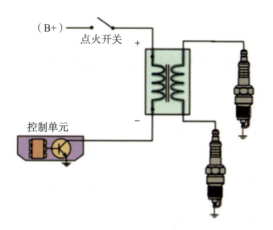

图4-37 双火花点火线圈

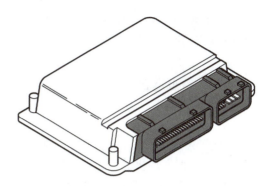

图4-38 发动机控制单元外观结构

①给传感器提供基准电压,将所需输出的信息转变成控制单元所能接收的信号。
②接收传感器或其他装置输入的各种信息。
③存储、计算、分析、处理信息;存储该车的特征参数;计算输出值;存储运算中的数据;存储故障信息。
④运算分析。根据信息参数求出执行命令数值,并将输出信息与标准值比较。
⑤输出执行命令。把弱信号变强的执行命令。
⑥自我修正功能(自适应功能)。

发动机控制单元(图4-38)能在较短时间内处理很多信号,并且具有上述功能,能够进行高精度的发动机控制。

发动机控制单元要管理多个信息,它通过信号线与控制器或系统部件相连,如图4-39所示。通过这些附加信号与汽车上其他系统部件之间相互交换信息。

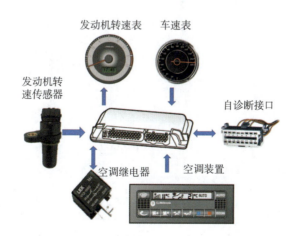

图4-39 控制单元与其他系统的信息交换

①发动机转速。控制单元从发动机转速传感器获得发动机转速信号,并传递给转速表。
②空调压缩机信号。控制单元通过空调继电器与空调压缩机相联系。空调压缩机信号是双向传递的,一方面,它可以向控制单元提供压缩机接通信息,由发动机控制单元控制节气

门控制单元提高怠速转速；另一方面，在发动机处于急加速到全负荷、应急运行、冷却水温度过高等工况时，控制单元将切断空调压缩机工作。

③车速信号。控制单元从车速表上获得行驶速度信号，利用该信号由节气门控制单元进行怠速稳定控制。

## 随堂测试

1. 目前我国用研究法_____表示汽油的牌号，如 90 号、92 号和 95 号。选择汽油牌号时，主要依据发动机的压缩比，压缩比高的发动机选用辛烷值_____的汽油。
2. 按燃油喷射位置不同，燃油喷射系统可分为_____喷射和_____喷射。
3. 废气涡轮增压是指利用发动机排出的高温高压废气能量，驱动涡轮做高速旋转，带动同轴上的_____，对燃烧所需的空气进行预压缩，增加了流入发动机的空气量，提高了进气效率，因而可提高发动机的_____。
4. 进气温度传感器通常采用负温度系数（NTC）电阻，即温度升高，阻值_____。
5. λ传感器用于检测发动机的燃烧状况，向控制单元提供修正喷油量的电信号，从而实现燃油喷射的_____控制。

项目四　汽油机燃料供给系工作过程分析

## 任务实施

### 任 务 工 单

| 任务名称：分析电控燃油喷射系统工作过程 ||||
|---|---|---|---|
| 姓名： || 班级： | 学号： |
| 任务描述 || 请你针对某一型号车辆的参数配置表，向客户解释有关发动机汽油喷射系统的相关参数的含义及对发动机性能的影响；针对某一具体车辆发动机的实物或图片，向客户说明该发动机汽油喷射系统的结构及特点 |||
| 能力目标 || 1. 能够解答客户关于发动机燃油喷射方面的咨询；<br>2. 能够识别电控燃油喷射系统的基本组成部件；<br>3. 清楚电控燃油喷射系统的基本工作原理；<br>4. 树立以客户为中心的理念，增强服务意识；<br>5. 具有与客户沟通交流的能力；<br>6. 具备信息搜集和处理的能力 |||
| 实施准备 || 1. 教学用汽油电喷车辆或发动机；<br>2. 车辆及发动机相关文件；<br>3. 汇报用纸、笔、翻页板等 |||
| 实施步骤 | 自主学习 | 通过查询资料，获取某一型号发动机汽油喷射系统的参数；<br>针对某一实物发动机，能认识燃油喷射系统的主要部件，说明其工作原理 ||
|  | 小组讨论 | 以学习小组形式进行讨论，形成小组汇报成果 ||
|  | 小组汇报 | 交流汇报小组成果；<br>按规范做好5S ||
| 自我反思 || 在专业能力、关键能力等方面的收获或体会： |||

· 149 ·

## 任务 4-2　　展示缸内直喷技术的优点

### 学习内容

1. 缸内直喷技术的特点；
2. 缸内直喷技术系统的组成；
3. 缸内直喷技术分层燃烧工作模式；
4. 燃料分层喷射技术。

### 能力要求

1. 能够解答客户关于汽油发动机缸内直喷方面的咨询；
2. 能够识别缸内直喷技术系统基本组成部件、清楚缸内直喷技术系统的基本工作原理；
3. 能够向客户展示缸内直喷技术系统的优点；
4. 清楚燃料分层喷射（TSI）的含义，并能对系统进行说明和介绍；
5. 树立以客户为中心的理念，增强服务意识；
6. 具有与客户沟通交流的能力；
7. 具备信息搜集和处理的能力。

### 任务引入

目前一些汽油发动机采用了缸内直喷技术，你能向客户解答关于缸内直喷技术的相关咨询吗？你能向客户展示缸内直喷系统的优点吗？通过下面的学习，相信你能做到。

### 任务描述

请你针对某一型号装备汽油直喷发动机车辆的参数配置表，向客户解释有关发动机汽油直喷系统的相关参数的含义及对发动机性能的影响；针对某一具体车辆发动机的实物或图片，向客户说明该发动机汽油直喷系统的结构及优点。

### 相关知识

缸内直喷又称 FSI（Fuel Stratified Injection），即燃料分层喷射技术。FSI 发动机像柴油机一样，采用缸内直喷技术，配备了按需控制的燃油供给技术，与进气歧管喷射原理不同的是，汽油被直接喷入燃烧室。以往的汽油发动机，在火花塞点火之前，气缸内的可燃混合气的浓度各处均相等,称为均质混合气。缸内直喷技术代表着传统汽油发动机的一个发展方向。近年来,各汽车厂商采用的发动机科技中,最炙手可热的技术非缸内直喷莫属。这套由柴油发动机衍生而来的科技目前已经广泛使用在大众的迈腾1.8T、高尔夫1.4T、速腾1.4T车型上,并且得到用户广泛的好评。

## 一、缸内直喷技术的特点

①燃油消耗低。缸内直喷技术发动机缸内直接喷射形成的高压雾化混合气相对于传统的缸外喷射发动机可减少大约20%燃油消耗,对减少二氧化碳的排放也有很大作用。

②热效率高。由于分层充气模式的燃烧只发生在火花塞附近,所以缸壁上的热损耗是很少的,提高了热效率。

③废气再循环率高。强制分层充气可使废气再循环率高达35%,可有效地对排放进行控制。

④压缩比高。吸入的空气通过燃油在燃烧室直接喷射雾化而冷却下来,降低了爆震的可能性,可提高压缩比。

⑤优化超速切断效果。在变速器转速恢复到低于发动机转速的过程中,气缸壁不会沉积燃油,燃油基本上被完全转化成可用能量,即使在恢复转速较低时,发动机也能稳定运行。

## 二、缸内直喷技术燃油系统的组成

图4-40所示是奥迪轿车缸内直喷技术燃油系统的组成。

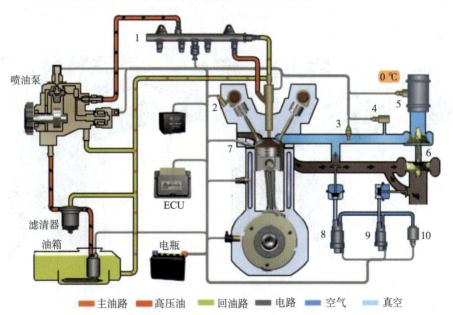

1—高压共轨;2—凸轮轴位置传感器;3—进气温度传感器;4—进气压力传感器;5—空气流量计;
6—废气涡轮;7—预热塞;8—EGR电磁阀;9—压力调节阀;10—真空泵。

图4-40 缸内直喷技术燃油系统的组成

### 1. 燃油供给系统

燃油供给系统包括低压油路和高压油路。低压油路主要由电子燃油泵及压力调节装置组成，产生 0.35 MPa 压力的燃油供给由发动机驱动的高压油泵；高压油路主要由高压油泵、油轨、压力控制阀等组成，将油压从 0.35 MPa 升高到 12 MPa，并使油轨的压力波动最小，向各缸喷油器供油。

### 2. 控制系统

发动机进行负荷计算时，控制单元所需获取的传感器信号主要有：
①环境压力，通过一个安装在发动机控制单元内的高度传感器传递。
②所吸入空气的温度，通过一个安装在节气门前的传感器传递。
③节气门的位置。
④进气管中的压力和温度，通过进气管上的双传感器传递。
⑤废气再循环阀的气门位置。
⑥充气运动阀门的位置。
⑦进气凸轮轴的位置。

## 三、缸内直喷技术分层燃烧工作模式

缸内直喷技术分层燃烧共有分层进气、均质稀薄进气和均质进气三种工作模式。

### 1. 分层进气模式

分层进气模式发生在发动机的中等负荷和转速范围内。进气状态如图 4-41 所示，通过燃烧室内混合气的分层形成，发动机的过量空气系数可以被控制在 1.6~3。燃烧室内火花塞附近区域形成的是易燃的混合气，这些混合气被外层新鲜空气和废气（根据气门正时实现的内部废气再循环）包围着，通过缸壁的热损失小。

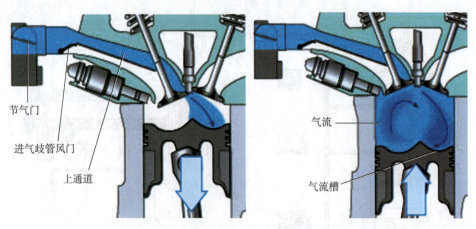

图 4-41 分层进气模式

（1）进气过程

在分层进气模式下，节气门的开度要尽可能大，这样可以使节气门处的节流损失降到最小，进气歧管转换翻板封住下进气道，这样就加速了空气运动的速率。同时，空气在经过上进气道以后，就会以旋转状进入气缸。

节气门不可能被完全打开,因为还必须要为活性炭罐系统和废气再循环系统提供一部分真空。在气缸里,由于活塞顶的特殊形状,气流的旋转运动得到了进一步加强。

(2) 喷射周期

燃油在压缩行程进行到最后 1/3 时被喷入气缸中,整个喷油过程在点火上止点 TDC 前曲轴转角 60°左右开始,大约在 TDC 前曲轴转角 45°时结束。喷油时刻对混合气的形成质量有很大影响。燃油被直接喷到活塞顶的燃油凹坑上,活塞结构如图 4 – 42 所示,同时,喷油器的几何形状也是经过特殊的优化设计,以便达到更佳的燃油雾化效果。

在活塞顶处经过特殊设计的燃油凹坑和活塞的向上运动的共同作用下,燃油被带到火花塞附近区域。同时,空气的旋转运动也加强了运动效果。在向火花塞附近区域运动的过程中,燃油与空气可以充分地混合。

(3) 混合气的形成过程

在分层进气模式下,混合气的形成只有 40°~50°的曲轴转角,这是决定形成的混合气的易燃性的关键因素。如果喷油点和点火点的时间间隔变短,由于没有充足的准备时间,形成的混合气的可燃性就很差。因此,一个长的时间间隔可以在燃烧室里形成更加均匀的可燃混合气。这就是能在燃烧室内靠近火花塞的中心区域形成易燃性很高的混合气的原因。而这些混合气又被新鲜空气和通过废气再循环进来的废气所形成的理想的气体层包围着。

(4) 燃烧过程

在火花塞附近区域形成良好的可燃混合气以后,燃烧周期也就开始了。点火时刻如图 4 – 43 所示。在可燃混合气燃烧的同时,燃烧室内的其余气体就会把它们给包裹起来,这样可以减少通过缸壁损失的热量,从而提高了热效率。由于喷油器关闭的迟缓,同时也为了保证压缩行程终了时能形成充分混合的可燃气体,点火区间被设定在一个很窄的曲轴转角范围内。这种进气模式下,发动机主要通过控制喷油量来决定扭矩的输出,进气量和点火提前角的影响很小。

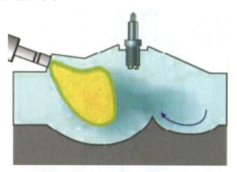

图 4 – 42 特殊的活塞形状

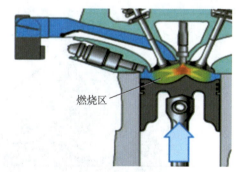

图 4 – 43 分层充气点火时刻

## 2. 均质稀薄进气模式

在分层进气模式和均质进气模式的过渡转化区域,发动机以均质稀薄进气模式运行,形成过程如 4 – 44 所示。稀混合被均匀地分布在整个燃烧室,过量空气系数 $\alpha$ 大约是 1.55。

在缸内直喷技术进气特性曲线图中,分层进气和均质进气模式中间的区域便是均质稀薄进气模式。其进气模式和分层进气模式相类似,在燃烧室中形成的混合气的比例 $\lambda = 1.55$。

(1) 进气过程

进气过程和分层进气模式的情况一样,节气门开度依旧是尽可能地开到最大,这样首先

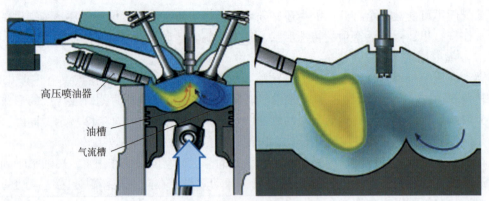

图 4-44 均质稀混合气形成过程

可以减少节流阻力的损失,其次还可以增加摄入气缸中的进气量。

（2）喷油周期

燃油是在进气行程中上止点 TDC 前大约 300°被喷入气缸中,发动机管理系统精确地控制喷油量,从而将过量空气系数 $\alpha$ 控制到 1.55。

（3）混合气的形成

由于喷油时间提前了,那么就有足够的时间在燃烧室内形成良好的可燃混合气。

（4）燃烧过程

同均质进气模式类似,点火时刻可以根据空气/燃油的比例自由选择,燃烧过程遍布整个燃烧室。

**3. 均质进气模式**

在高负载和转速下,发动机以均质进气模式工作。均质混合气形成过程如图 4-45 所示,此工况下的过量空气系数 $\alpha=1$。

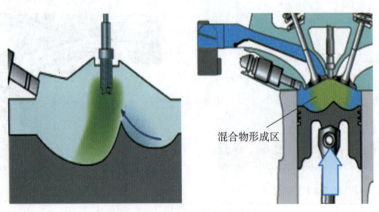

图 4-45 均质混合气形成过程

当缸内直喷技术发动机以均质进气模式运行时,该发动机类似于进气歧管燃油喷射模式的发动机,两者最本质的区别在于缸内直喷技术发动机在均质进气模式下燃油是直接被喷射到发动机的气缸中的,发动机通过控制点火提前角（短期）和进气量（长期）来控制发动机扭矩的输出,根据进气量计算合适的喷油量来满足过量空气系数 $\alpha=1$。

（1）进气过程

节气门的开度根据加速踏板的位置信号来动作。进气歧管转换翻板的开/闭则根据实际的运行工况决定：在中等的发动机转速和负荷下，进气歧管是关闭的，这样气流就是旋转着进入气缸中，从而可以更充分地混合气体。随着发动机转速和负荷的增加，仅仅通过上部进气道已经无法满足进气需求，这时转换翻板就会打开，下部进气道也进气。

(2) 喷油周期

燃油在进气行程中上止点 TDC 前大约 300°曲轴转角时被喷入气缸中。在燃油雾化蒸发的过程中需要吸收热量，这样就会冷却吸入的空气，从而可以得到比同样工况下的进气管喷射的发动机更高的压缩比。

(3) 混合气的形成

由于在进气形成中就把燃油喷射到气缸中，从而为燃油与空气的混合提供了十分充足的时间，所以在燃烧室内就形成了混合均匀的雾化燃油与空气的可燃混合气体。燃烧室内的过量空气系数 $\alpha = 1$。

(4) 燃烧过程

在均质进气模式下，点火时刻是影响发动机扭矩输出、燃油消耗和尾气排放的主要因素。

图 4-46 所示是发动机不同工况对应的混合气模式。

图 4-46 发动机不同工况对应的混合气模式

## 四、燃料分层喷射技术

缸内直喷技术是带有分层充气的直接喷射技术。燃料分层喷射是增压发动机的直接喷射技术，在涡轮增压的发动机上保留了 FSI 这个缩写，但放弃了分层充气工作模式。一方面取消了分层模式和氮氧化物传感器；另一方面则致力于较高功率和转速所带来的驾驶乐趣。

图 4-47 所示为大众 1.8TSI 发动机燃油供给系统，主要由以下几个部分组成：低压油泵、高压油泵、高压油管、喷油器、电控单元、各类传感器和执行器。

图 4-48 表示了这个系统的燃油供给路线，供油泵从油箱将燃油泵入高压油泵的进油口，由发动机凸轮轴驱动的高压油泵将燃油增压后送入共轨腔内，再由电磁阀控制各缸喷油器在相应时刻喷油。

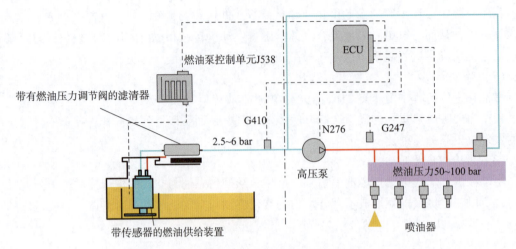

图 4-47　大众 1.8TSI 燃油供给系统

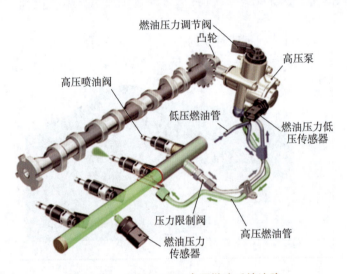

图 4-48　大众 1.8TSI 高压燃油系统油路

## 随堂测试

1. 带有分层充气的直接喷射技术缩写是_____，增压发动机的直接喷射技术缩写是_____。

2. 缸内直喷技术发动机像柴油机一样，采用_____技术，配备了按需控制的燃油供给技术。与进气歧管喷射原理不同的是，汽油被直接喷入燃烧室。

3. 缸内直喷技术分层燃烧共有_____、_____和_____三种工作模式。

4. 大众 1.8TSI 发动机燃油供给系统主要由低压油泵、_____、高压油管、_____、电控单元、_____和执行器几个部分组成。

项目四  汽油机燃料供给系工作过程分析

## 任务实施

### 任 务 工 单

| 任务名称：展示缸内直喷技术的优点 | | |
|---|---|---|
| 姓名： | 班级： | 学号： |
| 任务描述 | 请你针对某一型号装备汽油直喷发动机车辆的参数配置表，向客户解释有关发动机汽油直喷系统的相关参数的含义及对发动机性能的影响；针对某一具体车辆发动机的实物或图片，向客户说明该发动机汽油直喷系统的结构及优点 | |
| 能力目标 | 1. 能够解答客户关于汽油发动机缸内直喷方面的咨询；<br>2. 能够识别缸内直喷技术系统基本组成部件，清楚缸内直喷技术系统的基本工作原理；<br>3. 能够向客户展示 FSI 系统的优点；<br>4. 清楚 TFSI（TSI）的含义并能对系统进行说明和介绍；<br>5. 树立以客户为中心的理念，增强服务意识；<br>6. 具有与客户沟通交流的能力；<br>7. 具备信息搜集和处理的能力 | |
| 实施准备 | 1. 教学用汽油直喷发动机车辆或发动机；<br>2. 车辆及发动机相关文件；<br>3. 汇报用纸、笔、翻页板等 | |
| 实施步骤 | 自主学习 | 通过查询资料，获取某一型号汽油发动机缸内直喷系统的参数；<br>针对某一实物发动机，能认识缸内直喷系统的主要部件，说明其工作原理 |
| | 小组讨论 | 以学习小组形式进行讨论，形成小组汇报成果 |
| | 小组汇报 | 交流汇报小组成果；<br>按规范做好 5S |
| 自我反思 | 在专业能力、关键能力等方面的收获或体会： | |

汽车构造（上册）——发动机构造

## 任务 4-3　介绍降低汽油机排放污染措施

　学习内容

1. 排放污染物的形成原因及影响因素；
2. 废气再循环控制系统；
3. 燃油蒸发排放控制系统；
4. 三元催化转化系统；
5. 二次空气喷射系统。

　能力要求

1. 能够解答客户关于汽油机降低排放污染方面的咨询；
2. 能够识别汽油机排放控制系统的组成部件及工作原理；
3. 增强法规、环保意识；
4. 具有与客户沟通交流的能力；
5. 具备信息搜集和处理的能力。

目前关于汽车排放的控制非常严格，汽油发动机普遍采用各种排放污染控制装置，关于排放控制装置都有哪些，你清楚吗？这些装置又是怎样降低排放的呢？通过下面的学习，相信你会找到答案。

　任务描述

针对某一具体车辆发动机的实物或图片，向客户说明该发动机排放控制系统的结构组成、工作原理及特点。

汽车的排放污染源主要有 3 个，如图 4-49 所示。一是发动机排气管排出的发动机燃烧废气（俗称尾气），汽油车的主要污染成分是 CO、HC 和 $NO_x$，而柴油车除了这 3 种有害物外，还排放大量的微粒物；二是曲轴箱排放物，在压缩和燃烧过程中，发动机未燃的 HC 由燃烧室漏向曲轴箱，再排向大气；三是燃料蒸发排放物，主要由发动机燃料供给系的燃料蒸

发而产生。

图 4-49 汽车排放污染源

## 一、排放污染物的形成原因及影响因素

### （一）排放污染物的成因

**1. 一氧化碳**

①燃料不完全燃烧。CO 是在燃烧过程中烃类燃料缺氧而不能完全燃烧的产物。

②$CO_2$ 和 $H_2O$ 在高温时离解。当汽油机缸内温度超过 1 800 ℃时，$CO_2$ 和 $H_2O$ 在高温时会产生离解，生成 CO。

**2. 碳氢化合物**

①由于气缸壁对火焰的冷却作用、缝隙效应、油膜和沉积物对燃油蒸气的吸附作用，使燃料未燃烧或未完全燃烧。

②由于燃料供给系统的蒸发及燃烧室等泄漏而产生。

**3. 氮氧化物**

①在高温燃烧过程中，空气中的分子氮被氧化为 NO，也称为高温 NO，是 NO 的主要来源。

②在燃烧过程中，燃料中的含氮化合物分解成低分子氮化物，其被氧化生成 NO，也称为燃料 NO。

③在燃烧过程中，燃料中的碳氢化合物裂解出的 CH、$CO_2$、C 等与空气中的 $N_2$ 反应生成 HCN 和 NH 等，并进一步与 OH、O 反应生成 NO，也称为激发或瞬发 NO。

### （二）排放污染物的主要影响因素

**1. 混合气浓度**

空燃比与汽油机排气污染物的关系如图 4-50 所示（假定发动机转速和负荷不变）。当空燃比在 16 以下时，随着空燃比的下降，混合气浓度增大，氧气不足，不完全燃烧现象严重，使 CO、HC 排放增多，$NO_x$ 排放减少。当空燃比大于 17 时，随着空燃比增大，CO 排放减少。同时氧化反应速度慢，燃烧温度下降，使 HC 排放增多，$NO_x$ 排放减少。在混合气浓度稍稀处，HC、CO 排放浓度最小，而 $NO_x$ 排放浓度最大。

**2. 运行工况**

汽油机在急速和小负荷工况运行时，供给的混合气偏浓，并且燃烧室温度较低，燃烧速度慢，易引起不完全燃烧，使 CO 含量增多；又因为燃烧室温度低，燃烧室壁面激冷现象严重，不能燃烧的燃油量增多，使排出的 HC 增多。

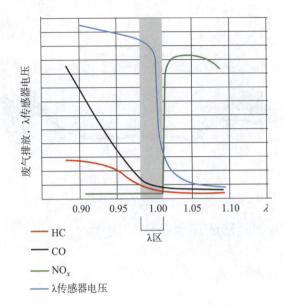

图 4-50 空燃比与汽油机排气污染物的关系

在中等负荷时,供给经济混合气,混合气易于完全燃烧,CO、HC 排放减少;由于燃烧室温度增高,使 $NO_x$ 生成量增多。

在大负荷时,供给浓混合气,使燃烧气体压力、温度升高,有较多的 $NO_x$ 生成;同时,也提高了排气温度,使 HC 在排气中继续燃烧,其排放量减少;但由于混合气较浓,使 CO 排放量增多。

**3. 火花质量和点火提前角**

汽油机点火系统的火花质量和点火提前角对汽车排气污染物有较大影响。

①火花质量决定点燃混合气的能力。当点燃稀薄混合气时,火花的持续时间对汽车排气污染物的影响是很大的。火花越弱,出现失火现象越多,而失火将会造成大量的 HC 生成。

②点火提前角推迟时,可降低燃烧气体的最高温度,使 $NO_x$ 排放量降低。点火提前角的推迟,还会延长混合气燃烧时间,在做功行程后期,未燃的 HC 会继续燃烧,使 HC 排放量降低。

**4. 配气相位**

配气机构凸轮形状决定气门开启和关闭时刻及气门升程曲线,而这些参数影响发动机的充气过程;进入气缸新鲜混合气数量,决定发动机的转矩和功率;留在气缸内未燃混合气数量和在排气门开启时未被排出的废气量,会影响点火性能和燃烧状况,从而影响发动机效率、未燃 HC 的排放浓度。在进、排气门同时开启时,根据气缸内压力状况,新鲜混合气可能排出机外,或废气流回进气歧管,这会对发动机效率和未燃 HC 排放物造成很大影响。

## 二、废气再循环控制系统

废气再循环(EGR,Exhaust Gas Recirculation),是指在发动机工作时将一部分废气引入进气管,并与新鲜空气混合后吸入气缸内再次进行燃烧的过程。废气再循环是目前用于降低 $NO_x$ 排放量的一种有效方法,它是通过降低燃烧室的燃烧温度来抑制 $NO_x$ 的生成。

废气再循环控制系统的结构与工作原理如图4-51所示。主要由控制单元1、废气再循环（EGR）控制阀2、废气再循环温度传感器3、废气再循环电磁阀4、催化净化器上游的λ传感器5、催化净化器6等组成。

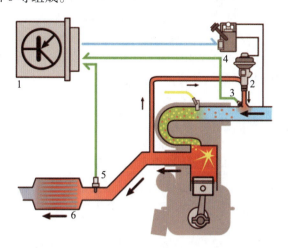

1—控制单元；2—废气再循环（EGR）控制阀；3—废气再循环温度传感器；
4—废气再循环电磁阀；5—催化净化器上游的λ传感器；6—催化净化器。
图4-51 废气再循环控制系统的结构和工作原理

发动机工作时，根据点火开关、曲轴位置、冷却液温度、节气门位置等传感器的输出信号，ECU确定发动机运行工况，同时输出指令，控制电磁阀电磁线圈的导通与截止，并利用进气管的真空来控制废气再循环控制阀开启或闭合动作，使废气再循环进行或停止。

## 三、燃油蒸发排放控制系统

为了防止汽油箱向大气中排放汽油蒸气所产生的污染，在现代轿车上普遍采用了由ECU控制的燃油蒸发排放控制系统，如图4-52所示。

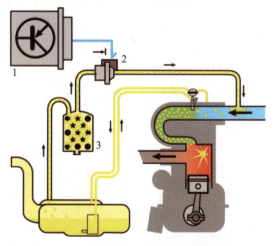

1—控制单元；2—活性炭罐电磁阀；3—活性炭罐。
图4-52 燃油蒸发排放控制系统

油箱中的燃油蒸气通过单向阀进入活性炭罐上部，空气从炭罐下部进入清洗活性炭。发动机工作时，根据发动机的转速、温度、空气流量等信号，ECU 通过控制活性炭罐电磁阀的动作来控制排放控制阀上部的真空度，从而控制排放阀的开闭动作。当排放控制阀打开时，汽油蒸气通过阀中的定量排放小孔被吸入进气歧管，然后进入气缸燃烧。

在某些车型上，燃油蒸发排放控制系统为有利于发动机抑制爆燃，当 ECU 判断出发动机产生爆燃时，即刻使活性炭罐电磁阀关闭，切断真空，关闭排放控制阀，直至爆燃消失且超过 150 ms 时，ECU 才使燃油蒸发排放控制系统恢复工作。

## 四、三元催化转化系统

发动机排气中的 HC、CO 和 $NO_x$ 排放物在温度高于 1 000 ℃ 时可以很容易变成无害气体。然而，在排气系统中想要维持这么高的温度是不可能的。含有铂（Pt）、钯（Pd）或铑（Ph）等贵金属的催化剂可以在低很多的温度（300～900 ℃）下将这三种排放物同时转化掉，因此被称为三元催化转化器。

三元催化转化器由壳体、减振层、载体和催化剂涂层四部分组成，如图 4-53 所示。

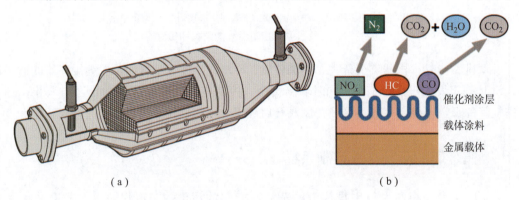

图 4-53 三元催化转化器的结构
(a) 基本结构；(b) 载体和涂层结构

减振层位于壳体和载体之间，起固定载体、减振、缓解热应力、隔热和密封等作用。载体是催化剂涂层的支撑体（图 4-53 (b)），排气从其孔隙中通过并与固定在涂层上的活性催化剂相互作用，加速氧化、还原反应速度，达到净化排气的目的。在载体孔道的壁面上，涂有一层氧化铝层。涂层表面是活性材料贵重金属，一般是铂（Pt）、铑（Ph）和钯（Pd）及作为辅助催化剂的稀土类材料。

三元催化转化器的转化效率与空燃比关系极大（参见图 4-50），要求空燃比保持在理论空燃比 14.7±0.3 范围内。只有这样，催化剂才能既使 CO、HC 氧化，又使 $NO_x$ 还原，实现催化剂三效。为此，三元催化转化器必须与电喷发动机配合使用，并在三元催化转化器之前安装氧传感器，检测三元催化转化器入口处的氧气浓度，以便精确控制空燃比。

## 五、二次空气喷射系统

二次空气喷射系统的实质是将一定量的空气引入排气管中，使废气中的一氧化碳和碳氢化合物进一步燃烧，以减少一氧化碳和碳氢化合物的排放，这是减少污染物排放的最早使用的办法，目前与催化转换器配合使用。

图 4-54 所示为奥迪 A6 轿车二次空气喷射系统原理图。在冷起动阶段，发动机控制单元 1 通过二次空气泵继电器 2 来起动二次空气泵 5，使空气到达二次空气控制阀 4。与此同时，二次空气泵电磁阀 3 起动，这就使真空作用到二次空气控制阀 4 上，于是二次空气控制阀开启，将二次空气送到气缸盖排气通道中。

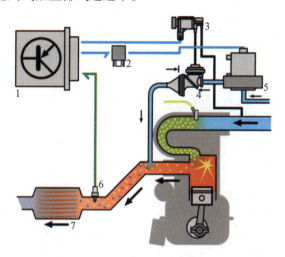

1—控制单元；2—二次空气泵继电器；3—二次空气泵电磁阀；4—二次空气控制阀；
5—二次空气泵；6—催化净化器上游的 λ 传感器；7—催化净化器

图 4-54 二次空气喷射系统工作原理

## 随堂测试

1. 汽油车的主要污染成分是_____、_____和_____。

2. 在汽油机怠速和小负荷工况运行时，供给的混合气_____，并且燃烧室温度较低，燃烧速度慢，易引起不完全燃烧，使_____含量增多；又因为燃烧室温度低，燃烧室壁面激冷现象严重，不能燃烧的燃油量增多，使排出的_____增多。

3. 三元催化转化器的转化效率与空燃比关系极大，要求空燃比保持在理论空燃比 14.7±0.3 范围内。只有这样，催化剂才能使 CO、HC _____，又使 $NO_x$ _____，实现催化剂三效。

4. 二次空气喷射系统的实质是将一定量的_____引入排气管中，使废气中的_____和_____进一步燃烧，以减少一氧化碳和碳氢化合物的排放。

## 任务实施

### 任务工单

| 任务名称：介绍降低汽油机排放污染措施 ||||
|---|---|---|---|
| 姓名： || 班级： | 学号： |
| 任务描述 || 针对某一具体车辆发动机的实物或图片，向客户说明该发动机排放控制系统的结构组成、工作原理及特点 |||
| 能力目标 || 1. 能够解答客户关于汽油机降低排放污染方面的咨询；<br>2. 能够识别汽油机排放控制系统的组成部件及工作原理；<br>3. 树立以客户为中心的理念，增强服务意识；<br>4. 具有与客户沟通交流的能力；<br>5. 建立起环保和法规意识 |||
| 实施准备 || 1. 教学用车辆或发动机；<br>2. 车辆及发动机相关文件；<br>3. 汇报用纸、笔、翻页板等 |||
| 实施步骤 | 自主学习 | 分析发动机排放污染物的形成原因及影响因素；<br>通过查询资料，获取汽车相关排放标准；<br>针对某一实物发动机，能认识废气排放控制系统主要部件，说明其工作原理 ||
|  | 小组讨论 | 以学习小组形式进行讨论，形成小组汇报成果 ||
|  | 小组汇报 | 交流汇报小组成果；<br>按规范做好5S ||
| 自我反思 || 在专业能力、关键能力等方面的收获或体会： |||

# 项目五

## 柴油机燃料供给系工作过程分析

以前柴油机广泛应用于拖拉机、工程机械、重型汽车等。随着电子控制技术的发展，现代柴油机普遍采用电子控制燃油喷射系统，性能得到了极大的提升，在汽车方面的应用也不断增加，不仅用于中、重型汽车，而且在轻型车、轿车上也得到应用。本项目介绍电控柴油机喷射系统、分析电控柴油共轨喷射系统工作过程和介绍降低柴油机排放污染措施。

### 任务 5-1　介绍电控柴油喷射系统

 **学习内容**

1. 柴油供给系统基本知识；
2. 柴油机可燃混合气的形成及燃烧过程；
3. 柴油机燃料供给系统的组成；
4. 电子控制柴油机喷射系统的基本类型和工作原理。

 **能力要求**

1. 能够解答客户关于柴油机燃料供给系统方面的咨询；
2. 能够识别柴油机供给系统的种类和基本组成；
3. 树立以客户为中心的理念，增强服务意识；

4. 具有与客户沟通交流的能力；
5. 具备信息搜集和处理的能力。

 **任务引入**

柴油发动机广泛应用于商用车和工程车辆上，目前柴油发动机普遍采用电控燃油喷射系统，你能向客户解答关于电控柴油喷射系统的一般性咨询吗？通过下面的学习，相信你能做到。

 **任务描述**

请你针对某一型号柴油车辆的参数配置表，向客户解释柴油发动机喷射系统的类型和相关参数的含义；能够结合使用环境向客户推荐柴油牌号；针对某一具体车辆发动机的实物或图片，向客户说明该发动机喷射系统的结构及特点。

 **相关知识**

## 一、柴油供给系统基本知识

柴油是在 533～625 K 的温度范围内由石油中提炼出来的碳氢化合物，其中各成分质量分数分别是碳 87%、氢 12.6%、氧 0.4%。

柴油的使用性能指标主要是发火性、蒸发性、黏度和凝点。

### 1. 发火性

发火性是指柴油的自燃能力。柴油机工作时，柴油被喷入燃烧室后，并非立即着火燃烧，而要经过一段时间的物理和化学准备，这个准备时间称为备燃期。柴油的发火性用十六烷值表示，十六烷值越高，发火性越好。但十六烷值过高的柴油喷入燃烧室后，还来不及与空气充分混合就着火，使柴油在高温下裂解分离出大量的游离碳，造成油耗、烟度上升。因此，一般汽车用柴油的十六烷值应在 40～50 范围内。

### 2. 蒸发性

蒸发性是指柴油汽化的特性，是通过蒸馏试验来确定的，需要测量馏程为 50%、90% 及 95% 的馏出温度。同一相对蒸发量的馏出温度越低，越有利于可燃混合气的形成与燃烧，越有利于起动，但同时也会使柴油机工作粗暴；反之，若燃料中重馏分含量过多，则会造成雾化不良，汽化缓慢，使燃烧不完全而产生严重的积碳现象。

### 3. 黏度

黏度决定柴油的流动性。黏度过大的柴油，流动阻力也过大，难以沉淀、滤清，影响喷雾质量；反之，黏度过小的柴油，将增加精密偶件工作表面间的柴油漏失量，并加剧这些表面的磨损。因此应选用黏度合适的柴油。

### 4. 凝点

凝点是表示柴油冷却到开始失去流动性的温度，柴油牌号依据柴油的凝点来划分。

汽车用柴油机属于高转速工作的，采用轻柴油（轻柴油多用于转速 1 000 r/min 以上的高速柴油机）。根据凝点，轻柴油的牌号分为 5 号、0 号、-10 号、-20 号、-35 号、-50 号。如 0 号和 -35 号轻柴油的凝点分别为 0 ℃ 和 -35 ℃。

选择柴油牌号时，应比柴油机最低工作温度低 3~5 ℃ 以上。如果牌号（凝点）选择过高，将会造成油路堵塞。柴油牌号选择推荐如下：

5 号轻柴油适用于风险率为 10% 的最低气温在 8 ℃ 以上的地区使用；

0 号轻柴油适用于风险率为 10% 的最低气温在 4 ℃ 以上的地区使用；

-10 号轻柴油适用于风险率为 10% 的最低气温在 -5 ℃ 以上的地区使用；

-35 号轻柴油适用于风险率为 10% 的最低气温在 -29 ℃ 以上的地区使用；

-50 号轻柴油适用于风险率为 10% 的最低气温在 -44 ℃ 以上的地区使用。

为降低柴油的凝点，改善其低温流动性，使用时可在其中添加降凝剂。

## 二、可燃混合气的形成与燃烧

与汽油机相比，柴油机可燃混合气的形成与燃烧条件要差得多。在柴油机工作中，进气行程进入气缸的是纯空气，只是在压缩行程接近终了时刻，才将高压柴油喷入燃烧室。喷油持续时间只占 15°~35° 曲轴转角，形成的可燃混合气很不均匀，在燃烧室的不同区域及不同时期，可燃混合气的浓度相差都很大。

根据气缸中压力和温度的变化特点，可将混合气的形成与燃烧过程按曲轴转角划分为四个阶段，如图 5-1 所示。

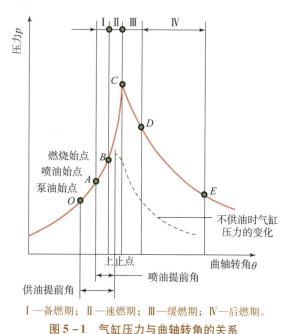

Ⅰ—备燃期；Ⅱ—速燃期；Ⅲ—缓燃期；Ⅳ—后燃期。

图 5-1　气缸压力与曲轴转角的关系

### （一）备燃期Ⅰ

备燃期是指喷油器喷油始点 $A$ 到燃烧始点 $B$ 之间的曲轴转角。这一期间进行着燃烧前的物理和化学准备过程。

## （二）速燃期Ⅱ

速燃期是指从燃烧始点 $B$ 到气缸内压力达最高的 $C$ 点之间的曲轴转角。火焰自火源迅速向四周推进，上一时期积存的柴油及在此期间陆续喷入的柴油，在已燃气体的高温作用下，迅速蒸发、混合和燃烧，使气缸内压力和温度急剧上升，最高压力可达 6~9 MPa，一般出现在上止点后 6°~15° 曲轴转角处。这一时期的放热量为每循环放热量的 30% 左右。

## （三）缓燃期Ⅲ

缓燃期是指从最高压力点 $C$ 到最高温度点 $D$ 之间的曲轴转角。在此期间，燃烧以很快的速度继续进行，后期由于氧气缺少，废气增加，燃烧速度越来越慢。此期间的压力逐渐下降，但燃气温度还在继续升高，最高温度可达 1 973~2 273 K，一般出现在上止点后 20°~35° 曲轴转角处。喷油是在 $D$ 点以前结束的，缓燃期内的放热量为每循环放热量的 70% 左右。

## （四）后燃期Ⅳ

后燃期是指从最高温度点 $D$ 到柴油已基本上完全燃烧的 $E$ 点之间的曲轴转角。燃烧是在逐渐恶化的条件下缓慢进行，直到停止。在此期间，压力和温度均下降。为防止柴油机过热，应尽量缩短后燃期。加强燃烧室内气体的运动，改善混合气的形成条件，是缩短后燃期的有效措施。

综上所述，柴油机的工作特点是工作粗暴、排气冒烟、噪声大。从喷油开始到燃烧结束，仅占 50°~60° 的曲轴转角，可燃混合气形成的时间极短、空间极小。因此，在这段时间里，提高燃料的雾化程度、加强气流的运动强度、改善燃烧后期的燃烧条件，是提高柴油机动力性和经济性的有效途径。

## 三、传统柴油机燃料供给系的组成

柴油机燃料供给系一般由油箱、柴油滤清器、输油泵、喷油泵、调速器、喷油器及油管等部件组成。其中喷油泵是柴油机燃料供给系中的关键部件。

图 5-2 所示是装有柱塞式喷油泵的柴油机燃料供给系统示意。发动机工作时，输油泵经吸油管将柴油自柴油箱内吸出，经柴油滤清器过滤后，并将柴油压力提高到 0.15~0.30 MPa 左右送至喷油泵，喷油泵将柴油压力进一步提高至 10 MPa 以上，通过高压油管泵入喷油器，喷油器再将柴油以雾状喷入燃烧室并与空气混合后自行着火燃烧。输油泵供给的多余柴油及喷油器顶部回油孔流出的少量柴油，都经回油管流回柴油箱。

喷油泵又称为高压油泵。它是柴油机燃料供给系中最重要的一个总成。它的功用是根据发动机的不同工况，定时、定量地向喷油器输送高压柴油。调速器的作用是根据柴油机负荷的变化，自动地调节喷油泵的供油量，以保证柴油机在各种工况下稳定运转，达到稳定怠速、限制超速或在工作转速范围内的任一选定转速下稳定工作的目的。

图 5-3 所示是四缸发动机使用的柱塞式喷油泵和调速器总成，发动机的每个气缸都需要一套泵油机构，几个相同的泵油机构装置在同一泵体上，就构成了多缸发动机喷油泵。喷

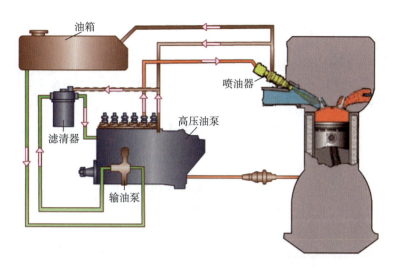

图 5-2 装有柱塞式喷油泵的柴油机燃料供给系统示意

油泵一般固定在柴油机机体一侧的支架上,由柴油机曲轴通过齿轮驱动,齿轮轴和喷油泵的凸轮轴用联轴节连接,调速器安装在喷油泵的后端。

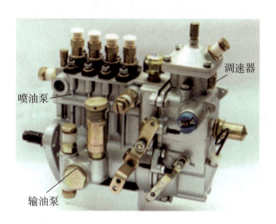

图 5-3 四缸发动机柱塞式喷油泵和调速器总成

除上述燃油供给装置外,柴油机燃料供给系还包括空气供给装置、混合气形成装置及废气排出装置。空气供给装置由空气滤清器、进气管和进气道组成,有的还装有空气增压器及中冷器;混合气形成装置为燃烧室;废气排出装置由排气道、排气管和排气消声器组成。

与传统柴油机相比,电子控制柴油机具有以下优点:

**1. 改进了发动机的调速控制**

由电子控制调速器取代了机械调速器,使转速控制更加精确,电子控制可以通过程序对行驶过程中的正常转速降进行设定,在取力装置(PTO)工作和汽车驻车时,甚至可以实现零转速降。

**2. 改善了发动机燃油经济性**

选定发动机工况后,ECU 将按程序对发动机的运转工况进行监测,特别是对喷油过程有重要影响的定时、温度、负荷、转速和增压压力等。

### 3. 改善了发动机的冷起动性

有些电子控制系统采用冷却液温度传感器，而有些电子控制系统则采用机油温度传感器，以确定发动机是否处于低温状态，ECU 将根据传感器输入的信号对喷油定时和喷油量进行优化控制，可以减少起动时的白烟；另外，ECU 将发动机冷态下的怠速转速提高到 800～850 r/min，按照程序规定，在发动机冷却液温度或机油温度达到最低工作温度以前，ECU 将忽略油门的任何输入。

### 4. 降低了发动机排气的烟度

ECU 能够根据油门的开度、机油温度和涡轮增压压力精确地控制喷油定时和喷油量，使发动机在稳态及瞬态工况下的烟度能够达到排放法规的要求。

### 5. 减少发动机的排气污染物，满足排放法规要求

### 6. 具有发动机自动保护功能

当专用传感器向电子控制单元（ECU）指示系统超过正常安全参数运转时，ECU 将向驾驶员发出报警信号，并减小发动机的功率，甚至使发动机停止运转。

### 7. 具有发动机故障诊断功能

ECU 对发动机或汽车的所有传感器、喷油器、连接器和线路进行连续监测，在传感器及电路发生故障时，ECU 将储存诊断故障码（DTC）或故障码。

### 8. 减小了发动机的维护工作量

由于燃油喷射得到了严格的控制，从而改善了发动机燃烧，另外，由于取消了机械调速器拉杆或齿条，从而减少了调整和维修项目。

## 四、电子控制柴油喷射系统的基本类型和工作原理

电子控制柴油喷射系统根据产生高压燃油的机构不同，可分为电子控制直列泵喷射系统、电子控制分配泵喷射系统、电子控制泵喷嘴喷射系统和电子控制共轨喷射系统。

### （一）电子控制直列泵喷射系统

博世电子控制直列泵喷射系统如图 5-4 所示。在电子控制直列泵燃油系统中，由调速器执行机构控制调节齿杆的位置，从而控制供油量；由提前器执行机构（定时器）控制发动机驱动轴和喷油器凸轮轴间的相位差，从而控制喷油时间。调速器执行机构和提前器执行机构是电子控制直列泵燃油系统中的两个特殊机构。

### （二）电子控制分配泵喷射系统

博世电子控制分配泵燃油喷射系统如图 5-5 所示。电子控制分配泵都是在 VE 型分配泵的基础上实现电子控制的。电子控制分配泵燃油系统根据各种传感器的信息检测出发动机的实际运行状态，由电子控制单元完成喷油量控制、喷油时间控制、怠速转速控制、故障诊断和应急等功能。

项目五 柴油机燃料供给系工作过程分析

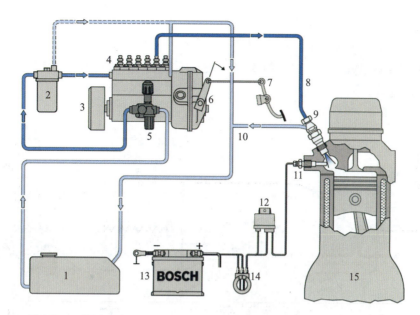

1—燃油箱；2—燃油滤清器；3—定时装置；4—直列式喷油泵；5—输油泵；6—调速器；
7—油门踏板；8—高压油管；9—喷油器；10—回油管；11—预热塞；
12—电子控制单元；13—蓄电池；14—预热塞和起动机开关；15—柴油机。

图 5-4 博世电子控制直列泵喷射系统

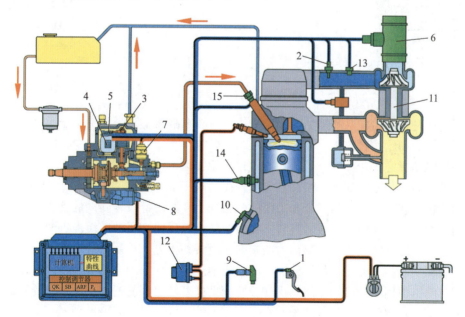

1—加速踏板传感器；2—空气温度传感器；3—分配式喷油泵位置传感器；4—分配式喷油泵流量调节机构；
5—燃油温度传感器；6—空气质量流量计；7—电子旁通阀 ELAB；8—分配式喷油泵喷油提前角调节器；
9—速度传感器；10—发动机转速传感器；11—废气涡轮增压器；12—预热时间控制器；
13—增压压力传感器；14—发动机温度传感器；15—针阀升程传感器。

图 5-5 博世电子控制分配泵喷射系统

## （三）电子控制泵喷嘴喷射系统

博世电子控制泵喷嘴燃油喷射系统如图5-6所示。电子控制泵喷嘴系统的特点是燃油压力升高仍然是机械式的，喷油始点和终点由电磁阀控制，即喷油量和喷油时间是由电磁阀控制的。

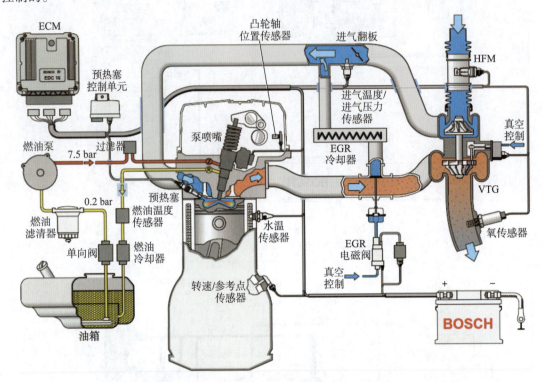

图5-6　博世电子控制泵喷嘴燃油喷射系统

泵喷嘴就是将泵油柱塞和喷油嘴合成一体，安装在缸盖上。喷油嘴由于无高压油管，所以可以消除长的高压油管中压力波和燃油压缩的影响，高压容积大大减少，因此喷射压力可很高。它的驱动机构比较特殊，必须是顶置式凸轮驱动机构。

泵喷嘴实质上是由喷油泵、喷油器和电磁控制阀三部分组成，如图5-7所示。

喷油凸轮安装在控制气门打开和关闭的凸轮轴上，其上升段为陡峭的直线，有利于快速提高喷油压力，而下降段较平缓，有利于在喷油结束以后向高压油腔缓慢进油，避免在燃油中产生气泡。电磁控制阀位于泵喷油器的中部，由柴油机电子控制系统控制。电磁控制阀针阀用于接通和切断高压油腔与低压油道之间的通道。辅助柱塞的上部为圆台，实际上是两个阀门，圆台的锥面用来开启和关闭高压油腔与辅助柱塞腔之间的通道，而圆台的底面则用来开启和关闭辅助柱塞腔与喷油针阀复位弹簧腔之间的通道。喷油针阀阻尼器为倒"工"字形，其作用是控制燃油的预喷量。

## （四）电子控制共轨喷射系统

高压共轨燃油喷射系统如图5-8所示。高压油泵不直接控制喷油，只是向共轨供油，以维持所需的共轨压力，高压燃油由共轨送入各缸喷油器。喷油压力、喷油量及喷油定时由电子控制单元（ECU）灵活控制。

项目五 柴油机燃料供给系工作过程分析

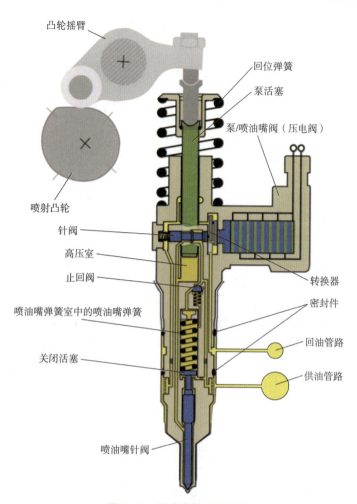

图 5-7 泵喷嘴结构示意图

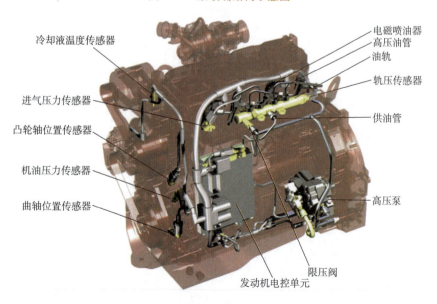

图 5-8 高压共轨燃油喷射系统

## 随堂测试

1. 柴油的使用性能指标主要是_____、_____、_____和_____。
2. 轻柴油的牌号根据_____分为 5 号、0 号、-10 号、-20 号、-35 号、-50 号。如 0 号和 -35 号轻柴油的_____分别为 0 ℃和 -35 ℃。
3. 柴油机工作根据气缸中压力和温度的变化特点,可将混合气的形成与燃烧过程按曲轴转角划分为四个阶段,即_____、_____、_____和_____。
4. 传统柴油机燃料供给系一般由柴油箱、柴油粗滤器、_____、柴油细滤器、_____、_____、喷油器及油管等部件组成。
5. 调速器的作用是根据柴油机负荷的变化,自动地调节_____的供油量,以保证柴油机在各种工况下稳定运转,达到稳定怠速、限制超速或在工作转速范围内的任一选定转速下稳定工作的目的。
6. 电子控制柴油喷射系统根据其产生高压燃油的机构不同,可分为电子控制_____喷射系统、电子控制_____喷射系统、电子控制_____喷射系统和电子控制_____喷射系统。

项目五　柴油机燃料供给系工作过程分析

# 任务实施

任 务 工 单

| 任务名称：介绍电控柴油喷射系统 ||||
|---|---|---|---|
| 姓名： | 班级： || 学号： |
| 任务描述 | 请你针对某一型号柴油车辆的参数配置表，向客户解释有关柴油发动机喷射系统的类型和相关参数的含义；能够结合使用环境向客户推荐柴油牌号选择；针对某一具体车辆发动机的实物或图片，向客户说明该发动机喷射系统的结构及特点 |||
| 能力目标 | 1. 能够解答客户关于柴油机燃料供给系统方面的咨询；<br>2. 能够识别柴油机供给系统的种类和基本组成；<br>3. 树立以客户为中心的理念，增强服务意识；<br>4. 具有与客户沟通交流的能力；<br>5. 具备信息搜集和处理的能力 |||
| 实施准备 | 1. 教学用柴油车辆或柴油发动机实验台；<br>2. 车辆及发动机相关文件；<br>3. 汇报用纸、笔、翻页板等 |||
| 实施步骤 | 自主学习 | 通过查询资料，获取某一型号柴油发动机喷射系统的参数；<br>针对某一实物柴油发动机，能认识燃油喷射系统的主要部件，说明其工作原理 ||
| ^ | 小组讨论 | 以学习小组形式进行讨论，形成小组汇报成果 ||
| ^ | 小组汇报 | 交流汇报小组成果；<br>按规范做好5S ||
| 自我反思 | 在专业能力、关键能力等方面的收获或体会： |||

· 175 ·

## 任务 5-2　分析电控柴油共轨喷射系统工作过程

**学习内容**

1. 电控柴油共轨喷射系统的优点；
2. 电控柴油共轨喷射系统的工作过程；
3. 电控柴油共轨喷射系统的组成。

**能力要求**

1. 能够解答客户关于电控柴油共轨的喷射系统方面的咨询；
2. 能够识别电控柴油共轨喷射系统的基本组成和工作原理；
3. 树立以客户为中心的理念，增强服务意识；
4. 具有与客户沟通交流的能力；
5. 具备信息搜集和处理的能力。

**任务引入**

目前，车用柴油机普遍采用电控柴油共轨喷射系统，你能向客户解答关于电控柴油共轨喷射系统的相关咨询吗？你能向客户展示电控柴油共轨喷射系统的优点吗？通过下面的学习，相信你能做到。

**任务描述**

请你针对某一型号电控柴油共轨发动机的参数配置表，向客户解释有关电控柴油共轨喷射系统的相关参数及对发动机性能的影响；针对某一具体共轨发动机的实物或图片，向客户说明该发动机电控柴油共轨喷射系统的结构及工作过程。

**相关知识**

### 一、电控柴油共轨喷射系统的优点

电子控制共轨式燃油系统的主要优点是它可以在宽广的范围内改变喷射压力和喷射时间，通过将油压产生过程和燃油喷射控制过程分开，来实现柴油机的电子控制。

①可用于轿车、轻型、重型载货车的柴油机，应用领域广阔。
②更高的喷油压力，可达到 200 MPa。
③喷油的始点、喷油的终点可以方便地改变。
④可以实现预喷射、主喷射和后喷射，可以根据排放等要求实现多段喷射。
⑤喷油压力与实际使用工况相适应。在电子控制共轨式燃油系统中，喷油压力的建立与燃油喷射之间无互相依存关系，喷油压力不取决于发动机转速和喷油量。在高压燃油存储器即"共轨"中，始终充满喷射用的具有一定压力的燃油。喷油量由电子控制单元通过计算决定，受到的其他制约条件很少。
⑥喷油正时和喷油压力在 ECU 中由存储的特性曲线谱（MAP）算出。然后，电磁阀控制装在每个发动机气缸上的喷油器（喷油单元）予以实现。
⑦与其他电子控制燃油系统相比，电子控制高压共轨燃油系统具有较高的技术和经济优势。

电控柴油共轨喷射系统与其他电子控制柴油喷射系统相比，具有较高的技术和经济优势，见表 5 – 1。

表 5 – 1　柴油机三种电控喷射系统的比较

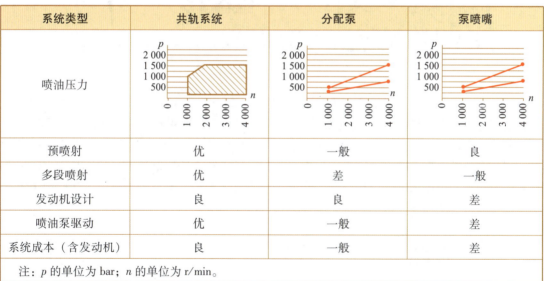

| 系统类型 | 共轨系统 | 分配泵 | 泵喷嘴 |
| --- | --- | --- | --- |
| 喷油压力 | | | |
| 预喷射 | 优 | 一般 | 良 |
| 多段喷射 | 优 | 差 | 一般 |
| 发动机设计 | 良 | 良 | 差 |
| 喷油泵驱动 | 优 | 一般 | 差 |
| 系统成本（含发动机） | 良 | 一般 | 差 |

注：$p$ 的单位为 bar；$n$ 的单位为 r/min。

## 二、电控柴油共轨喷射系统的工作过程

电控柴油共轨喷射系统的组成与工作过程如图 5 – 9 所示。

供油泵从油箱将燃油泵入高压油泵的进油口，由发动机驱动的高压油泵将燃油增压后送入共轨腔内，发动机电控单元根据各种传感信息发出指令来控制各缸喷油器在相应时刻喷油。

共轨电控喷射系统中，最重要的控制就是喷油器喷射过程的控制，一般都采用带有电磁阀、具备预喷射功能的电控喷油器。具体喷射过程如下：

在主喷射之前预喷射，将小部分燃油喷入气缸，在缸内发生预混合或者部分燃烧，缩短

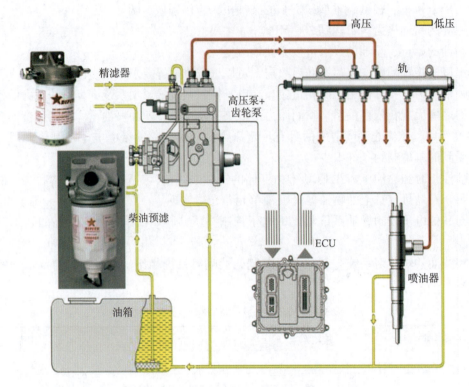

图5-9 电控柴油共轨喷射系统组成与工作过程

主喷射的着火延迟期。这样缸内压力升高率和峰值压力都会下降,发动机工作比较缓和,同时,缸内温度降低,使得 $NO_x$ 排放减少。预喷射还可以降低失火的可能性,改善高压共轨系统的冷起动性能。主喷射初期降低喷射速率,也可以减少着火延迟期内喷入气缸内的油量。提高主喷射中期的喷射速率,可以缩短喷射时间,从而缩短缓燃期,使燃烧在发动机更有效的曲轴转角范围内完成,提高输出功率,减少燃油消耗,降低碳烟排放。主喷射末期快速断油可以减少不完全燃烧的燃油,降低烟度和碳氢排放。

## 三、电控柴油共轨喷射系统的组成

电控柴油共轨喷射系统主要由液力系统和电控系统组成,如图5-9所示。主要包括油箱、柴油滤清器、高压油泵、共轨腔及高压油管、喷油器、电控单元(ECU)、各类传感器和执行器等部件。其中,喷油器、高压泵、高压油轨、电控单元为柴油共轨系统四大核心的部件。

**1. 液力系统**

液力系统又分为低压液力系统和高压液力系统。低压液力系统由油箱、输油泵、燃油滤清器、低压油管等组成;高压液力系统由高压泵、高压油轨、喷油器、高压油管等组成。

(1) 高压泵

高压泵的作用是将燃油由低压状态通过柱塞将其压缩成高压状态,以满足系统和发动机对燃油喷射压力和喷油量的要求。高压泵总成外形如图5-10所示。

(2) 高压油轨

高压油轨为各缸共同所有,其为共轨系统的标志。高压油轨如图5-11所示,高压油轨的

图 5-10 高压泵总成外形

功用是储存高压油泵提供的高压燃油,并根据需要分配给各喷油器,即起到蓄压器的作用;此外,共轨应能抑制高压油泵供油和喷油器喷油时引起的压力波动,以保持共轨中压力的稳定。

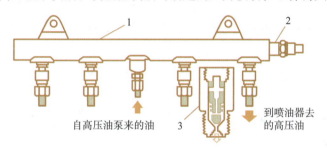

1—高压共轨;2—共轨压力传感器;3—流量限制器。

图 5-11 高压油轨

流量限制器的功用:在非常情况下防止喷油器常开并持续喷油,即一旦某喷油器常开并持续喷油,导致共轨输出的油量超过一定限值,流量限制器则会关闭该喷油器的供油通道。

流量限制器的工作原理:由于弹簧和节流孔的作用,使限制阀向下移动的量随喷油速率增加而增大。喷油器异常泄漏使"喷油"速率和喷油量超过正常喷油最大值,限制阀完全关闭,停止给喷油器供油。

(3)喷油器

喷油器如图 5-12 所示,通常是电磁阀式喷油器,由孔式喷油嘴和电磁阀(喷油器电磁阀的灵敏度为 0.2 ms 左右)等组成。喷油器喷孔的数量一般 6 个左右。来自高压共轨的高压燃油,经油道流向喷油嘴,同时,经节流孔流向针阀控制腔,针阀控制腔通过球阀控制的泄油孔与回油管路相连。

当喷油孔的电磁阀不通电时,泄油孔关闭,作用在针阀控制活塞顶部的压力大于作用在针阀承压面上的压力,针阀被迫进入阀座而将高压油道与燃烧室隔离。当喷油器的电磁阀通电时,泄油孔被打开,针阀控制腔的压力降低,作用于针阀控制活塞顶部的压力也随之下降。一旦压力降至低于作用于喷油嘴针阀承压面上的压力,针阀上升,燃油经喷油嘴喷孔喷入燃烧

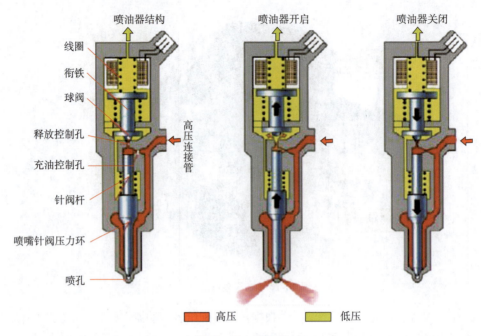

图 5-12 喷油器

室。此外,控制柱塞处泄漏的燃油,通过回油管和高压油泵出来的回油一起流回燃油箱。

### 2. 电子控制系统

电子控制系统由传感器、电控单元、执行器等组成,如图 5-13 所示。

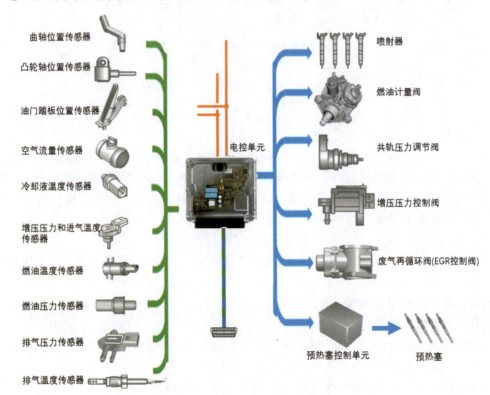

图 5-13 电子控制系统组成

(1) 电控单元

电控单元就像发动机的大脑,它收集发动机的运行工况参数,结合已存储的特性图谱进行计算处理,并把信号传递给执行器,实现发动机的运行控制、故障诊断等功能。

(2) 传感器

①加速踏板位置传感器。

功用:又称负荷传感器,用来检测加速踏板被驾驶员踩下的位置及位置变化。

②凸轮轴/曲轴位置传感器。

功用:检测曲轴基准和曲轴转角,产生的信号用于喷油正时控制。

安装位置:曲轴、凸轮轴或飞轮处。

③压力传感器。

柴油机电控系统中的压力传感器包括进气管绝对压力传感器、增压压力传感器、大气压力传感器、排气压力传感器、压差传感器、燃油压力传感器,用来检测发动机各部位的压力,以修正供油量和供油时刻等。

④温度传感器。

包括进气温度传感器、冷却液温度传感器、燃油温度传感器、排气温度传感器等,用来检测发动机各部位的温度,以修正供油量和供油时刻,还可以控制发动机的排气污染。

⑤空气流量传感器。

功用:测量进气量,用于进气控制和废气再循环控制。

(3) 执行器

执行器主要包括带电磁阀的喷油器、共轨压力控制阀、预热塞控制单元、增压压力控制阀、废气循环(EGR)控制阀等。带电磁阀的喷油器在前面液力系统中已经做了相关介绍。

①共轨压力控制阀。

功用:调节共轨压力。控制单元首先根据加速踏板位置、空气流量、凸轮轴位置、曲轴位置传感器等信号,确定高压共轨内的燃油压力值;然后再发出指令,通过占空比信号调节共轨压力调节阀,实现共轨压力控制。同时,通过共轨压力传感器的反馈信号,实现对共轨内的燃油压力闭环控制。

共轨压力控制阀根据需要安装在共轨上或高压油泵上。

②预热塞控制单元。

电热塞控制一般集成在执行器电控单元中,控制过程如图 5-14 所示。控制分为预热和后热两部分。

预热:由于直喷柴油机的起动性能好,预热只需在温度低于 +9 ℃以下进行,冷却水温传感器为电控单元提供准确的温度信号,驾驶员通过仪表盘上的预热报警灯了解预热情况。

后热:发动机起动以后,就要进入后热阶段,后热可以减少发动机的噪声,改善怠速工况的发动机性能,并且降低碳氢排放。发动机转速达到 2 500 r/min 时后热阶段停止。

③增压压力控制阀。

柴油机电控增压系统如图 5-15 所示。控制单元根据进气管压力传感器、进气管温度传

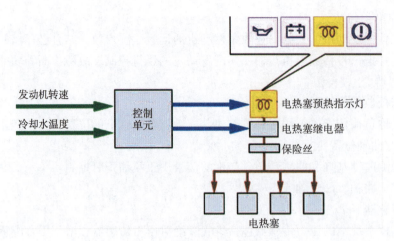

图 5-14　预热塞控制过程

感器和海拔传感器等信号确定增压压力控制电信号，传给增压压力控制阀。增压压力控制阀把电信号转化成真空度信号，传给废气涡轮增压器上的增压压力调节阀，控制增压压力沿理想的特性曲线运行。

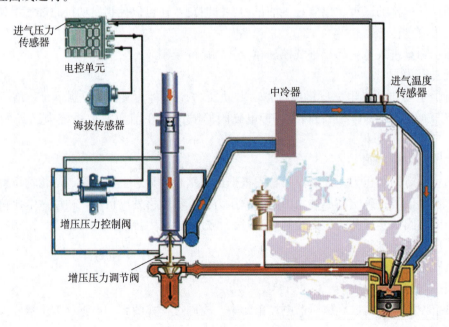

图 5-15　柴油机电控增压系统

④废气再循环控制阀。

电控柴油机废气再循环（EGR）系统如图 5-16 所示。EGR 控制阀把电信号转化成真空度信号传给 EGR 阀，改变 EGR 阀的开度，控制废气再循环率。

在控制单元内，存有 EGR 特性曲线，它包括发动机各工况点所需的空气量。控制单元利用空气流量传感器的信号，把实际进气量与标定进气量进行比较，为补偿这个差值，对 EGR 控制阀发出相应的控制电信号。

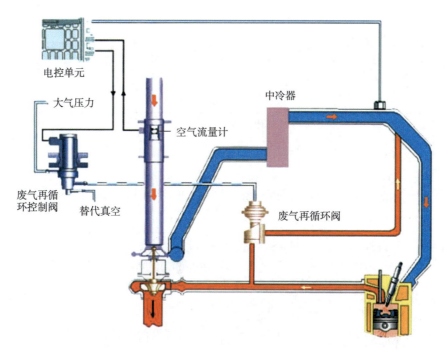

图 5-16 电控柴油机废气再循环

## 随堂测试

1. 电子控制共轨式燃油系统的主要优点是它可以在宽广的范围内改变喷射压力和喷射时间，通过将_____过程和_____过程分开实现柴油机电子控制。

2. 共轨式燃油系统工作时，供油泵从油箱将燃油泵入高压油泵的进油口，由发动机驱动的高压油泵将燃油增压后送入_____，发动机电控单元根据各种传感信息发出指令控制各缸_____在相应时刻喷油。

3. 柴油共轨系统四大核心部件是指_____、_____、_____和_____。

4. 共轨压力控制阀的功用是调节共轨压力，根据需要，一般安装在_____上或_____上。

## 任务实施

### 任 务 工 单

| 任务名称：分析电控柴油共轨喷射系统的工作过程 | | |
|---|---|---|
| 姓名： | 班级： | 学号： |

| 任务描述 | 请你针对某一型号电控柴油共轨发动机的参数配置表，向客户解释有关电控柴油共轨喷射系统的相关参数及对发动机性能的影响；针对某一具体共轨发动机的实物或图片，向客户说明该发动机电控柴油共轨喷射系统的结构及工作过程 |
|---|---|
| 能力目标 | 1. 能够解答客户关于电控柴油共轨喷射系统方面的咨询；<br>2. 能够识别电控柴油共轨喷射系统的基本组成和工作原理；<br>3. 树立以客户为中心的理念，增强服务意识；<br>4. 具有与客户沟通交流的能力；<br>5. 具备信息搜集和处理的能力 |
| 实施准备 | 1. 教学用柴油共轨发动机实验台或车辆；<br>2. 柴油共轨发动机及车辆相关技术文件；<br>3. 汇报用纸、笔、翻页板等 |

| 实施步骤 | 自主学习 | 通过查询资料，获取某一型号柴油共轨发动机燃油喷射系统的相关参数，个人编制柴油共轨发动机喷射系统简要介绍材料；<br>在柴油共轨发动机实验台或实验车辆上介绍柴油共轨喷射系统的主要部件，说明其工作原理 |
|---|---|---|
| | 小组讨论 | 以学习小组形式进行讨论，形成小组汇报成果 |
| | 小组汇报 | 交流汇报小组成果；<br>按规范做好 5S |

| 自我反思 | 在专业能力、关键能力等方面的收获或体会： |
|---|---|

项目五 柴油机燃料供给系工作过程分析

## 任务 5-3　　介绍降低柴油机排放污染措施

 学习内容

1. 柴油机排放污染物的成因；
2. 柴油机排放污染物的主要影响因素；
3. 降低柴油车废气排放的措施。

 能力要求

1. 能够解答客户关于柴油机排放污染方面的咨询；
2. 能够识别主要柴油机排放控制系统的组成及工作原理；
3. 树立以客户为中心的理念，增强服务意识；
4. 具有与客户沟通交流的能力；
5. 具备信息搜集和处理的能力。

 任务引入

关于汽车排放控制的要求越来越严格，汽油机污染物主要是 CO、HC 和 $NO_x$，而柴油机污染物主要是 PM（微粒和碳烟）和 $NO_x$。柴油发动机普遍采用了各种排放污染控制装置，那么排放控制装置都有哪些？这些装置又是怎样降低排放的呢？通过下面的学习，相信你会找到答案。

 任务描述

针对某一型号柴油发动机，整理编制该发动机在排放污染物方面所采取的措施，向客户说明该发动机排放控制系统的特点、组成及工作原理。

 相关知识

柴油机污染物主要是 PM（微粒和碳烟）和 $NO_x$。

### 一、柴油机排放污染物的成因

从总体看，由于柴油机的平均混合气浓度比汽油机稀得多，即使在高负荷区，平均过量

· 185 ·

空气系数也远大于1，所以柴油机总有足够的氧气对已形成的 CO 和 HC 进行氧化。柴油机的 CO 和 HC 排放量要比汽油机低得多。从细节上看，柴油机 CO 和 HC 的具体生成原因也与汽油机有所不同。

**1. 一氧化碳**

柴油机 CO 主要来源于缺氧造成喷注中过浓部分的不完全燃烧。

**2. 碳氢化合物**

柴油机 HC 的生成主要有下述两个原因。

①滞燃期中，处于喷注前缘的极稀混合气如图 5-17 所示。其浓度远低于燃烧极限而无法着火，便产生 HC。滞燃期越长，滞燃期中喷油量越多，过分稀释的混合气也越多，HC 排放也就增多。

②在柴油机中，喷雾质量、喷雾贯穿度、与空气的混合等因素对未燃 HC 的生成影响很大。喷油器结构不合理，特别是针阀后压力室容积过大是

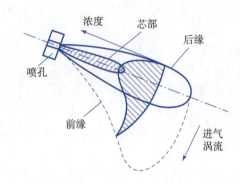

图 5-17 滞燃期喷入气缸内的喷注形状示意

形成未燃 HC 的重要原因。此外，窜机油、起动时不着火及不正常喷射（如二次喷射）也是产生未燃 HC 的原因。在冷起动、怠速、低负荷等条件下，喷注中的大颗粒油滴来不及蒸发，严重的后燃也会造成未燃 HC 的排放。

**3. 氮氧化物**

柴油机的 $NO_x$ 生成条件与汽油机的相同，也是高温、富氧和较长的作用时间。但是达到上述条件的具体情况各不相同。

柴油机在燃烧过程中产生 $NO_x$ 的区段有速燃期的稀燃火焰区和缓燃期的扩散燃烧区。因为这两个区段具有生成 $NO_x$ 的条件。

**4. 微粒和碳烟**

柴油机中，微粒和碳烟的生成来源于高温和局部混合气过浓。

混合气越浓，其中碳成分就越多。在柴油喷注中，混合气浓度由芯部的极浓到前缘的极稀，所以，在燃烧过程中，芯部总会有自由碳产生。

在高于一定温度条件下，混合气与某些燃料分子会产生热裂解而分解成许多相对分子质量小而碳比例高的碳氢化合物，如乙炔、乙烯等，其中也有自由碳。以这些裂解产物为核心，会不断使表面增长和凝聚，尺寸不断扩大，形成球形粒子。到一定尺寸后，多个粒子又会聚成键状的集合体。当燃烧进行到末期时，缸内温度下降，一些未燃 HC 和有机、无机物凝结与黏附在这些集合体表面，这就成为柴油机排气中的微粒。

碳烟生成量与温度及混合气浓度的关系如图 5-18 所示。1 600~1 700 K 的温度范围对碳烟形成的影响最大；混合气越浓，碳烟值越大。

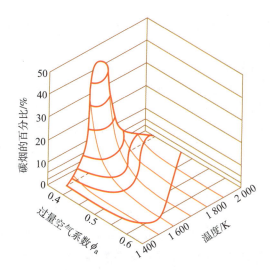

图 5-18 碳烟生成量与温度及混合气浓度的关系

## 二、柴油机排放污染物的主要影响因素

### 1. 混合气浓度

混合气浓度与直喷式柴油机排气污染物的关系如图 5-19 所示。尽管柴油机混合气不均匀，会有局部过浓区，但由于过量空气系数较大，氧气较充分，能对生成的 CO 在缸内进行氧化，因而一般 CO 较少，只是在接近冒烟界限时急剧增加。HC 也较少，当 $\varphi_a$ 增加时，HC 将随之上升。在 $\varphi_a$ 稍大于 1 的区域，虽然总体是富氧燃烧，但由于混合气不均匀，当局部高温缺氧使 $1 < \varphi_a \leqslant 2$ 时，就会急剧产生大量碳烟，随着 $\varphi_a$ 增大，碳烟浓度将迅速下降。柴油 $NO_x$ 排放量随混合气浓度变稀、温度下降而减少。

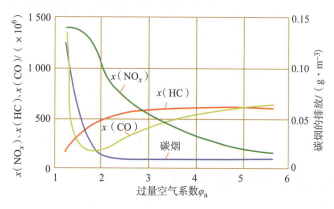

图 5-19 混合气浓度与直喷式柴油机排气污染物的关系

### 2. 运行工况

车用柴油机不仅在宽广的负荷和转速范围内工作，而且还经常进行加、减速工况转换。这些情况下的排放特性各有其自身特点，对总体排放量有不可忽视的影响。

（1）稳定工况时负荷和转速变化的影响

工况对排放的影响总体表现为：低速、低负荷时，CO 和 HC 排放偏高，而 $NO_x$ 和微粒排放量很低；高速、高负荷则微粒和$NO_x$排放上升；特别是微粒碳烟排放，即使是中、低转速，由于转矩校正、油量加大，往往烟度超标，所以低速冒烟常常成为车用柴油机的一个痼疾。

（2）柴油机的加、减速排放特性

对于全速式调速器，踩下加速踏板，相当于加大弹簧预紧力，调速器起作用，很快加大供油量，转矩上升，然后再下降达到新的平衡点，因此加速迅猛，过大的油量往往造成过高的碳烟和HC、CO排放量。而两速式调速器，踩下加速踏板直接操纵喷油泵供油拉杆，达到新的平衡点后加速平缓，污染物排放量的增加很少。柴油机的减速过程是减小供油量，所以污染物排放量下降。

（3）冷起动过程的影响

柴油机冷起动时，缸内压缩温度很低，燃油雾化条件差，相当部分会附于燃烧室壁面，初期未燃HC以白烟的形式排出机外。由于起动时雾化程度低，直喷柴油机一般要加大50%~100%的起动油量，因此碳烟、HC和CO排放量必然增多。

**3. 喷油提前角**

推迟喷油，直接喷射式柴油机的$NO_x$大幅度下降，而间接喷射式涡流室柴油机的$NO_x$的下降幅度则小一些。但是喷油过迟，燃油消耗率和碳烟排放都会恶化，对CO和HC的排放也有不利影响。

**4. 喷油压力**

近年来，提高喷油压力的高压喷射措施日渐成为直接喷射式柴油机机内净化的最佳手段；而间接喷射式柴油机，由于主要依靠气流进行雾化、混合，所以对喷油压力要求较低。

在循环喷油量和喷孔大小及分布不变的情况下，提高喷油压力就是加大喷油率，它直接产生两种效果：

（1）降低微粒烟度的排放量

喷油压力提高，则喷雾粒子的粒径减小，贯穿度加大，喷雾锥角加大，再加上紊流的增强，直接促进了燃油与空气的混合。其直接效果是降低了某一时刻浓混合气成分的比例，使生成微粒碳烟的范围缩小。所以高压喷射必然使微粒碳烟排放降低。

（2）降低油耗率

喷油率增大，必然会缩短喷油时期，使燃烧加速，从而使油耗率降低。

以上高压喷射降低烟度和油耗的优点，恰恰弥补了推迟喷油所带来的缺点。我们应认识到，高压喷射并没有明显削弱推迟喷油所带来的减少$NO_x$排放的效果。因此，若将两种措施同时应用，进行合理调配后，$NO_x$和微粒碳烟排放都会降低。

### 三、降低柴油车废气排放的措施

柴油车排放控制技术主要有：
①采用废气再循环控制系统。
②采用电控可变进气涡流技术。
③采用废气涡轮增压与中冷技术。
④采用氧化催化转化器。
⑤采用四气门结构。

⑥发展电控柴油喷射系统，采用电控共轨喷射技术。
⑦采用可变配气相位技术。
⑧采用微粒捕集器。

**1. 电控共轨柴油喷射系统**

电控共轨柴油喷射技术的最大特点是喷油正时与燃油计量完全分开，喷油压力、喷油量和喷油时刻由 ECU 控制，其喷油压力在整个喷油期内几乎保持恒定，最大值可达到 135 MPa，是普通柴油机喷油压力的数倍，大大降低了柴油发动机的排放污染。

**2. 微粒捕集器**

微粒捕集器也称为柴油机微粒过滤器。作为微粒捕集器的过滤材料，可以使用陶瓷蜂窝载体、陶瓷纤维编织物、金属蜂窝载体和金属纤维编织物等。

目前应用最多的是壁流式蜂窝陶瓷微粒捕集器（图 5-20），与一般催化剂载体不同的

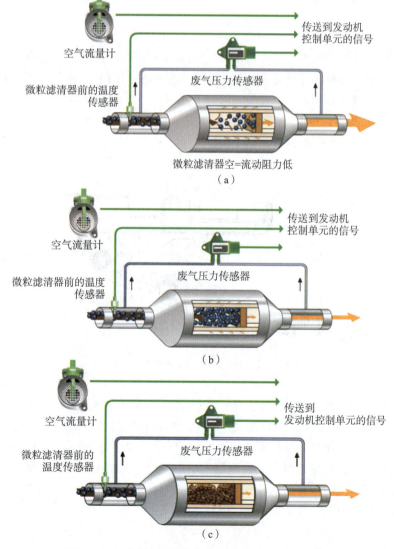

图 5-20 壁流式蜂窝陶瓷微粒捕集器及其控制系统
（a）微粒滤清器空；（b）微粒滤清器满；（c）微粒滤清器还原过程

是，这种微粒捕集器的壁面是多孔陶瓷，相邻的两个通道中，一个通道的出口侧被堵住，而另一通道的进口侧被堵住。这就迫使排气由入口敞开的通道进入，穿过多孔陶瓷壁面进入相邻的出口敞开通道，而微粒就被过滤在通道壁面上。这种微粒捕集器对碳烟的过滤效率可达 90% 以上，可溶性有机成分 SOF（主要是高沸点 HC）也能部分被捕集。与催化器不同的是，一般微粒捕集器只是一种物理性的降低排气微粒方法。随着过滤下来的微粒的积累，造成排气背压增加，使发动机动力性和经济性恶化。因此，必须及时除去微粒捕集器中的微粒，以便能继续工作。除去微粒捕集器中积存的微粒称为再生，这是微粒捕集器实用化中的关键技术。

微粒捕集器常采用的再生方法是断续加热。在实际使用加热再生方法时，需要一套复杂的控制系统。通常排气系统中装有两个微粒捕集器，当一侧的捕集器由于微粒的存积使排气背压升高到一定限值时，再生系统起动，通过电磁阀切换，使排气流向另一侧的捕集器；同时，对积存了微粒的捕集器进行电加热，以烧掉微粒使其再生。这样，两侧的微粒捕集器就交替工作或再生。

**3. 选择性催化还原系统**

选择性催化还原系统（Selective Catalytic Reduction，SCR），已成功地应用于柴油机的氮氧化物的排放控制。该技术原理是利用还原剂在催化剂的作用下，在富氧的环境内将氮氧化物选择性还原生成氮气和水。

SCR 尾气后处理系统主要由催化器、尿素箱、定量给料单元、喷嘴（喷雾器）、传感器、压缩空气罐、空气滤等组成，如图 5–21 所示。

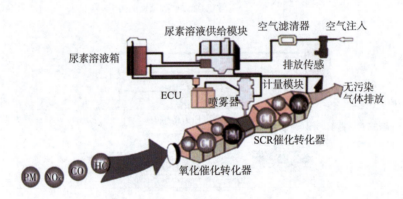

图 5–21 SCR 尾气后处理系统结构

通过优化柴油发动机缸内燃烧过程，使燃烧废气中的一氧化碳（CO）、碳氢化合物（HC）及颗粒（PM）等排放物得到有效控制并达到法规的要求，最后对发动机排出尾气中含量较高的氮氧化物（$NO_x$）再利用，使用专门的车载后处理系统进行处理，以满足法规要求。在后处理过程中，定量给料单元会根据发动机电控单元给出的指令精确地将与发动机运行工况相匹配的尿素量喷入排气管，尿素分解出的氨与氮氧化物在催化器中经过催化还原反应，最后生成无害的氮气（$N_2$）和水（$H_2O$）。

## 随堂测试

1. 柴油机污染物主要是_____和_____。
2. 柴油机中,微粒和碳烟的生成源于_____和_____。
3. 列出四种柴油车排放控制技术:_____、_____、_____、_____。
4. 选择性催化还原系统 SCR 的工作原理是利用还原剂在催化剂的作用下,在富氧的环境内将氮氧化物选择性还原生成_____和_____。

## 任务实施

### 任 务 工 单

| 任务名称：介绍降低柴油机排放污染的措施 ||||
|---|---|---|---|
| 姓名： | 班级： || 学号： |
| 任务描述 | 针对某一型号柴油发动机，整理编制该发动机在排放污染物方面所采取的措施，向客户说明该发动机排放控制系统的特点、组成及工作原理 |||
| 能力目标 | 1. 能够解答客户关于柴油机排放污染方面的咨询；<br>2. 能够识别主要柴油机排放控制系统的组成及工作原理；<br>3. 树立以客户为中心的理念，增强服务意识；<br>4. 具有与客户沟通交流的能力；<br>5. 具备信息搜集和处理的能力 |||
| 实施准备 | 1. 教学用柴油车辆或柴油发动机；<br>2. 实验车辆及发动机相关文件；<br>3. 汇报用纸、笔、翻页板等 |||
| 实施步骤 | 自主学习 | 整理编制某一型号柴油发动机在排放污染物方面所采取的措施介绍材料；<br>通过查询资料，了解国家法规关于柴油机的排放标准要求；<br>对照国家法规要求，向客户说明该柴油发动机排放控制系统的特点、组成、工作原理及先进的柴油机排放控制技术 ||
| | 小组讨论 | 以学习小组形式进行讨论，形成小组汇报成果 ||
| | 小组汇报 | 交流汇报小组成果；<br>按规范做好5S ||
| 自我反思 | 在专业能力、关键能力等方面的收获或体会： |||

# 项目六

## 发动机冷却系与润滑系工作过程分析

发动机冷却系的功用就是使发动机得到适度的冷却,从而保持发动机在最适宜的温度范围内工作。润滑系的功用就是对发动机进行润滑,从而减小摩擦阻力、降低功率消耗、减轻机件磨损,以达到提高发动机工作可靠性和耐久性的目的。本项目包括分析发动机冷却系工作过程和分析润滑系工作过程两个任务。

### 任务 6-1　分析发动机冷却系工作过程

**学习内容**

1. 汽车发动机冷却系的作用和分类;
2. 冷却水和防冻液;
3. 水冷系的组成与工作过程;
4. 冷却系主要部件的结构。

**能力要求**

1. 能够向客户在实际车辆上讲解冷却系的工作过程、各部件的构造;
2. 树立以客户为中心的理念,增强服务意识;
3. 具有与客户沟通交流的能力;
4. 具备信息搜集和处理的能力。

**任务引入**

发动机的工作过程就是不断地将燃料燃烧产生的热能转换为机械能的过程。工作时的温度会很高,为了使发动机能够在适宜温度下工作,需要对发动机进行冷却,通常采用冷却液冷却,在仪表板上还有显示冷却液温度的水温表。你能够就某一车型的发动机向客户讲解冷却系的工作过程吗?

**任务描述**

冷却系统工作的正常与否直接影响发动机能否工作。在汽车使用过程中,需要提醒客户经常观察冷却液温度表状态、检查发动机冷却液液面等。请你就某一型号车辆绘制一个该车发动机冷却液循环路线图,并讲解冷却系工作过程,在学习小组或班级里进行交流汇报。

**相关知识**

## 一、冷却系的作用

发动机工作时,气缸内燃烧气体的温度可高达 2 200～2 800 K(汽油机),如果不对发动机采取必要的冷却措施,将不能保证其正常工作。

发动机冷却系的任务就是使发动机得到适度的冷却,从而保持在最适宜的温度范围内工作。

发动机的冷却要适度。若冷却不足,会使发动机过热,从而造成:充气效率下降,早燃和爆燃的倾向加大,致使发动机功率下降;运动机件间正常的间隙受到破坏,使零件不能正常运动,甚至卡死、损坏;零件因力学性能下降而导致变形和损坏;因润滑油黏度减小、润滑油膜易破裂而加剧零件的磨损。

若冷却过度,会使发动机过冷,从而导致:进入气缸的可燃混合气(或空气)因温度过低而使点燃困难或燃烧延迟,造成发动机功率下降及油耗上升;润滑油黏度增大,造成润滑不良而加剧零件的磨损;因温度低而使未汽化的燃油冲刷摩擦表面(气缸壁、活塞等)上的油膜;同时,因混合气与温度较低的气缸壁接触,使其中已汽化的燃油重新凝结而流入曲轴箱内,不仅增加油耗,而且使机油变稀而影响润滑,从而导致发动机功率下降,磨损增加。

## 二、冷却系的分类

发动机冷却系按冷却介质的不同,可分为水冷系和风冷系。

**1. 水冷系**

水冷系是通过冷却水在发动机水套中循环流动而吸收多余的热量,再将此热量散入大气而进行冷却的一系列装置。水冷系因冷却强度大、易调节，便于冬季起动而广泛用于汽车发动机上。采用水冷系时，气缸盖内冷却水的温度应保持在353～363 K 范围内，气缸壁的温度则不超过 470～550 K。

### 2. 风冷系

风冷系是将发动机中高温零件的热量，通过装在气缸体和气缸盖表面的散热片直接散入大气中而进行冷却的一系列装置。风冷系因冷却效果差、噪声大、功耗大等缺点，仅用于部分小排量及军用汽车发动机。采用风冷系时，气缸体和气缸盖的允许温度分别为 423～453 K 及 433～473 K。

风冷系利用高速空气流直接流过气缸体及气缸盖表面，而将热量散入大气。

图 6-1 所示为发动机风冷系示意。气缸体和气缸盖通常用导热性好的铝合金分别铸出，然后装到整体的曲轴箱上。为了增大散热面积，在气缸体和气缸盖的表面布满了散热片。

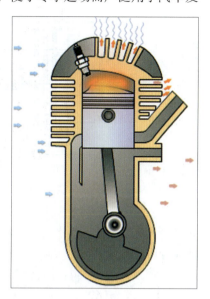

图 6-1 发动机风冷系示意

## 三、冷却水和防冻液

水冷汽车发动机中使用的冷却水应该是清洁的软水。井水、河水、海水等因含有大量的矿物质而称为硬水。在高温作用下，这些矿物质会从水中沉淀析出来而产生水垢，这些水垢积附在水套的内壁和软管的接口处，影响了水的循环，造成高温零件散热困难而使发动机过热。

在冬季寒冷地区，往往因冷却水结冰而发生散热器、气缸体、气缸盖变形、胀裂的现象。为适应冬季行车的需要，可在冷却水中加入一定量的防冻剂，以达到降低冰点、提高沸点的目的。

现代汽车普遍使用防冻液。防冻液通常由一定比例的乙二醇和蒸馏水混合而成，其冰点可达 238 K，沸点则高达 400 K 左右。在优质的防冻液中，还常含有水泵润滑剂、防尘剂、防腐剂和酸度中和剂，以减少保养维修工作量，延长发动机的使用寿命。

因防冻剂的膨胀系数比水受热时的膨胀系数略高，为避免因为膨胀而造成冷却水溢流损失，冷却水不能加得太满。在带有膨胀水箱的冷却系中，冷却水的液面高度应与膨胀水箱上的标记对齐。

## 四、水冷系的组成及工作过程

目前汽车发动机上普遍采用的是强制循环式水冷系（图 6-2）。它利用水泵将冷却水压力提高，使其在发动机冷却系中循环流动。

水冷发动机的气缸盖和气缸体中都铸有相互连通的水套。在水泵的作用下，冷却水流经气缸体及气缸盖的冷却水套而吸收热量，然后沿水管流入散热器。利用汽车行驶的速度及风扇的强力抽吸，而使空气流由前向后高速通过散热器，不断地将流经散热器的高温冷却水的热

· 195 ·

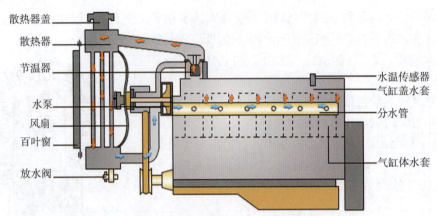

图 6-2 强制循环式水冷系示意图

量散到大气中而使冷却水温度下降。冷却后的水流至散热器的底部后，被水泵再次压入发动机的水套中，如此循环，从而将发动机工作时产生的大量热量不断带走，保证发动机正常工作。

为使发动机在低温时减少热量损失，缩短暖机时间，在低速大负荷情况下加快散热，冷却系中设有调节温度的装置，如节温器、风扇离合器及百叶窗等。为便于驾驶员能及时掌握冷却系的工作情况，在仪表板上还设有水温表和高温警告灯等。

图 6-3 和图 6-4 所示是丰田威驰轿车发动机的冷却系统冷却水循环路线图。

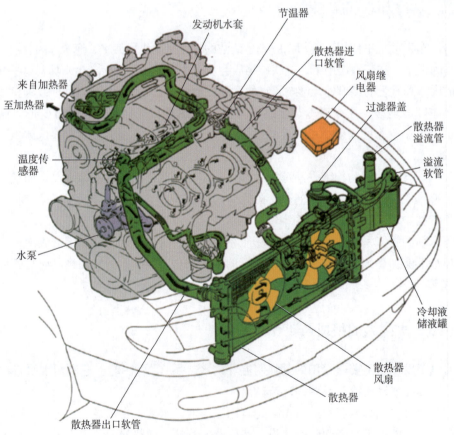

图 6-3 威驰轿车发动机冷却水循环路线示意

项目六 发动机冷却系与润滑系工作过程分析

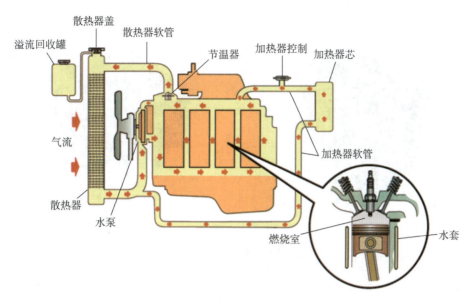

图6-4 威驰轿车发动机冷却水循环路线

##  五、水冷系主要部件的结构

**1. 散热器**

散热器俗称水箱，安装在发动机前的车架横梁上。其作用是将冷却水在水套中所吸收的热量传给外界大气，使水温下降。散热器要用导热性能良好的材料制造，并应保证足够的散热面积。

散热器主要由上、下储水箱及散热器芯、散热器盖组成（图6-5）。在上、下储水箱上分别装有进水管口及出水管口，它们分别与发动机气缸盖上的出水管口及水泵的进水管口用软管连接。下储水箱中还常设有放水开关。

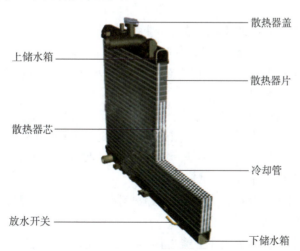

图6-5 散热器的组成

常用散热器芯的结构形式有管片式和管带式两种，如图6-6所示。

·197·

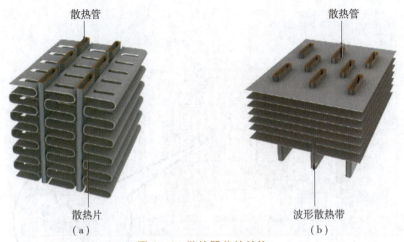

图6-6 散热器芯的结构
(a) 管片式；(b) 管带式

(1) 管片式（图6-6(a)）

其散热器芯子由若干扁形冷却管构成，也有使用圆管的，如上海桑塔纳轿车和南京依维柯轻型汽车就采用了全铝合金圆形冷却管散热器。散热片套装在扁形冷却管周围，以增大散热面积及增加整个散热器的刚度和强度。空气吹过扁形冷却管和散热片，使管内流动的水得到冷却。管片式散热器因结构刚度较好而广泛为汽车发动机所采用。

(2) 管带式（图6-6(b)）

其散热器芯子由扁平冷却管及波纹状薄金属散热带焊接成蜂巢状。水管与散热带相间排列，在散热带上常开有形似百叶窗的孔，以破坏气流在散热带表面上的附面层，提高散热能力。管带式散热器芯的优点是散热能力强、制造工艺简单、质量小。随着路况的不断改善，其应用将日益增多。

散热器芯多采用导热性、焊接性和耐腐蚀性均好的黄铜制造。为减小质量，节约铜材，铝制散热器芯目前广泛用于许多使用条件较好的轿车上。也有些汽车发动机的散热器芯，其冷却管仍用黄铜，而散热片则改用铝锰合金材料制成。

散热器一般为竖流式，即冷却水从顶部流向底部。为降低汽车发动机罩轮廓的高度，有些轿车（如奥迪轿车）采用了横流式散热器，即冷却水从一侧的进水口进入水箱，然后水平横向流动到另一侧的出水口。

正确的冷却水水面对冷却系统的有效工作极其重要。因此，有些汽车上装有冷却水回收装置，可将受热溢出的冷却水回收在膨胀箱内。此时检查液面和加注冷却水都在膨胀箱上进行，安全方便。发动机处于冷态时，冷却水面应在膨胀水箱的 MIN 和 MAX 两标记之间；发动机处于暖态时，其水面应略高于 MAX 标记。

汽车上广泛采用闭式水冷系，该水冷系的散热器盖具有空气-蒸汽阀作用（图6-7），可自动调节冷却系内的压力，提高冷却效果。

发动机热状态正常时，两个阀在弹簧力作用下均关闭，从而使冷却系与大气隔绝。因水蒸气的产生而使冷却系内的压力稍高于大气压力，提高了冷却水的沸点，改善了冷却效能。当散热器内压力达到 126~137 kPa 时（此压力下，水的沸点达到 381 K），蒸汽阀开启而使水蒸气从蒸汽排出管排出（图6-7(a)）；当水的温度下降，冷却系内的真空度低于 1~20 kPa 时，空气阀打开，空气从蒸汽排出管进入冷却系（图6-7（b）），以防散热器及芯管被大气压瘪。

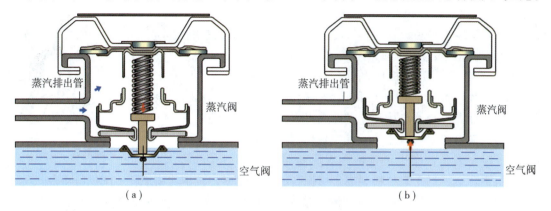

图6-7 具有空气-蒸汽阀的散热器盖
（a）蒸汽阀开启；（b）空气阀开启

**2. 水泵**

水泵安装在发动机前端（图6-2），通常与风扇一起用带轮同轴驱动。水泵的作用是对冷却水加压，使之在冷却系中循环流动。

汽车发动机广泛采用离心式水泵。它具有结构紧凑、泵水量大及因故障而停止工作时不会妨碍水在冷却系内自然循环等优点。其工作原理如图6-8所示。当叶轮旋转时，水泵内的水被叶片推动一起旋转，在离心力的作用下甩向叶轮边缘，在轮廓线为对数螺旋线的水泵壳体内将动能转变为水的压力能，经与叶轮成切线方向的出水口压入发动机的冷却水套。与此同时，叶轮中心因具有负压而使散热器中的水经进水管被吸入水泵。

图6-9所示为上海桑塔纳轿车发动机水泵的纵剖面图。水泵轴通过球轴承支承在水泵壳体上。水泵轴左端通过水泵轴凸缘用紧固螺栓与水泵带轮相连，右端则连接水泵叶轮。为防止泵内高压水沿泵轴向外渗漏，在叶轮的前端装有密封装置（通常由水封环、密封圈或填料等组成）。

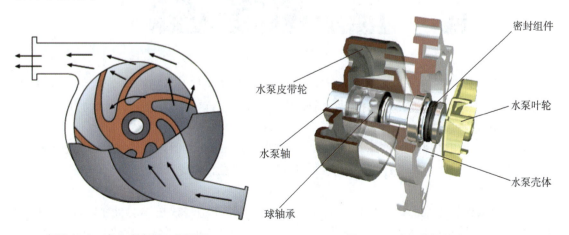

图6-8 离心式水泵工作原理　　图6-9 水泵的纵剖面

**3. 风扇**

风扇通常安装在散热器的后面并与水泵同轴驱动（图6-2），用来提高流经散热器的空气流速和流量，增强散热器的散热能力，同时对发动机其他附件也有一定的冷却作用。

风扇的扇风量主要取决于风扇的直径、转速、叶片形状及安装角等。

目前车用水冷发动机大多采用轴流式风扇（图6-10）。风扇叶片多用薄钢板压制而成，数目为4~8片。为减小叶片旋转时的振动和噪声，叶片之间的夹角一般不相等。叶片与其旋转平面成30°~45°的安装倾斜角，借以产生吸风能力，使空气沿轴向流动。在轿车及轻型载货汽车上还常使用翼形断面的整体风扇，由铝合金、尼龙等材料制成，可提高风扇的效率、减小功率消耗、降低噪声。

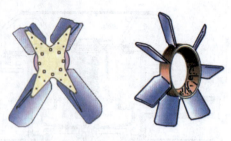

图6-10　风扇形式

风扇常和发电机一起由曲轴带轮通过V带驱动。为调节皮带的张紧程度，通常将发电机的支架做成可调节的（图6-11）。

图6-11　风扇的驱动

在轿车上普遍采用以蓄电池为动力的电动风扇，其转速与发动机的转速无关。电动机的开关由位于散热器的温度传感器控制，需要风扇工作时自行起动。这种风扇无动力损失，结构简单，布置方便。

注意：采用电动风扇的汽车行驶一段时间热车时，即使关闭点火开关，发动机停止工作，风扇也很有可能自行工作，在检查维修时要特别注意，以免伤到手。

**4. 节温器**

节温器安装在水泵的进水口或气缸盖的出水口。其作用是根据发动机冷却水温度的高低，自动改变冷却水的循环路线及流量，以使发动机始终在最合适的温度内工作。目前汽车上多采用蜡式节温器，其核心部分为蜡质感温元件。反推杆11的一端固定于支架上，另一端插入橡胶套4的中心孔内，橡胶套与感应体9间装有精制石蜡8，利用石蜡受热后由固态变为液态时体积膨胀的性质进行控制（图6-12）。

· 200 ·

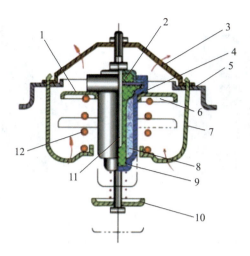

1—主阀门；2—盖和密封垫；3—上支架；4—橡胶套；5—阀座；6—通气孔；
7—下支架；8—石蜡；9—感应体；10—旁通阀；11—反推杆；12—弹簧。

图6-12 蜡质感温元件

图6-13所示为上海桑塔纳轿车冷却系所用的蜡式双阀门节温器。发动机工作后，因温度逐渐升高而使石蜡逐渐变为液态，体积开始膨胀。在发动机冷却水温度低于358 K时，因石蜡产生的膨胀力小于主阀门弹簧的预紧力，主阀门在主阀门弹簧的作用下压在出水口上，从散热器来的低温冷却水不能进入发动机水套内。此时，从发动机气缸盖出水口流出的高温冷却水可以不经散热器而直接进入水泵，于是，未经散热的冷却水被水泵重新压入发动机水套内，因而减少了热量损失。此时冷却水的循环路线称为小循环，如图6-14（a）所示。当发动机冷却水温度超过358 K时，石蜡产生的膨胀力克服了主阀门弹簧的预紧力，主阀门开始打开。当水温达到378 K时，主阀门完全打开，而副阀门则彻底关闭了小循环通路。这时来自气缸盖出水口的高温冷却水全部进入散热器进行冷却，之后再由水泵重新压入发动机的水套内。此时冷却水的循环路线称为大循环，如图6-14（b）所示。当冷却水的温度为358~378 K时，主、副阀门都打开一定的程度，此时冷却系中的大小循环同时进行。

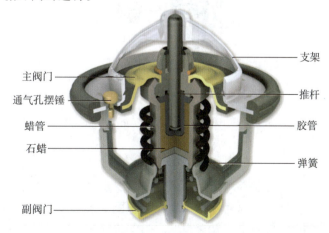

图6-13 蜡式双阀门节温器

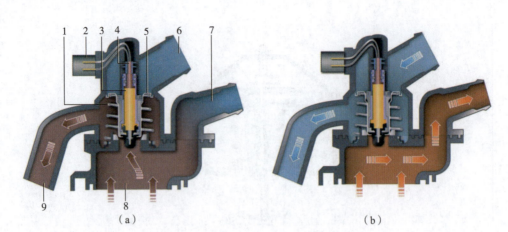

1—弹簧；2—插头；3—石蜡；4—接线柱；5—阀门；
6—自散热器来；7—到散热器；8—自发动机来；9—到水泵。

图6-14 发动机冷却水循环工作示意图

(a) 小循环；(b) 大循环

### 5. 风扇离合器和温控开关

为减少发动机功率损失，减小风扇噪声，改善低温起动性能，节约燃料及降低排放，普遍采用风扇离合器或风扇温控开关来控制风扇的转速，自动调节冷却强度。

（1）风扇离合器

风扇离合器主要有硅油式及电磁式等多种。图6-15所示为硅油风扇离合器。

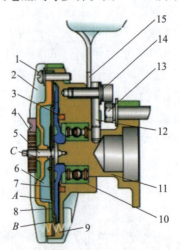

1—螺钉；2—前盖；3—密封毛毡圈；4—双金属感温器；5—阀片轴；6—阀片；7—主动扳；
8—从动扳；9—壳体；10—轴承；11—主动轴；12—锁止板；13—螺栓；
14—圆柱头内六角螺钉；15—风扇；$A$—进油孔；$B$—回油孔；$C$—漏油孔。

图6-15 硅油风扇离合器

当冷却水温度不高时，双金属感温器4不带动阀片6偏转，进油孔$A$关闭，工作腔内无油，风扇离合器处于分离状态。这时仅由于密封毛毡圈3和轴承10的摩擦，使风扇随同离合器壳体一起在主动轴上空转打滑，转速很低。当发动机的负荷增加而使吹向双金属感温器的气流温度超过338 K时，阀片转到将进油孔$A$打开的位置，于是硅油从储油腔进入工作腔。主动扳 7 利用硅油的黏性带动离合器壳体和风扇 15 转动。此时离合器处于接合状态，风扇转速得到提高，以适应发动机增强冷却的需要。若发动机的负荷减小，流经双金属感温器的气流温度低于 308 K 时，双金属感温器复原，阀片将进油孔关闭。工作腔内油液继续从回油孔 B 流向储油腔，直至甩空为止。这时风扇离合器又回到分离状态。漏油孔 C 的作用是防止风扇离合器在静态时从阀片轴周围泄漏硅油。

（2）风扇温控开关

图 6-16 所示为上海桑塔纳轿车的双温蜡质热敏温控开关。它由蜡质感温驱动元件及两挡触点动作机构组成，利用石蜡 9 受热由固态变为液态时体积突然变大的原理来移动推杆 7，控制触点 4、5 的开闭。它装在散热器的水箱上。

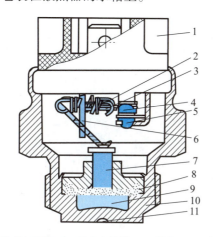

1—接线杆座；2—触点 1 拉簧；3—触点 2 拉簧；4—触点 1；5—触点 2；6—拉簧架；
7—推杆；8—橡胶密封膜；9—石蜡；10—外壳；11—调整坑。

图 6-16 双温蜡质热敏温控开关

随着冷却水温度的升高，石蜡开始膨胀，通过橡胶密封膜 8 推动推杆 7 而压动拉簧架 6。当冷却水温升至 368 K 时，低速触点闭合，散热器电动机风扇接通电源，以 1 600 r/min 低速运转。

当冷却水温继续上升至 378 K 时，因石蜡继续膨胀而使高速触点闭合，使散热器电动机风扇以 2 400 r/min 的高速运转，以增加冷却强度。当冷却水温下降时，石蜡体积收缩，推杆在触点拉力的作用下回缩而使触点断开，实现了对散热器电动机风扇的控制。

### 6. 百叶窗

在某些汽车发动机散热器的前面还装有起辅助调节冷却强度的百叶窗。它通过调节流经散热器的空气量来调节冷却系的冷却强度，使发动机保持在适宜的温度下工作。

百叶窗由许多片活动挡板组成，可由驾驶员通过手柄在驾驶室内操纵、控制；也可由节温器根据水温的高低自动调节百叶窗挡风板的开度。

## 随堂测试

1. 发动机冷却系的任务就是使发动机得到_____冷却，从而保持在_____的温度范围内工作。

2. 发动机冷却系按冷却介质的不同，可分为＿＿＿＿和＿＿＿＿。

3. 水冷发动机，冷却水在＿＿＿＿的作用下，流经气缸体及气缸盖的冷却水套而吸收热量，然后由水管流入＿＿＿＿，利用汽车行驶的速度及＿＿＿＿的强力抽吸，而使空气流由前向后高速通过散热器，不断地将流经散热器的高温冷却水的热量散到大气中，从而使冷却水温度下降。

4. 节温器的作用是根据发动机冷却水温度的高低，自动改变冷却水的＿＿＿＿及＿＿＿＿，以使发动机始终在最合适的温度下工作。

5. 为减少发动机功率损失，减小风扇噪声，改善低温起动性能，节约燃料及降低排放，普遍采用＿＿＿＿或＿＿＿＿来控制风扇的转速，自动调节冷却强度。

项目六　发动机冷却系与润滑系工作过程分析

**任务实施**

任 务 工 单

| 任务名称：分析发动机冷却系的工作过程 |||
|---|---|---|
| 姓名： | 班级： | 学号： |

| | |
|---|---|
| 任务描述 | 冷却系统工作的正常与否直接影响发动机的工作。在汽车使用过程中，提醒用户经常观察冷却液温度表状态、检查发动机冷却液液面等。请你就某一型号车辆绘制一个该车发动机冷却液循环路线图，并讲解冷却系工作过程，在学习小组或班上进行交流汇报 |
| 能力目标 | 1. 能够向客户在实际车辆上讲解冷却系的工作过程、各部件的构造；<br>2. 树立以客户为中心的理念，增强服务意识；<br>3. 具有与客户沟通交流的能力；<br>4. 具备信息搜集和处理的能力 |
| 实施准备 | 1. 教学用车辆或发动机实验台；<br>2. 车辆或发动机相关资料；<br>3. 汇报用纸、笔等 |

| 实施步骤 | 自主学习 | 搜集和处理信息，个人绘制发动机冷却系冷却液循环路线图 |
|---|---|---|
| | 小组讨论 | 以学习小组形式进行讨论，形成小组汇报成果 |
| | 小组汇报 | 汇报小组成果，并通过角色扮演方式在实际车辆或发动机实验台上向客户讲解冷却系工作过程；<br>按规范做好 5S |

| 自我反思 | 在专业能力、关键能力等方面的收获或体会： |
|---|---|

· 205 ·

## 任务 6-2　分析发动机润滑系工作过程

**学习内容**

1. 汽车发动机润滑系的功用和润滑方式；
2. 润滑系的组成与工作过程；
3. 润滑系主要部件的构造；
4. 曲轴箱通风系统的构造。

**能力要求**

1. 能够向客户在实际车辆上讲解润滑系的工作过程、各部件的构造；
2. 树立以客户为中心的理念，增强服务意识；
3. 具有与客户沟通交流的能力；
4. 具备信息搜集和处理的能力。

**任务引入**

发动机工作时，有大量的运动部件，存在很多摩擦副。这些摩擦副需要很好地润滑才能确保发动机正常工作。观察机油压力报警灯状态、检查机油量是对车辆使用者的基本要求，定期更换发动机机油也是车辆保养的重要作业项目。你能够就某一车型的发动机向客户讲解润滑系工作过程吗？

**任务描述**

润滑系工作的正常与否直接影响发动机能否工作。在汽车使用过程中，需要提醒用户经常观察机油压力报警灯状态、检查发动机机油量等。请你就某一型号车辆绘制一个该车发动机的润滑油路图和曲轴箱通风系统图，并讲解润滑系工作过程和曲轴箱通风工作过程，在学习小组或班级里进行交流汇报。

**相关知识**

## 一、润滑系的功用

发动机的润滑是由润滑系来实现的。润滑系的功用就是在发动机工作时连续不断地将数量足够、压力和温度适当的洁净润滑油输送到全部运动副的摩擦表面,并在摩擦表面之间形成油膜,实现液体摩擦,从而减小摩擦阻力、降低功率消耗、减轻机件磨损,以达到提高发动机工作可靠性和耐久性的目的。此外,流动的润滑油还能起到清洁、吸热、密封、减震、降噪、防锈的作用。

## 二、润滑方式

由于发动机运动副的工作条件不尽相同,因此,对负荷及相对运动速度不同的运动副采用不同的润滑方式。

(1) 压力润滑

压力润滑是将润滑油以一定压力供入摩擦表面的润滑方式。主要用于主轴承、连杆轴承及凸轮轴承等负荷较大、相对运动速度较高的摩擦表面的润滑。

(2) 飞溅润滑

飞溅润滑是利用发动机工作时运动零件溅泼起来的油滴或油雾润滑摩擦表面的润滑方式。主要用来润滑负荷较轻的气缸壁面,以及配气机构的凸轮、挺柱、气门杆及摇臂等零件的工作表面。

(3) 润滑脂润滑

通过润滑脂油嘴定期加注润滑脂来润滑零件的工作表面,如水泵及发电机轴承等。

汽车发动机润滑系所用的润滑剂包括润滑油和润滑脂两种。

目前国际上广泛采用美国 SAE 黏度分类法和 API 用途分类法,并已被国际标准化组织(ISO)确认。

美国汽车工程师学会(SAE)按照机油的黏度等级,把机油分为冬季用机油和夏季用机油。冬季用机油有 6 种牌号:SAE0W、SAE5W、SAE10W、SAE15W、SAE20W、SAE25W。夏季用机油有 5 种牌号:SAE20、SAE30、SAE40、SAE50、SAE60。数字较大的机油,其黏度较大,适合在较高的环境温度下使用。

上述牌号的机油只有单一的黏度等级,称为单级油。当使用这种机油时,汽车驾驶员需根据季节和气温的变化随时更换机油。汽车使用的机油大多数具有多黏度等级,称为多级油或稠化机油,其牌号有 SAE5W-20、SAE10W-30、SAE15W-40、SAE20W-40 等。例如,SAE5W-30 在低温下使用时,其黏度与 SAE5W 的一样,而在高温下,其黏度又与 SAE30 相同,因此,其冬夏通用。根据使用环境温度选用机油型号,如图 6-17 所示。

API 用途分类法是美国石油学会(API)根据机油的性能及其最适合的使用场合,把机油分为 S 系列和 C 系列两类。S 系列为汽油机油,目前有 SA、SB、SC、SD、SE、SF、SG、SH、SJ 这 9 个级别。C 系列为柴油机油,目前有 CA、CB、CC、CD、CD-2、CE、CF-4 和 CG-4 这 8 个级别。级号越靠后,使用性能越好,适用的机型越新或强化程度越高。其中 SA、SB、SC 和 CA 级油已很少使用。

我国的机油参照采用 ISO 分类方法分类。GB/T 7631.3—1995 规定,按机油的性能和使用场合分为:

汽油机油:SC、SD、SE、SF、SG、SH 6 个级别。

柴油机油:CC、CD、CD-1、CE、CF-4 5 个级别。

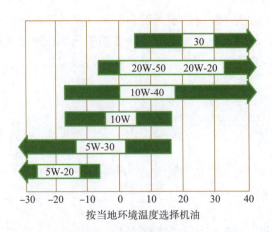

图 6-17 机油型号的选用

二冲程汽油机油：ERA、ERB、ERC、ERD 4 个级别。

每一种使用级别又有若干种单一黏度等级和多黏度等级的机油牌号。

近年来还出现了汽、柴油机通用的多用途发动机油。

润滑脂是将稠化剂掺入液体润滑剂中所制成的一种稳定的固体或半固体产品，其中可以加入旨在改善润滑脂某种特性的添加剂。

润滑脂在常温下可附着于垂直表面而不流淌，并能在敞开或密封不良的摩擦部位工作，具有其他润滑剂所不能代替的特点。因此，在汽车的许多部位都使用润滑脂润滑。

目前，进口汽车和国产新车普遍推荐使用汽车通用的锂基润滑脂，这种润滑脂具有良好的高低温适应性，可在 -30～120 ℃ 的宽广温度范围内使用；具有良好的抗水性和防锈性能，可用于潮湿和与水接触的摩擦部位；具有良好的安定性和润滑性，在高速运转的机械部位使用，不变质、不流失，保证润滑。

## 三、润滑系的组成

汽车发动机润滑系的组成如图 6-18 所示，润滑系统主要由油底壳、机油泵、机油滤清器、油道、油孔等组成。

①油底壳。储存润滑油的装置，加密封垫后固定在气缸体底面上。

②机油泵。能够建立足够的油压，以保证机油循环，实现压力润滑。

③机油滤清器。用来防止润滑油中混入的金属磨屑、机械杂质及润滑油本身氧化生成的胶质进入主油道。

④限压阀及旁通阀。限压阀用来限制最高油压，通常集成于机油泵内；旁通阀用来避免因机油滤清器堵塞而造成主油道供油中断，通常集成于机油滤清器内。

⑤机油冷却器。用来加强润滑油冷却，使润滑油温度保持在正常工作范围内（343～363 K），用于热负荷较高的发动机。

⑥机油压力表、温度表和机油标尺。用来使驾驶员随时掌握润滑系工作状况。

此外，发动机润滑系还包括油管、油道等组成的润滑油引导、输送、分配装置。

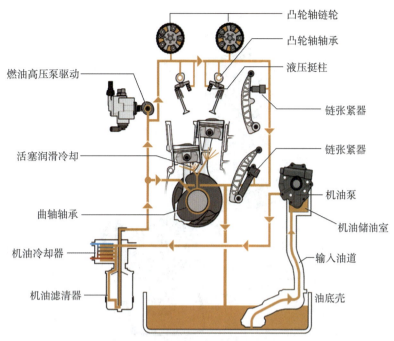

图 6-18 发动机润滑系组成

## 四、润滑系的工作过程

图 6-19 所示是本田轿车发动机润滑系统结构及油路示意。该发动机曲轴主轴承、连杆轴承、凸轮轴和摇臂轴上各轴承等均采用压力润滑;摇臂、活塞、活塞环、气缸壁等部位则采用飞溅润滑。机油泵装在发动机前面,由曲轴直接驱动。发动机工作时,机油泵 4 由曲轴带动运转,机油从油底壳 2 经机油集滤器 1 被吸进机油泵。机油在通过机油集滤器时,夹杂在机油中的一些较大的机械杂质被过滤。被机油泵压出的由限压阀 3 限制且具有一定压力的机油经过机油滤清器 5 将一些在机油中较细的机械杂质和胶质进一步过滤。机油在润滑系中不断地循环,从而不断地被滤清器过滤、清洁。被滤清器过滤并具有一定压力的机油从滤清器流出进入主油道,然后分两路,一路经油道润滑曲轴主轴承、连杆轴承和平衡轴轴承;另一路经缸体油道,通过机油控制节流孔 7 进行流量调节后,送到缸盖上的油道,润滑凸轮轴 8 和摇臂轴 9 上各轴承。飞溅起来的润滑油则润滑凸轮、摇臂等其他零件。活塞和气缸壁是靠连杆大头轴瓦油孔喷出来的润滑油润滑的,各润滑部位的机油最后经气缸体回油道流回油底壳,在机油泵的作用下经过过滤再次循环,不断润滑各零件摩擦表面。

在发动机润滑系统油路中还装有机油压力传感器和油压过低信号器,并分别通过导线与驾驶室的机油压力指示装置和机油压力报警灯相接,以便驾驶员可以随时监视系统油压,保证发动机正常工作。限压阀 3 和旁通阀分别装在机油泵和机油滤清器中。

图 6-20 所示是捷达轿车 1.6 L 发动机润滑系统油路。在润滑油道装有机油压力报警开关。当发动机起动之后,机油压力较低,低压报警开关触点闭合,机油报警灯亮。当机油压力超过规定值(一般为 30 kPa 左右)时,低压报警开关触点断开,机油报警灯熄灭。当发动机转速超过一定转速(2 000 r/min 以上)时,机油压力若低于规定值(一般为 180 kPa),这时开关触点闭合,机油报警灯闪亮,同时蜂鸣器鸣响报警。

· 209 ·

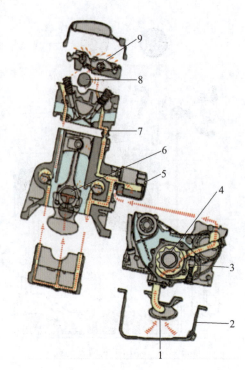

1—机油集滤器；2—油底壳；3—限压阀；4—机油泵；5—机油滤清器；
6—曲轴；7—机油控制节流孔；8—凸轮轴；9—摇臂轴。

图 6-19 本田轿车发动机润滑系统结构及油路示意

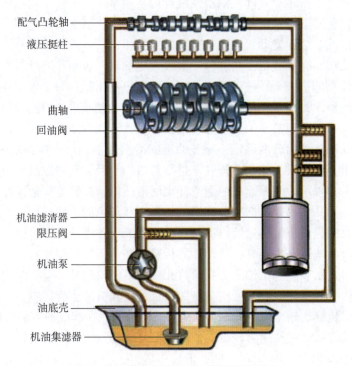

图 6-20 捷达轿车发动机润滑系统油路

现代汽车发动机润滑系统的油路大致相同。图 6-21 所示是带有一些辅助装置的发动机润滑系统油路。与图 6-20 润滑油路相比,在系统中设有机油冷却器(也称机油散热器),还增加了对废气涡轮增压器和真空泵(为制动助力器提供真空源)进行润滑的油路。

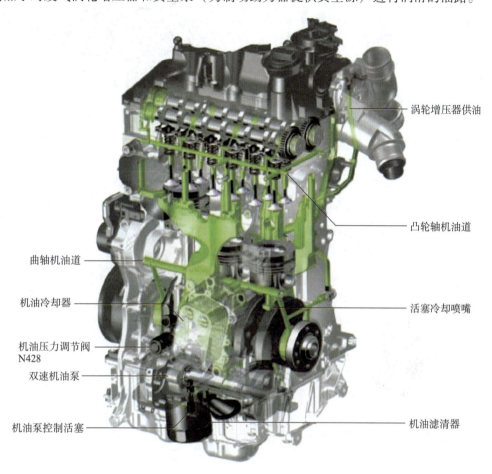

图 6-21　带有一些辅助装置的发动机润滑系统油路

## 五、润滑系主要部件的构造

### 1. 机油泵

机油泵的功用是保证机油在润滑系统内循环流动,并在发动机任何转速下都能以足够高的压力向润滑部位输送足够数量的机油。

机油泵结构形式可分为齿轮式和转子式两类。齿轮式机油泵又分内齿轮式和外齿轮式。

(1) 外齿轮式机油泵

外齿轮式机油泵的工作原理如图 6-22 所示。在机油泵壳体内装有一对外啮合齿轮,齿轮的端面由机油泵盖封闭。壳体、泵盖和齿轮的各个齿槽组成工作腔。当齿轮按图示方向旋转时,轮齿逐渐脱离啮合而使进油腔(吸油腔)的容积增大,腔内产生一定的真空,机油从油底壳经进油口被吸入进油腔,随后又被轮齿带到出油腔(压力腔)。轮齿逐渐进入啮合而使出油腔的容积减小,使机油压力升高,机油经出油口被压入发动机机体上的油道。在发

· 211 ·

动机工作时，机油泵齿轮不停地旋转，机油便连续不断地流入油道，经过滤清之后被送到各润滑部位。

当轮齿进入啮合时，封闭在轮齿径向间隙内的机油的压力急剧升高，使齿轮受到很大的推力，并使机油泵轴衬套的磨损加剧。所以在泵盖上加工一道卸压槽，使轮齿径向间隙内被挤压的机油通过卸压槽流入出油腔，降低油压。

外齿轮式机油泵结构如图6-23所示。齿轮式机油泵结构简单、制造方便、工作可靠、效率高，故应用广泛。但是需要中间传动机构，制造成本相应较高。

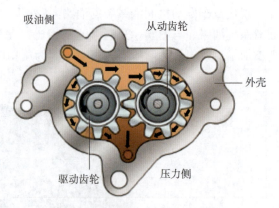

图6-22 外齿轮式机油泵工作原理图

图6-23 外齿轮式机油泵结构

（2）内齿轮式机油泵

内齿轮式机油泵工作原理如图6-24所示。当发动机工作时，主动齿轮随驱动轴一起转动，并带动从动齿轮以相同的方向旋转。主、从动齿轮在转到吸油侧处时开始逐渐脱离啮合，并沿旋转方向两者形成的空间逐渐增大，产生一定的真空度，将油从机油泵吸油侧吸入。随着齿轮的继续旋转，月牙块将主、从动齿轮隔开，齿轮旋转时，把齿间所存的油带往压力侧。在靠近压力侧处，主、从动齿轮间的空间逐渐减少，油压升高，油从机油泵压力侧送往发动机油道中，主、从动齿轮又重新啮合。

（3）转子式机油泵

转子式机油泵的工作原理如图6-25所示。当机油泵工作时，主动轴带动内转子旋转，内转子则带动外转子朝同一方向转动。内、外转子工作面的轮廓是一对共轭曲线，可以保证两个转子相互啮合时既不干涉也不脱离。内、外转子将外转子的内腔分成四个工作腔。当某一工作腔转过进油口时，容积增大，油压减小，机油经进油口被吸入工作腔；当该工作腔转过出油口时，容积减小，油压升高，机油经出油口被压出。

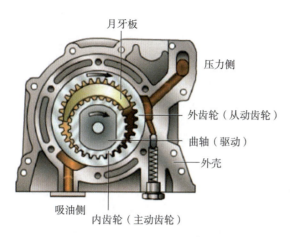

图 6-24　内齿轮式机油泵工作原理

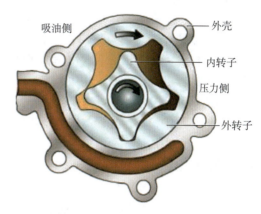

图 6-25　转子式机油泵工作原理

转子式机油泵结构如图 6-26 所示。转子式机油泵结构紧凑，供油量大，供油均匀，噪声小，吸油真空度较高。因此，当机油泵安装在曲轴箱以外或安装位置较高时，采用转子式机油泵比较合适。但是内、外转子啮合表面的滑动阻力比齿轮泵的大，因此功率消耗较大。

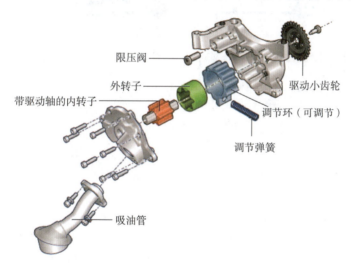

图 6-26　转子式机油泵结构

（4）安全阀

机油泵必须在发动机各种转速下都能供给足够数量的机油，以保持足够的机油压力，保证发动机的润滑。机油泵供油量的多少与其转速有关，而机油泵的转速又与发动机转速成正比。因此，在设计机油泵时，都是保证其在低速时有足够大的供油量。但是，在高速时机油泵的供油量偏大，机油压力明显偏高。另外，在发动机冷起动时，机油黏度大，流动性差，机油压力也会大幅度升高。为了防止油压过高，在润滑油路中设置了安全阀或限压阀。安全阀一般装在机油泵上或机体的主油道上。当安全阀安装在机油泵上时，如果油压达到规定值，安全阀开启，多余的机油返回机油泵进口；如果安全阀安装在主油道上，则当油压达到规定值时，多余的机油经过安全阀流回油底壳。

· 213 ·

## 2. 滤清器

汽车发动机在运转过程中，为了保持机油清洁，延长机油的使用寿命，在发动机润滑系中都装有滤清器。

为了保证滤清效果，一般使用多级滤清器，方式有两种：轿车上普遍采用集滤器加全流式机油滤清器的滤清方式，机油滤清器串联于机油泵和主油道之间，全部机油都经过它滤清，如图6-27（a）所示；货车特别是重型货车上一般采用集滤器加粗、细双级滤清器的滤清方式，其中机油粗滤器与主油道串联，而分流式机油细滤器则与主油道并联，经过粗滤器的机油进入主油道，而流过细滤器的机油直接返回油底壳，如图6-27（b）所示。粗滤器滤除机油中粒径为0.05 mm以上的杂质，细滤器则用来滤除粒径为0.01 mm以上的细小杂质。

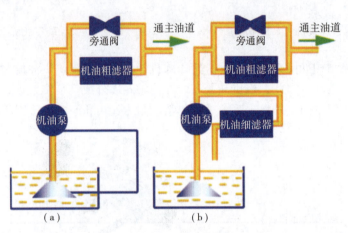

图6-27　机油滤清方式
（a）全流式；（b）分流式

（1）集滤器

集滤器装在机油泵之前的吸油口端，多采用滤网式，防止粒度大的杂质进入机油泵。汽车发动机使用的集滤器目前分为浮式集滤器和固定式集滤器两种。

浮式集滤器工作时漂浮于机油油面上，以保证油泵总是吸入最上层较清洁的机油，但油面上的泡沫易被吸入，造成机油压力降低，润滑可靠性差。固定式集滤器装在油面下面，吸入的机油清洁度略逊于浮式集滤器，但可防止泡沫吸入，润滑可靠，结构简单，使用广泛。

（2）机油粗滤器

机油粗滤器用来过滤机油中粒度较大（直径在0.05～0.1 mm以上）的杂质。它对润滑油流动的阻力较小，一般串联在机油泵与主油道之间，属于全滤式机油粗滤器。

国产汽车发动机机油粗滤器一般采用纸质滤芯或锯末滤芯。EQ6100-1型发动机的纸质滤芯机油粗滤器如图6-28所示。壳体由上盖17和外壳15组成。纸质滤芯14用经过树脂处理的微孔滤纸制成。纸质滤清器质量小，体积小，结构简单，滤清效果好，过滤阻力小，成本低，保养方便，目前在国内外应用广泛。

滤芯的两端由滤芯密封圈12和16密封。机油由上盖17上的进油孔流入，通过滤芯滤清后，经上盖上的出油孔流入发动机主油道。当滤芯被污物堵塞，其内外压差达到0.15～

## 项目六 发动机冷却系与润滑系工作过程分析

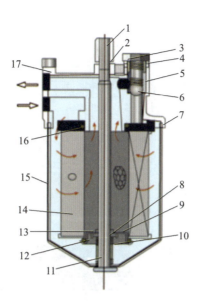

1—螺母；2、4—密封垫圈；3—阀座；5—旁通阀弹簧；6—球阀；7—外壳密封圈；8—拉杆密封圈；9—压紧弹簧垫圈；10—滤芯压紧弹簧；11—拉杆；12、16—滤芯密封圈；13—托板；14—纸质滤芯；15—外壳；17—上盖。

图 6-28 机油粗滤器

0.17 MPa 时，旁通阀的球阀 6 即被顶开，大部分机油不经滤芯滤清，直接进入主油道，以保证足够的润滑油量。

纸质滤芯的构造如图 6-29 所示。

（3）机油细滤器

机油细滤器可以滤除直径为 0.01 mm 以上的细小机械杂质及胶质。因为这种滤清器对机油的流动阻力较大，所以与主油道并联，只有 10%~15% 的润滑油通过。

机油细滤器有过滤式和离心式两种类型。

离心式机油细滤器滤清能力高，通过能力好，并且不受沉淀物影响，无须更换滤芯，只要定期清洗即可，但胶质滤清效果较差。

解放 CA6102 型发动机采用的 FL100 型离心式机油细滤器构造如图 6-30 所示，由底座 4、转子体 15、外罩 6 等部分组成。底座 4 上设有低压限压阀 1。带中心孔的转子轴 9 装在底座上，并用转子轴止推片 2 锁紧。转子体 15 通过上、下两个转子衬套套在转子轴 9 上，可以自由转动，并由上、下两个弹簧挡圈做轴向定位，转子下端装有两个按中心对称水平安装的喷嘴 3。导流罩 8 套装在转子体 15 上，紧固螺母 12 将转子罩 7 与转子体紧固在一起，形成一个空腔，通过导流罩、转子体及转子轴上对应的径向油孔与转子轴中心孔相通。整个转子用外罩 6 盖住，并通过盖形螺母 14 和垫片 13 将其固定在底座 4 上。

发动机工作时，从机油泵来的机油进入细滤器进油孔 $D$，若油压低于 0.147 MPa，低压限压阀 1 不开启，机油不进入机油细滤器而全部供给主油道，以保证发动机可靠润滑。当油压高于此值时，低压限压阀被顶开，机油沿转子轴内的中心油道，经转子轴油孔 $B$、转

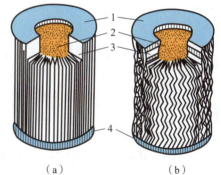

1—上端盖；2—芯筒；3—微孔滤纸；4—下端盖。

图 6-29 纸质滤芯构造
(a) 折扇形；(b) 波纹形

· 215 ·

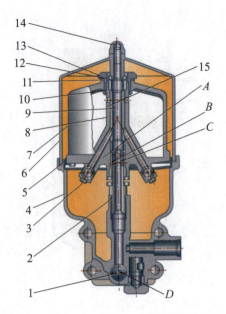

1—低压限压阀；2—转子轴止推片；3—喷嘴；4—底座；5—外罩密封圈；6—外罩；7—转子罩；8—导流罩；
9—转子轴；10—止推垫；11—垫圈；12—紧固螺母；13—垫片；14—盖形螺母；15—转子体；
A—导流罩油孔；B—转子轴油孔；C—转子体进油孔；D—细滤器进油孔。

**图 6-30　FL100 型离心式机油细滤器**

子体进油孔 C、导流罩油孔 A 流入转子罩 7 内腔后，又经导流罩 8 导流，从两个喷嘴 3 喷出，此时转子在喷射反作用力推动下高速旋转。当油压在 0.3 MPa 时，转子转速可高达 5 000~6 000 r/min。由于转子内腔的机油随着转子高速旋转，机油中的机械杂质在离心力的作用下被甩向转子壁，洁净的机油不断从喷嘴喷出，并经出油口流回油底壳。

（4）全流式机油滤清器

现代汽车发动机所采用的全流式机油滤清器多为过滤式，其结构如图 6-31 所示。主要由壳体、外壳、滤芯和旁通阀等零件组成。在壳体中设有进、出油口，机油泵工作时，压出的压力机油经过进油口进入滤清器外壳 1 与滤芯 2 之间的空间，穿过滤芯，从出油口流出，然后进入主油道或流回油底壳中。在壳体 4 中装有旁通阀 3，当滤芯被杂质堵塞时，机油不能穿过滤芯流向出油口，这时滤芯周围的机油压力升高，于是推开旁通阀直接流到出油口进入主油道，以确保机件润滑。

滤清器的过滤能力、过滤效果和机油的流通阻力主要取决于滤芯的材料和结构。轿车上一般都采用纸质式滤芯。

有些发动机的机油滤清器除设置旁通阀之外，还

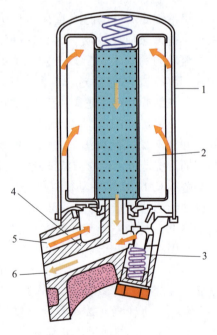

1—外壳；2—滤芯；3—旁通阀；
4—壳体；5—进油道；6—出油道。

**图 6-31　全流式机油滤清器结构**

加装止回阀。当发动机停机后,止回阀将滤清器的进油口关闭,机油不能从滤清器流回油底壳。在这种情况下,当重新起动发动机时,润滑系能迅速建立起油压,从而可以减轻由于起动时供油不足而引起的零件磨损。

### 3. 机油散热器

在高性能大功率的强化发动机上,由于热负荷大,必须装设机油散热器。机油散热器布置在润滑油路中,其工作原理与发动机散热器的相同。

发动机机油散热器分为风冷式和水冷式两类。风冷式机油散热器利用汽车行驶时的迎面风对机油进行冷却。这种机油散热器散热能力大,多用于赛车及热负荷大的增压汽车上。但是风冷式机油散热器在发动机起动后,需要很长的暖机时间才能使机油达到正常的工作温度,所以普通轿车上很少采用。

水冷式机油散热器(图6-32)外形尺寸小,布置方便,并且不会使机油冷却过度,机油温度稳定,因而在轿车上应用较广。机油经滤清器滤清之后直接进入散热器,机油在散热器芯内流动,从散热器出水管引来的冷却液在散热器芯外流过。两种流体在散热器内进行热交换,使高温机油得以冷却降温。

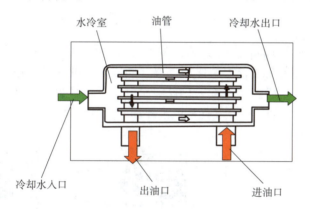

图6-32 水冷式机油散热器

## 六、曲轴箱通风系统构造

发动机工作时,存在着一定的燃气下窜现象。漏到曲轴箱内的汽油蒸气凝结后,将稀释机油,使机油黏度变小;废气中的水蒸气凝结于润滑油中形成泡沫,破坏润滑油的供给。废气中的水蒸气和酸性物质侵蚀零件并使润滑油变质。同时,漏入曲轴箱内的气体使曲轴箱压力和温度升高,将造成机油从油封、衬垫处泄漏而流失。因此,曲轴箱必须设有曲轴箱通风装置,排出漏入的气体并加以利用,同时使新鲜的空气进入曲轴箱,形成不断的对流。

为了减少对大气污染,现代发动机采用的是强制通风法。图6-33所示是发动机曲轴箱强制通风系统。强制通风的动力来自进气管的真空。为了防止在发动机低速小负荷时进气管的真空度太大而将机油从曲轴箱吸出,在抽气管上装有单向阀(PCV阀)。

PCV阀构造如图6-34所示。当发动机在小负荷低转速运转时,进气管真空度较大,此时阀4克服弹簧3的压力被吸靠在阀座2上,曲轴箱内的废气经阀4的中心小孔进入进气

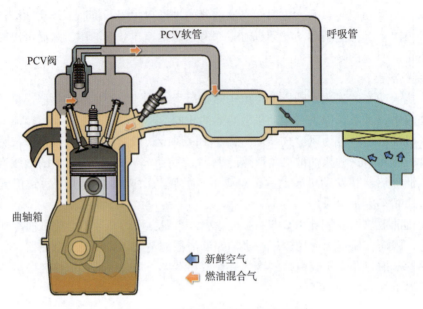

图 6-33 发动机曲轴箱强制通风系统

管。由于节流作用，避免了曲轴箱内的机油被吸出，如图 6-35（b）所示。当负荷加大时，进气管真空度降低，阀在弹簧张力的作用下离开阀座而逐渐打开，通风量逐渐加大，如图 6-35（c）所示。当发动机在大负荷时，阀 4 全开，通风量最大，如图 6-35（d）所示。因此，既更新了曲轴箱内的气体，又使机油消耗降低到最低限度。

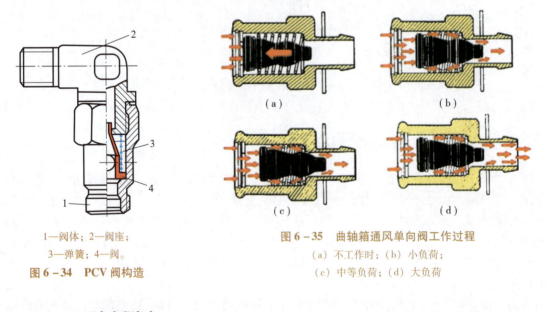

1—阀体；2—阀座；
3—弹簧；4—阀。

图 6-34 PCV 阀构造

图 6-35 曲轴箱通风单向阀工作过程
（a）不工作时；（b）小负荷；
（c）中等负荷；（d）大负荷

## 随堂测试

1. 润滑系的功用就是在发动机工作时连续不断地将数量足够、压力和温度适当的洁净润滑油输送到全部_____的摩擦表面，并在摩擦表面之间形成_____，实现液体摩擦。

从而减小摩擦阻力、降低功率消耗、减轻机件磨损，以达到提高发动机工作_____和_____的目的。此外，流动的润滑油还能起到清洁、吸热、密封、减震、降噪、防锈的作用。

2. 目前使用的机油大多数具有多黏度等级，称为多级油或稠化机油。例如，SAE5W-20在低温下使用时，其黏度与_____一样，而在高温下，其黏度又与_____相同。

3. 润滑方式可分为_____、_____和_____，对负荷及相对运动速度不同的运动副采用不同的润滑方式。

4. 曲轴箱通风装置的作用是排出漏入_____的气体并加以利用，同时使_____进入曲轴箱，形成不断的对流。

汽车构造（上册）——发动机构造

## 任务实施

任 务 工 单

| 任务名称：分析发动机润滑系的工作过程 | | |
|---|---|---|
| 姓名： | 班级： | 学号： |
| 任务描述 | 润滑系工作的正常与否直接影响发动机能否工作。在汽车使用过程中，需要提醒客户要经常观察机油压力报警灯状态、检查发动机机油量等。请你就某一型号车辆绘制一个该车发动机润滑油路图和曲轴箱通风系统图，并讲解润滑系工作过程和曲轴箱通风工作过程，在学习小组或班级里进行交流汇报 | |
| 能力目标 | 1. 能够向客户在实际车辆上讲解润滑系的工作过程、各部件的构造；<br>2. 树立以客户为中心的理念，增强服务意识；<br>3. 具有与客户沟通交流的能力；<br>4. 具备信息搜集和处理的能力 | |
| 实施准备 | 1. 教学用车辆或发动机实验台；<br>2. 车辆或发动机相关资料；<br>3. 汇报用纸、笔等 | |
| 实施步骤 | 自主学习 | 学习相关知识，搜集信息，个人绘制发动机润滑系油路图和曲轴箱通风系统图 |
| | 小组讨论 | 以学习小组形式进行讨论，形成小组汇报成果 |
| | 小组汇报 | 汇报小组成果，并通过角色扮演方式在实际车辆或发动机实验台上向客户讲解润滑系工作过程；<br>按规范做好5S |
| 自我反思 | 在专业能力、关键能力等方面的收获或体会： | |

# 项目七

## 发动机点火系与起动系工作过程分析

> 点火系的作用是适时地点燃气缸内被压缩的可燃混合气,使发动机能及时、迅速地做功。起动系的作用就是起动发动机,并且在发动机起动后立即停止工作。本项目包括分析汽油机点火系工作过程和分析发动机起动系工作过程两个任务。

### 任务 7-1　分析汽油机点火系工作过程

#### 学习内容

1. 汽油发动机点火系的功用;
2. 微机控制点火系统;
3. 点火系主要部件的结构。

#### 能力要求

1. 能够向客户在实际车辆上讲解点火系的工作过程、各部件的构造;
2. 树立以客户为中心的理念,增强服务意识;
3. 具有与客户沟通交流的能力;
4. 具备信息搜集和处理的能力。

### 任务引入

汽油发动机工作时，需要电火花将气缸内已压缩的可燃混合气点燃。点火系是汽油机特有的系统，你能够就某一汽油机车型向客户讲解点火系的工作过程吗？

### 任务描述

点火系直接影响汽油发动机的工作，如果点火系出现故障，往往表现为发动机不能起动着火或发动机工作抖动等异常现象。请你就某一型号汽油机车辆绘制汽油发动机点火系工作示意图，并讲解点火系的工作过程。

### 相关知识

## 一、点火系的功用

点火系统是适时地为汽油发动机气缸内已压缩的可燃混合气提供足够能量的电火花，使发动机能及时、迅速地做功，能够按时在火花塞两电极之间产生电火花的全部装置。

点火系的工作机理就是想办法将蓄电池或发电机供给的 12 V 低压电，转变为上万伏的高压电，并按工作需要分送到各缸火花塞，使其电极间产生电火花。

## 二、微机控制点火系统

点火系统种类较多，主要有传统点火系统、无触点电子点火系统、微机控制点火系统等。随着化油器发动机的淘汰，现代汽油车普遍采用电控燃油喷射系统，将燃油喷射控制与点火控制结合在一起，实行集中控制，共用很多传感器信号。

微机控制点火系统主要由传感器、电子控制器、点火器、点火线圈等组成，如图 7-1 所示。

①传感器（包括各种开关）主要有发动机转速传感器、曲轴位置传感器、节气门开度传感器、进气温度传感器、冷却液温度传感器、氧传感器、爆震传感器（燃烧传感器）、加速踏板位置传感器、车速传感器、空调开关信号等。

②电子控制单元的作用是根据发动机各传感器输入的信息及内存的数据，进行运算、处理、判断，然后输出指令（信号）控制有关执行器（如点火器）动作，达到快速、准确控制发动机工作的目的。

③点火线圈受点火模块控制，点火模块的作用是根据电子控制器输出的指令，通过内部的大功率三极管的导通和截止，控制点火线圈初级电流的通断，进而使点火线圈的次级产生高压，完成点火工作。

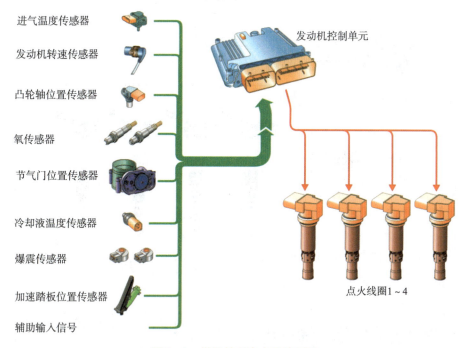

图 7-1 微机控制点火系统原理

采用微机点火控制，可以由控制系统直接进行高压电的分配，成为无分电器电子点火系统。

无分电器电子点火系统分为两种：一种为每两缸装一个点火线圈，两缸同时点火，如图 7-2 所示；另一种为每缸一个点火线圈，各缸独立进行控制，如图 7-3 所示。

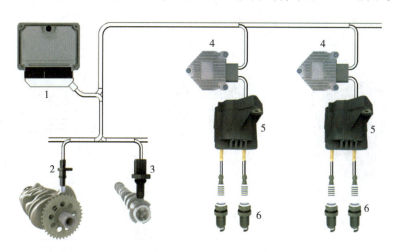

1—ECU；2—曲轴位置传感器；3—凸轮轴位置传感器；4—点火模块；5—点火线圈；6—火花塞。

图 7-2 每两缸一个点火线圈的点火系统

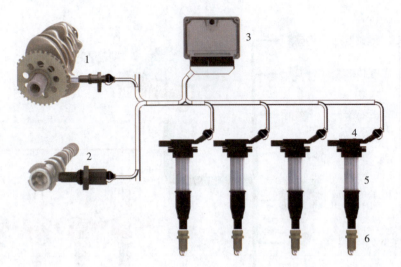

1—曲轴位置传感器；2—凸轮轴位置传感器；3—ECU；4—点火模块；5—点火线圈；6—火花塞。

图 7-3　每缸一个点火线圈的点火系统

## 三、点火系主要部件的结构

### 1. 点火线圈

点火线圈由初级绕组、次级绕组和铁芯等组成。按磁路的结构形式不同，可分为开磁路式点火线圈和闭磁路式点火线圈。闭磁路式点火线圈具有漏磁少、转换效率高、体积小、质量小、铁芯裸露易于散热等优点，故已在电子点火系中广泛采用。

闭磁路式点火线圈的结构如图 7-4 所示。在"口"字形或"日"字形铁芯内绕有初级绕组，在初级绕组外面绕有次级绕组，初级绕组在铁芯中的磁通通过铁芯形成闭合磁路，故称其为闭磁路式点火线圈。

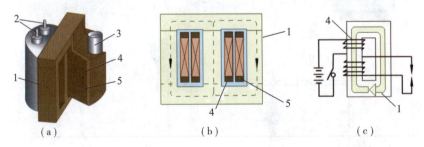

1—铁芯；2—低压接线柱；3—高压接线柱；4—初级绕组；5—次级绕组。

图 7-4　闭磁路式点火线圈结构

(a) 闭磁路式点火线圈外形；(b) "日"字形铁芯；(c) "口"字形铁芯

### 2. 火花塞

火花塞的结构如图 7-5 所示。在钢制壳体的内部固定有高氧化铝陶瓷绝缘体，使中心电极与侧电极之间保持足够的绝缘强度。绝缘体孔的上部装有金属杆，通过接线螺母与高压导线相连，下部装有中心电极。金属杆与中心电极之间用导电玻璃密封。中心电极用镍锰合金制成，具有良好的耐高温、耐腐蚀和导电性能。火花塞借壳体下部的螺纹旋入气缸盖中，旋紧时密封垫圈受压变形，保证壳体与缸盖之间密封良好。为了适应不同发动机的需要，火花塞因下部的形状和绝缘体裙部长度的不同而有多种形式。

火花塞的热特性主要取决于绝缘体裙部的长度。绝缘体裙部长的火花塞，受热面积大，传热距离长，散热困难，裙部温度高，称为热型火花塞；反之，裙部短的火花塞，称为冷型火花塞。热型火花塞适用于低速、低压缩比、小功率发动机；冷型火花塞适用于高速、高压缩比、大功率发动机。

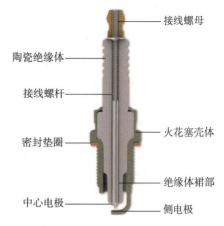

图 7-5　火花塞的结构

## 随堂测试

1. 点火系统的作用是适时地为汽油发动机气缸内已压缩的_____提供足够能量的_____，使发动机能及时、迅速地做功。

2. 微机控制点火系统主要由_____、_____、_____、点火线圈等组成。

3. 闭磁路式点火线圈在"口"字形或"日"字形铁芯内绕有初级绕组，在初级绕组外面绕有次级绕组，初级绕组在铁芯中的_____，通过铁芯形成_____，故称其为闭磁路式点火线圈。

4. 火花塞的热特性主要取决于绝缘体裙部的_____。绝缘体裙部长的火花塞，受热面积大，传热距离长，散热困难，裙部温度高，称为_____火花塞。

## 任务实施

### 任 务 工 单

| 任务名称：分析汽油机点火系的工作过程 ||||
|---|---|---|---|
| 姓名： || 班级： | 学号： |
| 任务描述 || 请你就某一型号汽油机车辆绘制汽油发动机点火系工作示意图，并讲解点火系工作过程 ||
| 能力目标 || 1. 能够向客户在实际车辆上讲解点火系的工作过程、各部件的构造；<br>2. 树立以客户为中心的理念，增强服务意识；<br>3. 具有与客户沟通交流的能力；<br>4. 具备信息搜集和处理的能力 ||
| 实施准备 || 1. 教学用车辆或发动机实验台；<br>2. 车辆或发动机相关资料；<br>3. 汇报用纸、笔等 ||
| 实施步骤 | 自主学习 | 学习相关知识，个人绘制汽油发动机点火系工作示意图 ||
| | 小组讨论 | 以学习小组形式进行讨论，形成小组汇报成果 ||
| | 小组汇报 | 汇报小组成果，并通过角色扮演方式在实际车辆或发动机实验台上向客户讲解点火系工作过程；<br>按规范做好5S ||
| 自我反思 || 在专业能力、关键能力等方面的收获或体会： ||

项目七  发动机点火系与起动系工作过程分析

### 任务 7-2　　分析发动机起动系工作过程

 学习内容

1. 发动机起动系的组成；
2. 起动系的工作过程；
3. 起动系主要部件的结构。

 能力要求

1. 能够向客户在实际车辆上讲解起动系的工作过程、各部件的构造；
2. 树立以客户为中心的理念，增强服务意识；
3. 具有与客户沟通交流的能力；
4. 具备信息搜集和处理的能力。

 任务引入

通过前面发动机工作原理的学习，我们知道四行程发动机工作时，就某个气缸而言，就是进入了一个进气、压缩、做功、排气的工作循环。但发动机由静止状态到运转工作状态，首先需要由外力使发动机运转起来，完成气缸的进气、压缩过程，才能进入做功、排气过程，实现工作循环。这个能够为发动机起动运转提供初始外力的装置就是起动装置。

 任务描述

起动系直接影响汽车的工作，如果起动系出现故障，往往表现为发动机不能起动着火等。请你就某一型号车辆绘制发动机起动系工作示意图，并讲解起动系的工作过程。

 相关知识

 一、起动系统的功用与组成

起动机的作用就是起动发动机，发动机起动之后，起动机便立即停止工作。
发动机常用的起动方式有人力起动、辅助汽油机起动和电力起动机起动。目前大多数运

· 227 ·

输车辆都采用电力起动机起动。

电力起动系一般由蓄电池、起动机、起动继电器、点火开关等组成，如图7-6所示。起动机安装在汽车发动机飞轮壳前端的座孔上。

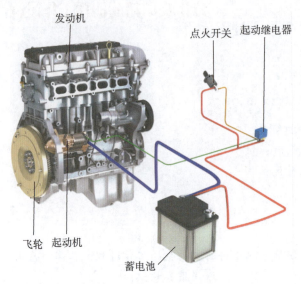

图7-6 电力起动系组成

## 二、发动机起动机组成

起动机由串激直流电动机、传动机构和操纵机构三个部分组成，如图7-7所示。

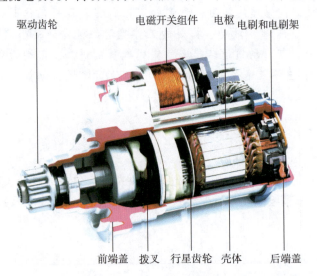

图7-7 起动机构造

**1. 直流电动机**

电动机的作用是将蓄电池输入的电能转换为机械能，产生电磁转矩。直流电动机主要由电枢、磁极、电刷和电刷架等主要部件构成。

(1) 电枢

电枢是直流电动机的旋转部分，包括电枢轴、换向器、电枢铁芯、电枢绕组。为了获得足够的转矩，通过电枢绕组的电流一般为 200~600 A，因此电枢绕组采用较粗的矩形裸铜线绕制成成型绕组。电枢绕组各线圈的端头均焊接在换向器片上，通过换向器和电刷将蓄电池的电流引进来。换向片和云母片叠压成换向器，为了避免电刷磨损的粉末落入换向片之间造成短路，起动机换向片间的云母一般不必割低。

(2) 磁极

磁极一般是 4 个，两对磁极相对交错安装在电动机定子内壳上，低碳钢板制成的机壳也是磁路的一部分；也有用 6 个磁极的起动机。

(3) 电刷与电刷架

电刷架一般为框式结构，其中正极刷架与端盖绝缘地固装，负极刷架直接搭铁。电刷置于电刷架中，电刷由铜粉与石墨粉压制而成，呈棕红色。刷架上装有弹性较好的盘形弹簧。

(4) 轴承

因为起动机工作时间短暂，每次工作时间仅几秒钟，所以一般都是采用青铜石墨轴承或铁基含油轴承。

### 2. 传动机构

起动机的传动机构是起动机的主要组成部件，它包括离合器和拨叉两个部分。离合器的作用是将电动机的电磁转矩传递给发动机使之起动，同时又能在发动机起动后自动打滑，保护起动机不致飞散损坏。传动机构中的离合器分为滚柱式离合器、摩擦片式离合器、弹簧式离合器 3 种。而拨叉的作用是使离合器做轴向移动，将驱动齿轮啮入和脱离飞轮齿圈。

发动机起动时，按下按钮或起动开关，线圈通电产生电磁力将铁芯吸入，于是带动拨叉转动，由拨叉头推出离合器，使驱动齿轮啮入飞轮齿圈。发动机起动后，只要松开按钮或开关，线圈即断电，电磁力消失，在回位弹簧的作用下，铁芯退出，拨叉返回，拨叉头将打滑工况下的离合器拨回，驱动齿轮脱离飞轮齿圈。

(1) 滚柱式离合器

滚柱式离合器是目前国内外汽车起动机中使用最多的一种，解放牌汽车、东风牌汽车、北京牌吉普车等均使用滚柱式离合器。滚柱式离合器的构造如图 7-8 所示。其中，驱动齿轮与外壳连成一体。外壳内装有十字块和 4 套或 6 套滚柱及弹簧，十字块与花键套筒固定连接，壳底与外壳相互折合密封。花键套筒的外面装有缓冲弹簧及衬圈，末端固装着拨环与卡圈。整个离合器总成利用花键套筒套在起动机轴的花键部位上，可以做轴向移动和随轴移动。

滚柱式离合器的工作原理如下：如图 7-9 (a) 所示，发动机起动时，经拨叉将离合器沿花键推出，驱动齿轮啮入发动机飞轮齿圈。由于十字块处于主动状态，随电动机电枢一起旋转，促使滚柱进入槽的窄端，将花键套筒与外壳挤紧，于是电动机电枢的转矩就可由十字块经滚柱离合器外壳传给驱动齿轮，从而达到驱动发动机飞轮齿圈旋转、起动发动机运转的目的。如图 7-9 (b) 所示，发动机起动后，飞轮齿圈的转速高于驱动齿轮，十字块处于被动状态，促使滚柱进入槽的宽端而自由滚动，只有驱动齿轮随飞轮齿圈做高速旋转，起动机转速并不升高，在这种离合器打滑的功能下，防止了电枢超速飞散的危险。起动完毕后，由于拨叉回位弹簧的作用，经拨环使离合器退回，驱动齿轮完全脱离飞轮齿圈。

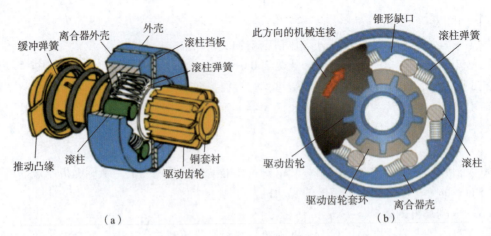

图 7-8 滚柱式离合器的结构
(a) 总成；(b) 构件

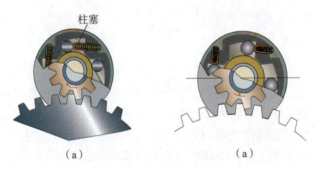

图 7-9 滚柱式离合器的工作原理
(a) 发动机起动时；(b) 发动机起动后

这种滚柱式离合器具有结构简单、坚固耐用、体积小、质量小、工作可靠等优点，因此得到广泛采用。其不足之处是不能用于大功率起动机。

(2) 摩擦片式离合器

该离合器的驱动齿轮与外接合鼓做成一个整体，如图 7-10 所示。在外接合鼓的内壁有 4 道轴向槽沟，钢质被动摩擦片利用外围 4 个齿插装其中。在花键套筒的一端表面也有 3 条螺旋花键，其上套着内接合鼓。内接合鼓的表面也有 4 条轴向槽沟，用钢或青铜制造的主动摩擦片利用内圆 4 个齿套装在沟槽内。主动摩擦片和被动摩擦片彼此相间地排列组装。内接合鼓的外面装有缓冲弹簧，端部固装着拨环。

离合器总成在起动机不工作时，主、被动摩擦片之间处于放松无摩擦力状态。发动机起动时，通过拨叉推动拨环使内接合鼓沿 3 条螺旋花键向外移动，主动和被动摩擦片相互压紧，具有了摩擦力。当驱动齿轮啮入飞轮齿圈时，就能利用起动机转矩驱动曲轴旋转。发动机起动后，驱动齿轮被飞轮齿圈带动做高速旋转，在惯性力和拨叉返回的作用下，内接合鼓沿 3 条螺旋花键向内移动，于是主动和被动摩擦片之间的摩擦力消失而打滑，避免了电枢超速飞散的危险。

摩擦片式离合器具有传递大转矩、防止超载损坏起动机的优点，多用在大功率起动机上。但由于摩擦片容易磨损而影响起动性能，需要经常检查、调整或更换摩擦片。此外，这种离合器结构比较复杂，耗用材料较多，加工费时，而且不便于维修。

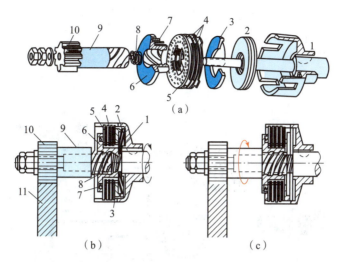

1—外接合鼓；2—弹性圈；3—压环；4—主动片；5—被动片；6—内接合鼓；
7—小弹簧；8—减震弹簧；9—齿轮柄；10—驱动齿轮；11—飞轮。

图 7-10 摩擦片式离合器的结构
(a) 结构；(b) 压紧；(c) 放松

(3) 弹簧式离合器

弹簧式离合器的主动套筒套装在电枢轴的花键上，如图 7-11 所示。小齿轮套筒套在电枢轴的光滑部分，在小齿轮套筒与主动套筒外圆上装有驱动弹簧，驱动弹簧内径略大于两套筒的外径。起动发动机时，传动叉拨动滑环，并压缩弹簧，推动离合器移向飞轮齿圈一端，使小齿轮啮入飞轮齿圈。电枢旋转时带动主动套筒，在摩擦力的作用下，驱动弹簧被扭紧，将两个套筒抱死，起动机转矩便由此传给飞轮。起动机起动后，驱动小齿轮和飞轮齿圈的主动与从动关系改变，啮合器因驱动弹簧被放松而打滑，从而使电枢轴避免了超速运转的危险。

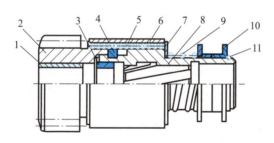

1—衬套；2—驱动齿轮；3—挡圈；4—月形圈；5—扭力弹簧；6—护套；
7—垫圈；8—传动套筒；9—缓冲弹簧；10—移动衬套；11—卡簧。

图 7-11 弹簧式离合器的结构

弹簧式离合器具有结构简单、制造工艺简单、成本低等优点，但由于驱动弹簧所需圈数较多，使其轴向尺寸增大。

## 三、控制装置

控制装置的作用是接通和断开电动机与蓄电池之间的电路。

起动机的控制装置分为直接操纵式和电磁操纵式两种形式。目前，采用电子式起动继电器的电磁操纵式起动机使用得最为广泛。

为了便于大家直观理解，下面以传统汽车采用的机械触点式起动继电器的电磁操作系统为例，介绍其工作过程。QD124型起动机为电磁操纵式起动机，其接线如图7-12所示。

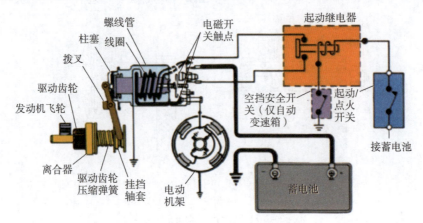

图 7-12　QD124型起动机控制电路

发动机起动时，将点火开关钥匙旋至起动挡位，起动继电器通电后，吸下可动臂使触点闭合，接通了电磁开关线圈电路，起动机投入工作。发动机起动后，只需松开点火开关钥匙，点火开关自动转回到点火工作挡位，起动继电器线圈断电触点打开，电磁开关也随即断开，起动机停止工作。

利用起动继电器控制电磁开关，能减小通过点火开关起动触点的电流，避免烧蚀触点，延长使用寿命。有些汽车上的起动继电器在改进控制电路以后，还能起到自动停止起动机工作及安全保护的作用。

提示：对于装有自动变速器的车辆，起动机的工作电路还将受到变速器的挡位开关信号的控制，只有在N挡（空挡）或P挡（停车挡）才允许起动机工作。

## 随堂测试

1. 起动机的作用就是起动发动机，发动机_____之后，起动机便_____工作。
2. 电力起动系一般由_____、_____、起动继电器、点火开关等组成，起动机安装在汽车发动机_____前端的座孔上。
3. 电动机的作用是将蓄电池输入的电能转换为_____，产生电磁转矩。直流电动机主要由_____、_____、_____等主要部件构成。
4. 起动机的传动机构是起动机的主要组成部件，它包括_____和_____两个部分。离合器的作用是将电动机的电磁转矩传递给发动机使之起动，同时又能在发动机起动后自动_____，保护起动机不致飞散损坏。

项目七　发动机点火系与起动系工作过程分析

## 任务实施

### 任　务　工　单

| 任务名称：分析发动机起动系的工作过程 | | |
|---|---|---|
| 姓名： | 班级： | 学号： |
| 任务描述 | 请你就某一型号车辆绘制发动机起动系工作示意图，并讲解起动系的工作过程 | |
| 能力目标 | 1. 能够向客户在实际车辆上讲解起动系的工作过程、各部件的构造；<br>2. 树立以客户为中心的理念，增强服务意识；<br>3. 具有与客户沟通交流的能力；<br>4. 具备信息搜集和处理的能力 | |
| 实施准备 | 1. 教学用车辆或发动机实验台；<br>2. 车辆或发动机相关资料；<br>3. 汇报用纸、笔等 | |
| 实施步骤 | 自主学习 | 学习相关知识，个人绘制发动机起动系工作示意图或电路示意图 |
| | 小组讨论 | 以学习小组形式进行讨论，形成小组汇报成果 |
| | 小组汇报 | 汇报小组成果，并通过角色扮演方式在实际车辆或发动机实验台上向客户讲解起动系工作过程；<br>按规范做好 5S |
| 自我反思 | 在专业能力、关键能力等方面的收获或体会： | |

· 233 ·